RAD
VERGNÜGEN

DIE SCHÖNSTEN TAGESTOUREN
DEUTSCHLAND

30 $\frac{1}{2}$ RADTOUREN FÜR FREIZEITRADLER E-BIKER

EINFACH
RAUS!

LIEBE LESERIN, LIEBER LESER,

die Lust ist da, mit dem Fahrrad durch die Landschaft zu sausen und die Vielfalt Deutschlands zu erkunden? Aber die Inspiration fehlt, wohin? Die über ganz Deutschland verteilten 30 ½ Tagestouren in diesem Band führen zu landschaftlichen und kulturellen Highlights und bedienen sich dabei sowohl der beliebtesten Radwege als auch unbekannterer Routen. Es geht auf Fehmarn vor der Ostseeküste, zu den Externsteinen im Teutoburger Wald, ins Hopfenland im Herzen Bayerns und auf die Spuren von Dichtern rund um Stuttgart.

Abwechslungsreich nehmen sie dich mit auf kleine und große Abenteuer, immer mit einer Empfehlung für die beste Einkehr oder den schönsten Picknickplatz. Eine halbe Tour in Form einer Wanderung ergänzt die Radtour im Achental.

Die Touren zwischen 30 und 70 km Länge sind mit dem Stadtrad oder Trekkingbike zu radeln. Wo Untergründe oder Steigungen zu beachten sind, wird darauf in der Toureninfo eingegangen. Wer mit Kind und Kegel unterwegs ist, bekommt so eine Einschätzung über die Anhängereignung, ebenso werden Hinweise auf E-Bike-Ladestationen gegeben. Die durchschnittliche Tourdauer orientiert sich an einer Fahrgeschwindigkeit von 15 km/h ohne Pause. Die 30 ½ Touren machen Laune, die Heimat vor der Haustüre zu entdecken oder für einen Kurzurlaub aufzubrechen!

INHALT

TOUREN

ALLES AUF EINEN BLICK

INHALT

SPANNENDE TAGESTOUREN, DIE JEDER SCHAFFT

RADBASICS

DEINE ORIENTIERUNG

APP & GPX-DOWNLOAD

Alle 30 ½ Touren in der KOMPASS App: Dort findest du Livetracking, GPS-Ortung, Offline-Karten und -Touren, Navigation zum Start und viele weitere nützliche Features. Einfach QR-Code scannen und Tour starten. Los geht's!

KOMPASS

GPX-Tracks zum Download: www.kompass.de/gpx
Für das Navigationsgerät deiner Wahl haben wir alle Touren auch als GPX-Track auf unserer Homepage.

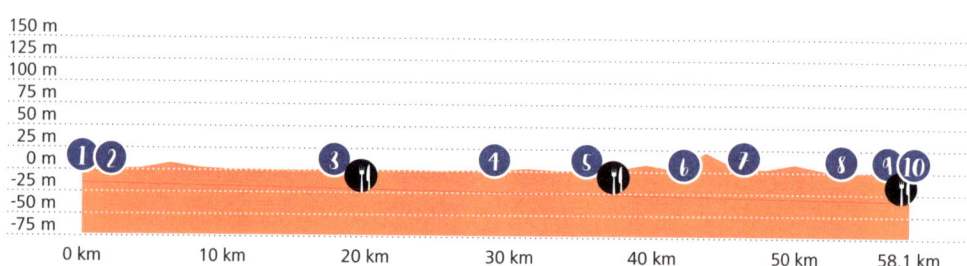

WAT'N WATT!

Das Wattenmeer ist nicht umsonst Weltkulturerbe – immer wieder erstaunt mich die Schönheit des Watts, wenn es die Küste entlanggeht.

1 / Start am Haupt-bahnhof Bremerhaven

2 / Zu viele Highlights für einen Tag: die Haven-welten

3 / Großer Fernsehstar, der Leuchtturm Kleiner Preuße

4 / Dorum-Neufeld lockt mit dem National-parkhaus der Wurster Nordseeküste

5 / Frische Nordsee-krabben bei Kocken & Ehlerding

6 / Noch mehr regiona-le (Milch-)Produkte finden wir im Melkus in Arensch

7 / Sich schlau machen übers Watt im Watten-meer-Besucherzentrum

8 / Halt am Wahrzei-chen von Cuxhaven, dem Seezeichen Kugelbake

9 / Von der Aussichts-plattform Alte Liebe das Treiben im Hafen von Cuxhaven beobachten

10 / Unsere Strecke endet am Bahnhof Cuxhaven

DEICHLANDSCHAFTEN

Von Bremerhaven
nach Cuxhaven

Auf der Tour nach Cuxhaven liegen die imposanten Havenwelten Bremerhavens, die idyllischen Kutterhäfen der Wurster Nordseeküste, das Weltnaturerbe Wattenmeer und schließlich das Nordseeheilbad Cuxhaven.

Durch die Havenwelten

Vom 1 / Hauptbahnhof Bremerhaven (Friedrich-Ebert-Str. 73, 27570 Bremerhaven) folgen wir der Friedrich-Ebert-Straße zur Geeste. Linkerhand liegt das Historische Museum Bremerhaven. Wir radeln über die Geeste und nach links an das Weserufer. Der Radarturm, wie der Richtfunkturm liebevoll genannt wird, mit Aussichtsplattform und 360°-Blick weist den Weg zum Eingang in die überwältigenden 2 / Havenwelten. Sie beginnen beim Deutschen Schifffahrtsmuseum am Museumshafen. Es gibt viel zu sehen auf dieser maritimen Erlebnis- und Bummelmeile, die direkt am Wasser liegt, nur wenige Hundert Meter von der

58 Kilometer
30 Höhenmeter ▲
30 Höhenmeter ▼
4 Stunden
Streckentour

CHARAKTER

Sportlich ●●●●○
Abkühlung ●●●●○
Schlemmen ●●●○○
Panorama ●●●●●

TOURENINFO / Fast ausschließlich an der Küste geht es auf dem Weser-Radweg bei guter Ausschilderung flach dahin. Warme Kleidung gegen den Nordseewind ist empfehlenswert. Am besten in mehreren Lagen, falls es doch sonnig und warm wird.

◄ links / Leuchtturm Kleiner Preuße in Wreme

Innenstadt entfernt. Hier die Attraktionen: Klimahaus, Atlantic Hotel Sail City mit der Aussichtplattform auf dem höchsten Gebäude der Stadt, Mein Outlet & Shopping-Center, eine der schönsten Einkaufspassagen Norddeutschlands, Deutsches Auswandererhaus, Museum am größten deutschen Auswandererhafen Richtung neue Welt, Zoo am Meer, das Deutsche Schifffahrtsmuseum, das U-Boot „Wilhelm-Bauer" und das letzte deutsche Vollschiff „Schulschiff Deutschland". Bei so vielen Highlights direkt am Start bietet sich auch ein Aufenthalt in Bremverhaven an, bevor es am

8° OST

Das Klimahaus ist ein überaus spektakuläres Bauwerk der 2 / Havenwelten, architektonisch wie thematisch. Besuchende begeben sich auf eine Reise entlang des achten Längengrads, an dem Bremerhaven liegt. Dabei spüren sie die unterschiedlichen Klimazonen direkt am eigenen Leib, vom heißen Wüstenklima bis zu arktischen Temperaturen.

nächsten Tag auf Tour geht. Wir wollen aber das Ziel nicht aus den Augen verlieren. Vom Zoo am Meer kann man einfach der H.-H.-Meier-Straße über die Sportbootschleuse folgen. Aufgrund der Sperrung der Drehbrücke ist aber eine Befahrung durch die Überseehäfen zurzeit nicht möglich. Es ist daher empfehlenswert, nach der Schleuse in der Lohmannstraße rechts in die Schleusenstraße abzubiegen, dann links auf die Barkhausenstraße bis zum Zolltor Roter Sand und weiter über die Franziusstraße und Brückenstraße bis zur Kreuzung Am Erzhafen zu fahren, wo wir uns am Osthafen befinden.

In die Deichlandschaft

Die Route führt nun am Eurogate-Containerterminal entlang zur Bahnbrücke an der Wurster Straße. Nach so viel Hafen radelt man nun links nach Weddewarden und auf dem Strompfad hinaus in die Deichlandschaft zum Ochsenturm. Der restaurierte Turm ist eine ideale Aussichtsplattform für den Blick auf das Wattenmeer. Über Schottwarden erreicht man Wremertief und den 3 / Leuchtturm Kleiner Preuße (Wremer Straße 118, 27639 Wurster Nordseeküste), der schon einige Male die Kulisse von Fernsehaufnahmen abgab. Besucher können den Kleinen Preußen samstags und sonntags sowie an Feiertagen von 13 bis 15 Uhr besteigen. Appetit auf ein Glas frischer Milch? Gleich am Kirchweg in Wremen, nicht weit

vom Leuchtturm, liegt das Melkhus Hof Schüssler (Wremen, Kirchweg 2, 27639 Wurster Nordseeküste, Tel.: 04705/641).

Am Wurster Watt

Der Deich ist weiterhin ständiger Begleiter nach Grohden. Bei Solthörn verlässt der Weser-Radweg die Küste Richtung Dorumer Altendeichum, um bei 4 / Dorum-Neufeld wieder an die Küste zu stoßen. Ein Abstecher vor den Deich lohnt sich, denn hier wartet das Nationalparkhaus der Wurster Nordseeküste (Am Kutterhafen 3, 27639 Wurster Nordseeküste), das Wellenfreibad „Watt'n Bad", der Kutterhafen und der Leuchtturm Obereversand.

Krabbenschälmaschine und Melkhus

Über Cappel-Neufeld gelangt man nach Spieka-Neufeld zur 5 / Kocken & Ehlerding Krabbenhandels-GmbH (Zum Kutterhafen 20, 27637 Spieka-Nordholz) mit der legendären Krabbenschälmaschine von Alwin Kocken. Sie erlaubt eine sofortige Verarbeitung der frischen Nordseekrabben ohne Transportwege. Perfekt für eine kleine Rast am Wegesrand mit täglich fangfrischen Krabben- und Fischbrötchen. Durch Berensch, das „Dorf in der Heide am

---

▲ **oben / U-Boot Wilhelm Bauer in den Havenwelten Bremerhaven**

MILCH-SPEZIALITÄTEN

Majestätisch, urig, heimelig stehen die **Melkhus** da. Alte Bauernhäuser mit Fachwerk, aber auch moderne Klinkerhäuser. Landfrauen bieten hier Milch, Quarkspeisen und andere regionale Köstlichkeiten an (tgl. Mai–Okt).

1869

Gut 10 Jahre bauten die Preußen am Fort Kugelbake, der Befestigungsanlage neben der Kugelbake. Ab 1869 wurde es zur Verteidigung der Elbmündung und des Schifffahrtsweges verwendet. Wer auf der Aussichtsplattform des Forts steht, dem wird die einmalige Lage deutlich vor Augen geführt, da das schiffbare Fahrwasser direkt am Fort vorbeiführt. Heute dient es als Event-Location.

Meer", wie es in einem Heimatgedicht genannt wird, erreicht man 6 / Arensch. Hier kann man noch einmal ein gemütliches Melkhus besuchen und sich auf Selbstbedienungsbasis die leckeren Milchprodukte und frischen Bauernkuchen schmecken lassen.

Zum See- und Wahrzeichen von Cuxhaven

Durch den Wernerwald geht es dann nach Cuxhaven-Sahlenburg an den Strand. Zwischen Heide und Watt am Sahlenburger Strand liegt der architektonisch eindrucksvoll gestaltete Holzbau des 7 / Wattenmeer-Besucherzentrum (Nordheimstr. 200, 27476 Cuxhaven-Sahlenburg). Die attraktiv gestaltete Ausstellung zeigt alles Wissenswerte über das Weltnaturerbe Wattenmeer. Unterwegs nach Cuxhaven-Duhnen kann man von der Aussichtsplattform Duhner Heide den Blick über die Cuxhavener Küstenheiden und das Wattenmeer schweifen lassen und dabei eine frische Brise Nordseeluft auf der Haut spüren. In Cuxhaven-Duhnen gelangt man an den kilometerlangen Sandstrand, der bis zur Kugelbake reicht. Der Strand ist den Badegästen vorbehalten, sodass man als Radler erst einmal durch den Wehrbergsweg und in Verlängerung auf der Cuxhavener Straße radeln muss. Hier kann es schon mal eng werden. Am Erlebnisspielplatz Duhner Kreisel geht es links hinunter an den Steinmarner Seedeich. Der Radweg nach rechts führt uns direkt zum Fort Kugelbake und dem Wahrzeichen von Cuxhaven, das sich auch im Stadtwappen findet, der 8 / Kugelbake. Sie ist das offizielle Ziel des Weser-Radwegs. Geografisch endet an der Kugelbake die Elbe und es beginnt die Nordsee. Das rund 30 Meter hohe hölzerne Seezeichen markiert den nördlichsten Punkt Niedersachsens. Seit dem späten Mittelalter waren die Hamburger bemüht, den Handelsweg zu ihrem Hafen auch für fremde Seefahrer sicher zu gestalten. So entstand um 1440 an der äußersten Landspitze Cuxhavens, die sich zwischen die Trichtermündungen von Elbe und Weser schiebt, ein System von Fahrwassermarkierungen als Tagessichtzeichen. Das „Kugelbakenlicht", als dauernde nächtliche Orientierungshilfe, wurde erst 1853 eingerichtet.

Schiffe schauen

Gönnt man sich noch den Abstecher zur 9 / Aussichtsplattform Alte Liebe, dem ehemaligen Pier im Hafen von Cuxhaven, mit Radarturm und Feuerschiff Elbe1, radelt man am grünen Strand der Elbmündung entlang Richtung Neuer Fischereihafen und Amerikahafen. Am Hafen von Cuxhaven trifft man sich, um die großen Pötte aus aller Welt vorbeiziehen zu sehen. Der Schiffsansagedienst Cuxhaven informiert die Gäste über Größe und Herkunft der Schiffe. Mehr als 30.000 passieren jährlich den Weltschifffahrtsweg und machen Cuxhaven zum Treffpunkt der Ship-Spotter. Von hier wenden wir uns nach rechts, um anschließend über die Klappbrücke zwischen dem Alten Fischereihafen und dem Schleusenpriel Richtung 10 / Bahnhof Cuxhaven zu fahren. Auch hier gibt es in der Nähe einiges zu entdecken. So etwa das Steubenhöft in den historischen Abfertigungshallen der Hamburg-Amerika-Linie (HAPAG), das den Besucher über den Überseepassagierverkehr von Cuxhaven seit 1889 informiert, oder das Wrack- und Fischereimuseum. Oder wir lassen unsere Tour mit einem Rundgang auf der Cuxhavener Fischmeile ausklingen.

FEUERSCHIFFE

Am 22. April 1988 ging in der Elbmündung vor Cuxhaven die mehr als 172-jährige Geschichte bemannter Feuerschiffe – schwimmender Seezeichen, um sicher durch die Untiefen der Elbmündung zu kommen – zu Ende. Die „Elbe1" liegt an der Innenseite am historischen Bollwerk 9 / Alte Liebe, wenn sie nicht gerade auf Reisen ist..

⌃ oben / Blick von der Aussichtsplattform Alte Liebe: Feuerschiff Elbe 1

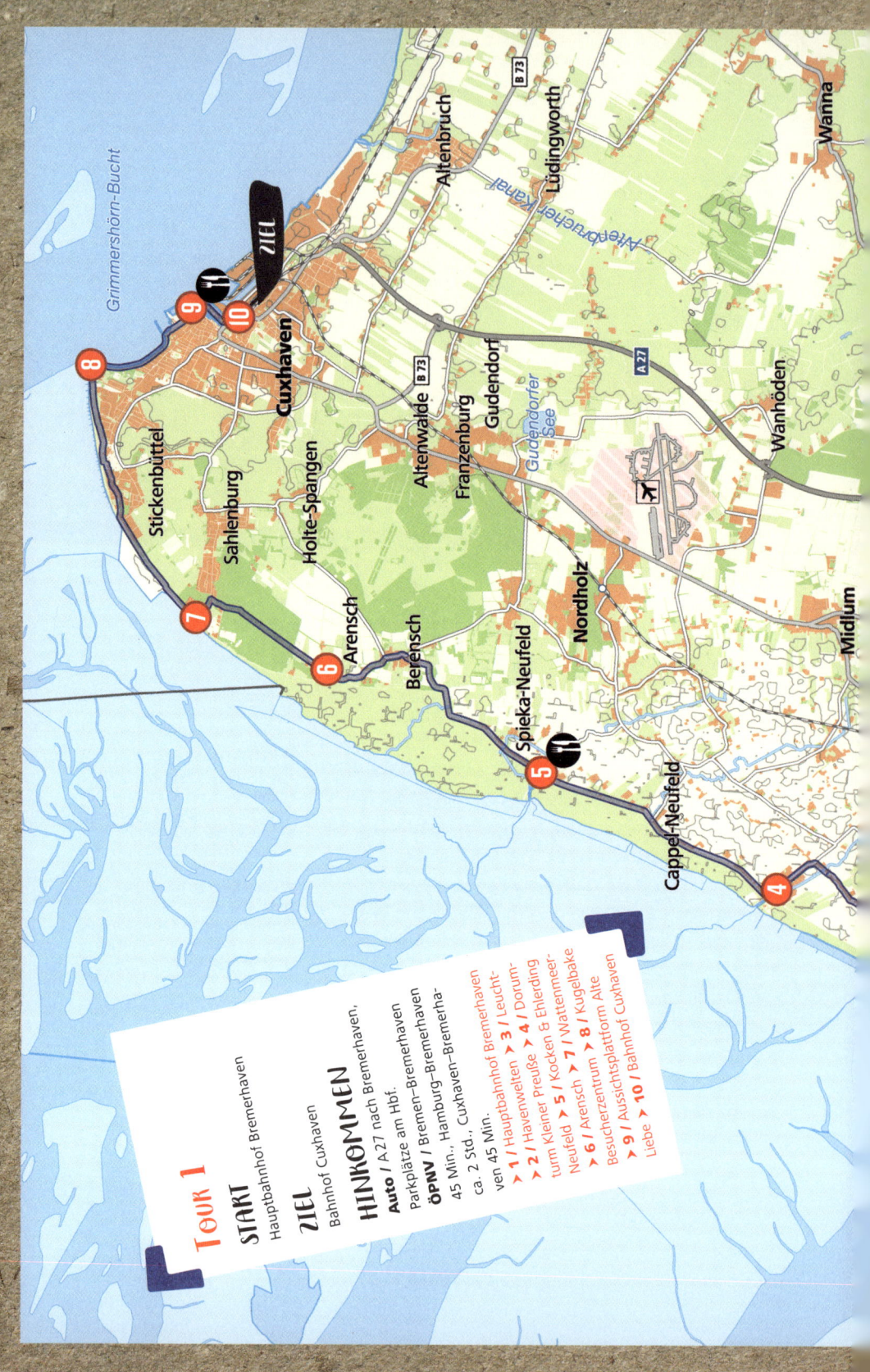

Grimmershörn-Bucht

Wanna

Lüdingworth

Altenbruch

Altenbrücher Kanal

B 73

Cuxhaven

9

10

ZIEL

8

Stickenbüttel

Sahlenburg

Holte-Spangen

Altenwalde B 73

Franzenburg

Gudendorf

Gudendorfer See

A 27

Wanhöden

7

6

Arensch

Berensch

Spieka-Neufeld

Nordholz

Neuenwalde

Midlum

5

Cappel-Neufeld

4

Tour 1

START
Hauptbahnhof Bremerhaven

ZIEL
Bahnhof Cuxhaven

HINKOMMEN
Auto / A27 nach Bremerhaven,
Parkplätze am Hbf.
ÖPNV / Bremen–Bremerhaven
45 Min., Hamburg–Bremerha-
ven ca. 2 Std., Cuxhaven–Bremerhaven 45 Min.

▸ 1 / Hauptbahnhof Bremerhaven
▸ 2 / Havenwelten ▸ 3 / Leuchtturm Kleiner Preuße ▸ 4 / Dorum-
Neufeld ▸ 5 / Kocken & Ehlerding
▸ 6 / Arensch ▸ 7 / Wattenmeer-
Besucherzentrum ▸ 8 / Kugelbake
▸ 9 / Aussichtsplattform Alte
Liebe ▸ 10 / Bahnhof Cuxhaven

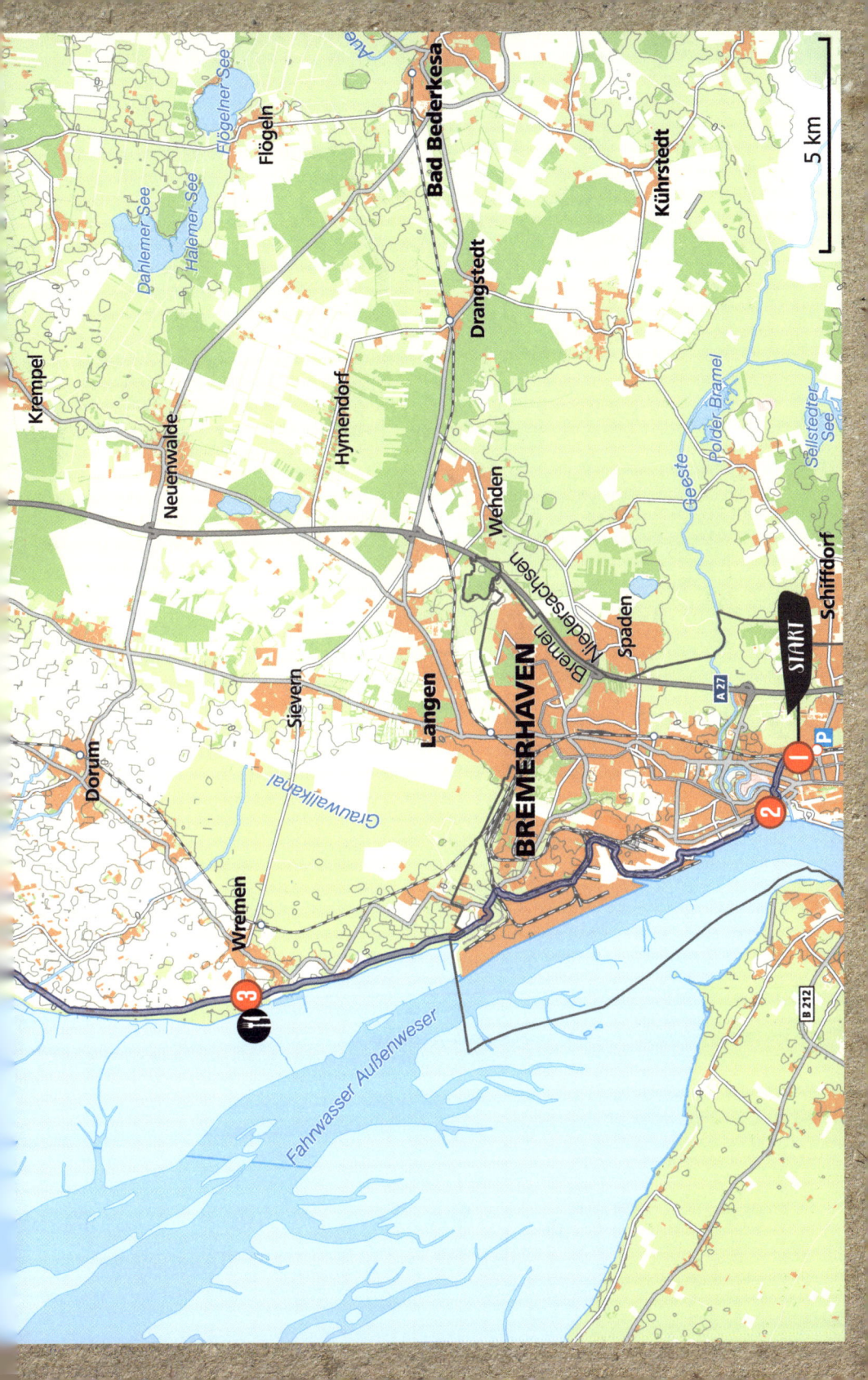

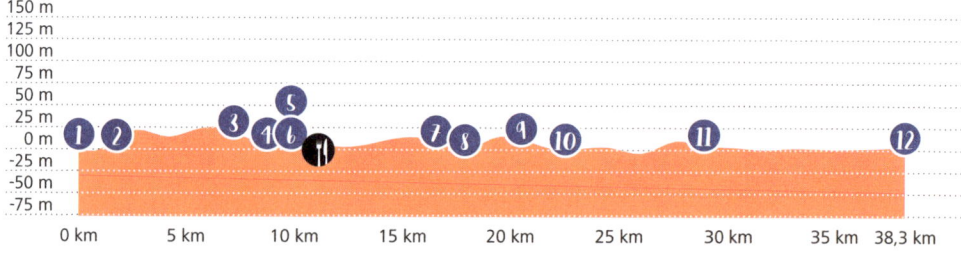

KONTRASTE

Ich mag, wie abwechslungsreich diese Tour ist – Kulturlandschaft und unberührte Natur liegen eng beieinander: ländliche Vororte und Großstadt, Flussromantik mit Stränden neben gepflegten Parkanlagen und architektonischen Highlights.

➤ **1** / Am S-Bahnhof Wedel steigen wir in den Sattel

➤ **2** / Was es nicht alles gibt: Schiffsbegrüßungs-anlage Willkomm-Höft

➤ **3** / Vielleicht der schönste Elbstrand: Wittenbergener Strand

➤ **4** / Römischer Garten: einer von vielen Parks am Wegesrand, aber ein besonders schöner

➤ **5** / Abstecher auf einen Berg? 72 m müssen wir auf den Süllberg hochsteigen

➤ **6** / Einkehr im Restaurantschiff Nelsons Kajüte

➤ **7** / Am Oevelgönner Elbstrand liegt der Findling Alter Schwede

➤ **8** / Historische Kutter im Museumshafen Oevelgönne bewundern

➤ **9** / Das erste Highlight von vielen in Hamburg: Altonaer Fischmarkt

➤ **10** / Der Abzweig zur Elbphilharmonie muss sein

➤ **11** / Ehemaliges Wasserwerk auf der Elbinsel Kaltehofe, ein eindrucksvolles Industriedenkmal

➤ **12** / Wir enden am Bahnhof Mittlerer Landweg in Billwerder

WELTSTADT AM STROM

An der *Elbe* von *Wedel* nach
Hamburg-Billwerder

Von Wedel mit der Schiffbegrüßungsanlage geht es zwischen der breiten und von den Gezeiten geprägten Elbe und dem Geesthang nach Hamburg. Vorbei an kilometerlangen Stränden und Leuchtzeichen gelangen wir am Elberadweg in die Hansestadt. St. Pauli aus der Radsattelperspektive – das ist doch mal was anderes? Über eine Elbinsel und einen Deich beenden wir in Billwerder die abwechslungsreiche Tour.

38 Kilometer
110 Höhenmeter ▲
115 Höhenmeter ▼
2:30 Stunden
Streckentour

Aufgesattelt!

Vom 1 / S-Bahnhof Wedel (Rathausplatz 1, 22880 Wedel (Holst)) radeln wir über die Gorch-Forck-Straße zur Schulauer Straße, wo wir auf den Elberadweg stoßen. Links geht es zum Fluss hinunter. Hier können wir rechts einen kurzen Abstecher zum Hamburger Jachthafen, mit rund 2.000 Liegeplätzen dem größten tidenunabhängigen Sportboothafen Nordeuropas, ma-

CHARAKTER

Sportlich ●●○○○
Abkühlung ●●●●○
Schlemmen ●●●○○
Panorama ●●●●●

TOURENINFO / Elberadweg mit sehr guter Wegequalität. Mit dem offiziellen Logo gut ausgeschildert (innerstädtisch geringere Schilderdichte). Ident mit Verlauf der D-Route 10, deren Symbol weniger häufig gesetzt ist. Innerorts auf von KFZ befahrenen Straßen. Kleidung gegen Nordseewind einpacken.

◄ links / Die Elbphilharmonie in Hamburg

chen. Wir radeln direkt am zweiten Mega-Jachthafen, dem Schulauer Hafen, vorbei sowie am Strandbad Wedel. Direkt daneben liegt eine der großen Institutionen Hamburgs, die 2 / Schiffsbegrüßungsanlage Willkomm-Höft. Seit 1952 wird hier jedes vorbeifahrende Schiff mit Nationalhymne und Willkommenstext begrüßt bzw. verabschiedet. Im Internet lässt sich nachlesen, wann ein Schiff erwartet wird. Am Ortsende beginnt das Bundesland Hamburg – am Parkplatz ist Hamburg-Altona erreicht.

Zwischen Steilufer und Strom durch Hamburgs Westen

Die flache Marsch wird hier der abwechslungsreichen Geest abgelöst. Als Geest wird das bis zu 100 m aus der flachen Marsch aufragende Grund- und Endmoränenland bezeichnet. Bis ins Zentrum sind wir überwiegend autofrei unterwegs – auf einer der schönsten Passagen des Elbradwegs. Der verläuft am Wasser unterhalb des Geesthangs, vorbei am Naturschutzgebiet Wittenbergen. Das schützt den höchsten Hamburger Elbhang, eine Binnendüne, Heidelandschaften und Elbwiesen. Auf dem Weg nach Hamburg führt die Fahrt immer wieder an Seezeichen vorbei, alle sind wichtige Landmarken für die Schifffahrt auf der Elbe. Nächster landschaftlicher Höhepunkt ist der schier endlose 3 / Wittenbergener Strand, ein Naturstrand am Falkensteiner Ufer zwischen dem Leuchtfeuer Wittenbergen und dem Leuchtturm Blankenese. Begrenzt wird der Strand durch Wald, der im Westen zum Naturschutzgebiet Wittenbergen, im Osten zum Waldpark Falkenstein gehört. Im Hauptstrom trennt die Insel Neßsand die Elbe in die Unterelbe und die Nebenelbe. Ein verstecktes Juwel ist der kurz darauf links auftauchende 4 / Römische Garten, der sich über mehrere Ebenen erstreckt.

LEUCHTTÜRME
Sie leisten schon lange Dienste: Der kaiserliche Leuchtturm Tinsdal (Oberfeuer) und das rot-weiß gestreifte Leuchtfeuer (Unterfeuer) Wittenbergen sind seit 1900 in Betrieb.

Durch Blankenese mit dem Süllberg

Wenig später ist der Elbstrand Blankenese erreicht, darüber liegt das berühmte Treppenviertel Blankenese. Oberhalb des Unterfeuers Blankenese erheben sich zwei der höchsten Berge Hamburgs. Der Waseberg ist mit 87 m die dritthöchste Erhebung der Hansestadt und hat mit Hangneigungen von durchschnittlich 16 % schon fast alpinen Charakter. Der 72 m hohe 5 / Süllberg ist ein möglicher Abstecher. Über Treppen gelant man nach oben, wo es ein Restaurant und einen Biergarten gibt. Der Radweg folgt dem Ufer weiter stromaufwärts vorbei am Anleger der Fähre von Blankenese zum Hafen des Blankeneser Segel-Clubs. Hier können wir in 6 / Nelsons Kajüte, einem Restaurantschiff einkehren. Alternativ haben sich am Uferabschnitt in Blankenese bis hierhin bereits einige Restaurants befunden. Bei klarer Sicht lohnt der Abstecher zu Fuß auf einer der Blankeneser Treppenfluchten in den gegenüberliegenden Baurs Park, einen romantischen Landschaftspark im englischen Stil mit Tempeln, verschlungenen Wegen und einem chinesischen Pagodenturm. Oben auf der Höhe steht der Leuchtturm Oberfeuer Blankenese. Gleich darauf folgt der Hirschpark, der um 1855 im französischen Stil angelegt wurde.

Noch mehr Parks, Strände und Häfen

Auf dem autofreien Elbuferweg geht es stromaufwärts zum Hafen Teufelsbrück an der Mündung des Flüsschens Flottbek. Vom Hafen radelt man auf dem Hans-Leip-Ufer am Hindenburgpark und dem

⌃ oben / Der Süllberg in Blankenese, dem Villenviertel am Elbhang

STOLZ DER KAPITÄNE

Beim **8 / Museumshafen Oevelgönne** fällt die malerische Häuserzeile mit Kapitäns- und Lotsenhäusern auf, die zum Teil einige Hundert Jahre alt sind. Jeder Kapitän wollte damals demonstrieren, dass er es mit der heiligen Seefahrt zu Reichtum gebracht hat.

BIOTOP

Vier große Absatzbecken nutzten die Hamburger Wasserwerke auf der Billwerder Insel ab Beginn des 20. Jh. zur Trinkwasseraufbereitung. Heute ist das tidebeeinflusste Areal mit Prielen, Wattflächen und Gehölzinseln gestaltet und wird ein Biotop für die Ansiedlung des Schierlings-Wasserfenchels, einer Sumpfpflanze, die es weltweit nur im Gebiet der Tide-Elbe gibt.

Elbstrand vorbei in Schröders Elbpark in Othmarschen. Der Elbpark mit seinem alten Baumbestand und den großzügigen Wiesenflächen bietet einen exzellenten Blick auf die Elbe – ein willkommener Rastplatz. An den Park schließt der Oevelgönner Elbstrand an – hier trifft sich Hamburg zum Sonnenbaden, Spazierengehen, Joggen, Grillen und Einkehren. Ein Blickfang ist der 217 t schwere 7 / Findling Alter Schwede, der bei Ausbaggerarbeiten in der Elbe gefunden wurde. Hinter der Brücke präsentiert der 8 / Museumshafen Oevelgönne historische Wasserfahrzeuge.

Durch Altona in die Altstadt

Auch auf der weiteren Fahrt reihen sich nun linker Hand Park an Park: Rosengarten, Donners Park und Altonaer Balkon. Der „Balkon" (27 m) ist eine Aussichtsplattform auf dem bewaldeten Elbsteilufer mit weitem Blick über das Treiben im Hamburger Containerhafen, das alte Terminal und die Köhlbrandbrücke. Eindrucksvoll sind auch die umliegenden Herrschaftshäuser und stattlichen Villen, die teilweise aus dem 18. Jh. stammen. Nun geht es Schlag auf Schlag, ein Hamburger Highlight jagt das nächste: Der 9 / Altonaer Fischmarkt, die Altonaer Fischauktionshalle, Sankt Pauli und schließlich die 688 m langen Sankt-Pauli-Landungsbrücken. Zu ihrer Bauzeit legten hier große Schiffe mit Kohlebefeuerung an – wegen der Brandgefahr außerhalb des damaligen Stadtgebiets. Hier befindet sich übrigens auch der Nordeingang zum 426,6 m langen Alten Elbtunnel, über den Radfahrer und Fußgänger auf die Elbinsel Steinwerder wechseln können.

Am Binnenhafen

Die Straße Baumwall ist nach dem vormals hier befindlichen Wall als Teil der 1616–1625 errichteten Stadtbefestigung benannt, weil die Zufahrten zum Binnenhafen nachts mit Baumstämmen abgesperrt wurden. Hier liegt auch das rote Restaurantschiff Feuerschiff LV13 vor Anker. Wer möchte, kann von der U-Bahn-Haltestelle Baumwall einen Abstecher über die Niederbaumbrücke zur 10 / Elbphilharmo-

nie machen. Danach folgt der Radweg weiter dem Binnenhafen
am Südrand der Hamburger Altstadt ostwärts. Dieser älteste Teil
des Hamburger Hafens wird noch immer als Hafenanlage genutzt.
Niederbaum- und Brooksbrücke sowie die Fußgängerbrü-
cken Kehrwieder- und Kibbelsteg führen über den Zollkanal von der Altstadt in die Speicherstadt, heute eines
der angesagtesten Viertel der Hansestadt und Mekka aller Architekturinteressierten. Der Radweg führt über den
Meßberg am Südrand der Altstadt, einen der fünf Haupt-
plätze der Stadt.

Über Halb- und Elbinsel nach Billwerder

Anschließend radeln wir am Zollkanal, später Oberhafen-
kanal auf die Halbinsel Entenwerder im Stadtviertel Rot-
henburgsort, wo der Elbpark Entenwerder einen letzten
Blick auf den Hafen und die Elbbrücken erlaubt. Auf Entenwerder
folgt die 11 / Elbinsel Kaltehofe mit den Backsteinhäuschen des ehemaligen Wasserwerks. Der Kaltehofer Hauptdeich leitet uns weiter
auf die Billwerder Insel und zur Tatenberger Schleuse, die an der
Dove Elbe, einem Nebenarm, liegen. Weiter am Deich und nach dem
Eichbaumsee links geht es zum 12 / Bahnhof Mittlerer Landweg.

INDUSTRIEDENKMAL WASSERWERK

**Auf der künstlich angelegten
11 / Elbinsel Kaltehofe wurde
knapp 100 Jahre lang in einer
„Langsamsandfiltrationsanla-
ge" aus dem Fluss- Trinkwasser
für die Hamburger Bevölkerung
gewonnen. Heute ist das ehemalige Wasserwerk ein Mix aus
Industriedenkmal, Museum,
Naturlehrpfad und Café.**

⌃ **oben / 2 der 40 Schieberhäuschen des alten Wasserwerks Kaltehofe**

START

Wedel

Schenefeld

B 431

Schleswig-Holstein

Elbe

Hahnöfer Nebenelbe

Jork

Königreich

Hove

Estebrügge

Alte Süderelbe

Alte Süderelbe

Köhlfleet

A 7

A 7

TOUR 2

START
S-Bahnhof Wedel

ZIEL
S-Bahnhof Mittlerer Landweg

HINKOMMEN

Auto / diverse kostenpflichtige Parkhäuser in Wedel, P+R am Bhf. **ÖPNV /** nach Hamburg von Bremen 55 Min. (IC), von Cuxhaven 1:45 Std., von Kiel 1:15 Std. (RE), von Lübeck 45 Min. (RE), von Berlin 1:45 Std. (ICE), von Hannover 1:30 Std. (EC). Mit S1 in 30 Min. ab Hamburg Hbf. Radmitnahme in S-Bahn Mo–Fr 9–16, 18–6 Uhr, Sa/So/Fei ganztg. Vom Mittleren Landweg mit der S2 oder S21 zurück.

➤ **1** / S-Bahnhof Wedel
➤ **2** / Schiffsbegrüßungsanlage Willkomm-Höft ➤ **3** / Wittenbergener Strand ➤ **4** / Römischer Garten ➤ **5** / Süllberg ➤ **6** / Nelsons Kajüte ➤ **7** / Findling Alter Schwede ➤ **8** / Museumshafen Oevelgönne ➤ **9** / Altonaer Fischmarkt ➤ **10** / Elbphilharmonie ➤ **11** / Elbinsel Kaltehofe ➤ **12** / S-Bahnhof Mittlerer Landweg

Buxt...

Moisburg

...erstorf

...aerstorf

...chwiederstorf

Wulmstorf

...torf

Hamburg

Niedersachsen

Ehestorf

Alvesen

Vahrendorf

B 75

Rosengarten

A 261

Emsen

Hollenstedt

Mienenbüttel

A 1

Este

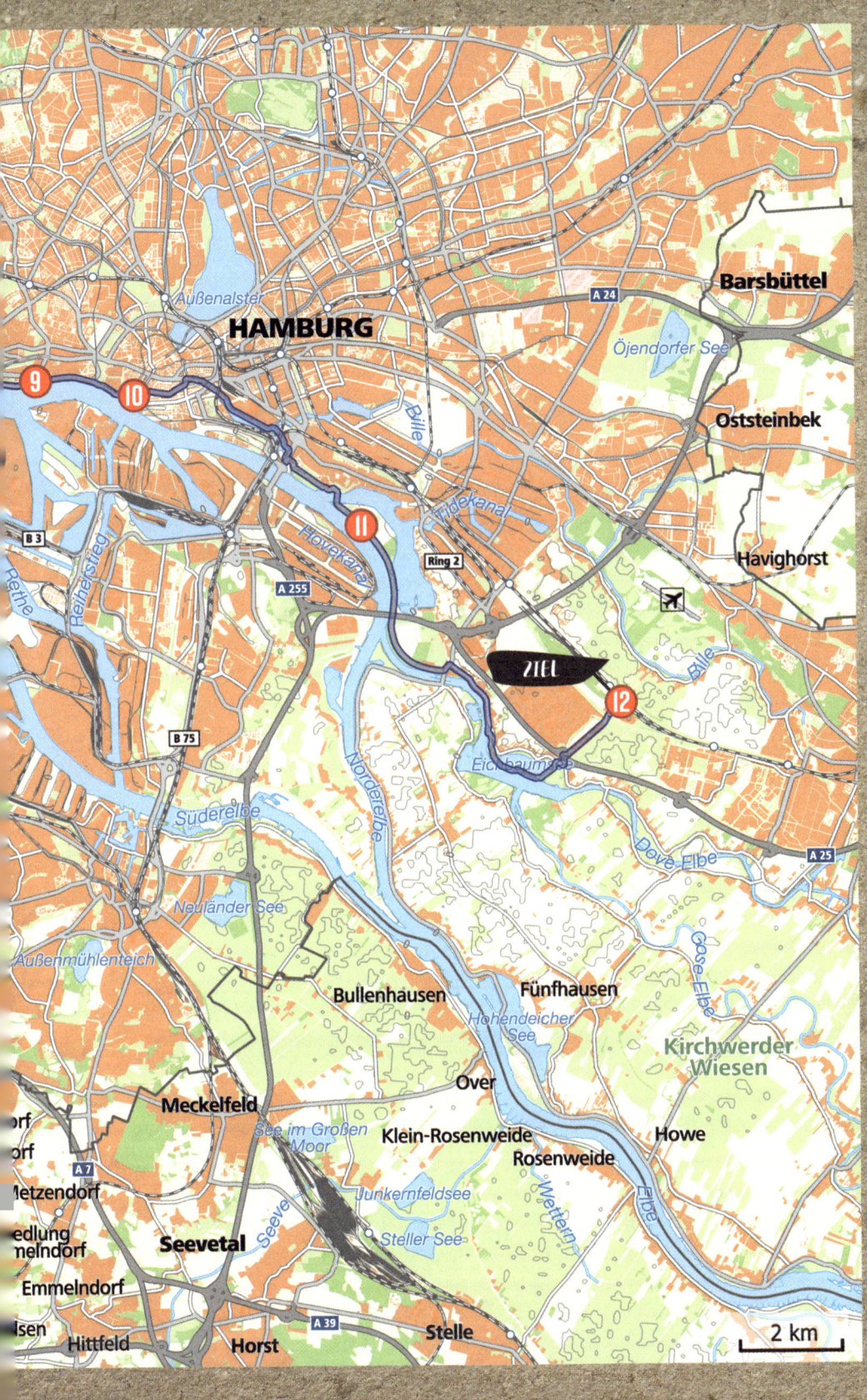

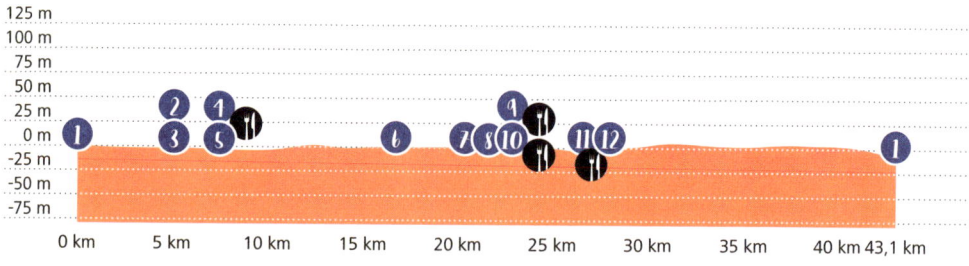

WIND UND WETTER

Ich fahre diese Tour auch gern bei „echtem" Wetter: Scheint die Sonne auf die Brandung, während über dem Meer dunkelgraue Wolken hängen, ist die Ostsee spektakulär!

❯ **1 /** Start am Parkplatz Niobe-Denkmal und Naturschutzgebiet Grüner Brink

❯ **2 /** Von der Ostsee umspült: Nördliche Seeniederung mit Salzwiesen und Lagunen

❯ **3 /** Weiter Ostseeblick am Westermarkelsdorfer Huk, dem äußersten Eck Fehmarns

❯ **4 /** Ostseestöpsel – Bitte nicht ziehen!

❯ **5 /** Ein Fischbrötchen auf die Faust aus Georgs Fischkiste

❯ **6 /** Letzter Auftritt einer Legende: Jimi-Hendrix Gedenkstein

❯ **7 /** Bester Platz zum Sonnenuntergang Leuchtturm Flügge

❯ **8 /** Windige Bucht am Krummsteert und Orther Reede

❯ **9 /** Traditionshafen in Orth in maritimer Klinkerarchitektur

❯ **10 /** Seit 40 Jahren mehr als ein Hafenimbiss: Kap Orth

❯ **11 /** Gute Fischküche in der gemütlichen Aalkate Lemkerhafen

❯ **12 /** Segelwindmühle und Mühlenmuseum, mitten im Feld

125 m							
100 m							
75 m							
50 m							
25 m							
0 m							
-25 m							
-50 m							
-75 m							

0 km   5 km   10 km   15 km   20 km   25 km   30 km   35 km   40 km 43,1 km

SO GEHT FEHMARN!

Durch das Wasservogelreservat
der Ostseeinsel

Die Vogelfluglinie, die kürzeste Reiseroute zwischen Kopenhagen und Hamburg, bringt uns an die Nordküste Fehmarns. Sie ist die Flugroute von Zugvögeln wie Kranichen und arktischen Wasservögeln auf ihrem Weg zwischen Skandinavien und Mitteleuropa. Fehmarn diente großen und kleinen Zugvögeln als Zwischenhalt. Genau diese Gebiete erkunden wir – bei einem konstanten Wind mit 20 Knoten aus Ost. Wir starten also mit Rückenwind, was sehr angenehm ist.

43 Kilometer
10 Höhenmeter ▲
10 Höhenmeter ▼
2:45 Stunden
Rundtour

Natürlich-sportliche Koexistenz

Wir starten am Parkplatz beim Niobe-Denkmal, beim Ausgang des Naturschutzgebietes 1 / Grüner Brink. Das knapp 130 Hektar große Areal liegt vor dem Landesschutzdeich und ist der Ostsee direkt ausgesetzt. Der Strand und seine drei Strandseen verändern sich

CHARAKTER

Sportlich ●●●●○
Abkühlung ●●●●●
Schlemmen ●●●●○
Panorama ●●●●●

TOURENINFO / Stets an der Küste und durch Naturschutzgebiete ist ein gut bereiftes Rad zu empfehlen, wenngleich die meisten Deichwege und Nebenstraßen gut befahrbar sind. Dem Ostseewind direkt ausgesetzt sind warme Klamotten wichtig. Am besten in mehreren Lagen, falls es doch sonnig und warm wird.

◄ links / Traumtour für radfahrende Naturfreunde

daher ständig – was für ein besonders gutes Nahrungsangebot für Wasservögel sorgt. So haben sich seltene Arten den Grünen Brink als Brutplatz ausgesucht. Aber auch der Mensch findet es hier schön: Ein beliebter Kitespot befindet sich am östlichen Ende des Strandes. Mensch und Natur finden hier erstaunlich gut zusammen. Die Kiter respektieren die Schutzzonen und die Tiere kommen trotzdem immer wieder – oder fliegen gar nicht erst weg: Einige Kolonien bestehen ganzjährig. Die ersten fünf Kilometer geht es nun immer geradeaus, Richtung Westen. Das nächste Naturschutzgebiet wartet schon.

NIOBE-DENKMAL

Ein Findling und ein Mast erinnern an die 69 ertrunkenen Seeleute des Segelschulschiffs Niobe, das vor 1 / Grüner Brink bei Schlechtwetter kenterte.

Vorfahrt für die Natur

Die gesamte nordwestliche Ecke Fehmarns gehört zum Naturschutzgebiet 2 / Nördliche Seeniederung. Wir bleiben unbedingt auf dem Weg und überblicken vom Deich die Landschaft und die dort lebende Vogelwelt. Zu Fuß kommen wir über einen sandigen Naturpfad an die ganz äußerste, nordwestliche Ecke Fehmarns, die 3 / Westermarkelsdorfer Huk. Ein Huk ist ein Haken – erinnert ein bisschen an Captain Hook, nur dass es hier ein natürliches Kap oder eine Landecke ist. Wir überblicken die beiden Binnenseen, die Strandwiesen (auf denen heute Schafe weiden) und natürlich die Ostsee.

Den Stöpsel bitte nicht ziehen!

Der 4 / Ostseestöpsel ist ein echtes Kuriosum! Die Fehmarner erzählen ihren Kindern, dass die Ostsee wie eine Badewanne leerläuft, wenn man ihn zieht. In Wirklichkeit ist es ein umgekipptes Seezeichen, das nur sieben Jahre alt wurde: Erst durch Sturmfluten geschwächt, gab es im Eiswinter 1942 nach, sank und neigte sich in seine heutige Lage. Wer hier Hunger verspürt, findet hinterm Deich bei 5 / Georgs Fischkiste (Westermarkelsdorf 36–42, 23769 Fehmarn, Mo–So, 11–17 Uhr) ein feines Fischbrötchen. Am Fastensee vorbei geht es nach Bojendorf. Bereits 1231 als Boyaenthorp erwähnt, beschädigte 1872 eine Sturmflut die auf Meereshöhe liegenden Häuser, sodass die Menschen umsiedelten. Einige wenige große Bauernhäuser blieben stehen.

Ein Hauch von Woodstock

Weiter an der Küste entlang, finden wir den 6 / Jimi-Hendrix Gedenkstein. Der Findling ist über zwei Meter hoch und schlappe sechs Tonnen schwer. Ihn zieren eine Fender-Gitarre und der Name der Woodstock-Legende Jimi Hendrix. Warum ausgerechnet hier? Im September 1970 fand auf Fehmarn das legendäre Love-and-Peace-Festival statt. Der gute Jimi hatte hier seinen letzten, öffentlichen Auftritt, bevor er starb und von den Bühnen der Welt verschwand. Wir fahren weiter Richtung Süden, an der Küste entlang, vorbei am Campingplatz nach Flügge. Sobald der Weg auf Wasser trifft, biegen wir rechts ab.

Sonnenuntergang am Leuchtturm

Der 7 / Leuchtturm Flügge ist einer der weltbesten Plätze für Sonnenuntergänge. Hier in der reinen, weiten und atemberaubenden Natur sind kaum Menschen, außer jetzt wir. Der Leuchtturm in polygonaler Klinkerbauweise ist sicher einer der schönsten an der Ostsee. Doch noch schöner ist der endlose, weite Blick. Wer tagsüber ankommt, hat an klaren Tagen eine gute Chance, die dänischen Inseln zu erspähen.

◄ oben / Weite Landschaften und Windräder – typisch Fehmarn

SONNEN-UNTERGANG

Am 7 / Leuchtturm Flügge sind wir auf Du und Du mit dem orange leuchtenden Stern, wenn der Wind langsam nachlässt und die Stille nach Fehmarn zurückkehrt.

25

Seemeilen weit reicht das Oberfeuer des achteckigen 7 // Leuchtturm Flügge von 1916 im Südwesten Fehmarns – also bis zu den dänischen Inseln. Zuvor stand an gleicher Stelle erst eine Gruppe von Bäumen, die Seefahrern Orientierung gab, das Flügger Holz, und dann im 19. Jh. ein 18 Meter hohes Leuchtfeuer.

Windige, krumme Bucht

Wir fahren zurück zur weiten Bucht 8 / Krummsteert und Orther Reede. Krummsteert ist plattdeutsch für „krummer Schwanz", denn das Landschaftsschutzgebiet an der Orther Reede wird von einer gebogenen Landzunge nach Westen eingerahmt. Sie entstand durch Sand und Steine, die die Brandung der Ostsee der Insel im Nordwesten abgerungen hatte. Bis heute trägt die starke Strömung Material nach Süden, das sich hier ablagert. Allein in den letzten 50 Jahren wuchs der Krummsteert um knapp einen Kilometer. Dieser Lebensraum ist wichtig für den Erhalt der Biodiversität, da er unterschiedlichsten Vogelarten Heimat bietet, wie der vom Aussterben bedrohten Zwergseeschwalbe. In den Tümpeln der Salzwiesen, durch die wir fahren, leben zahlreiche Amphibienarten wie die letzten Fehmarner Rotbauchunken. Auch Fehmarnsche Nachtigall genannt, weil die Unke wie der Vogel nachts tönt, wenngleich nicht ganz so lieblich.

Traditionsreicher Hafenort

Wir erreichen das hübsche 9 / Orth und haben uns nach einer Strecke mit heftigem Gegenwind eine Pause und Stärkung verdient. Am inneren Ende des langgezogenen Hafenbeckens gibt es im rustikal-maritimen Hafenimbiss 10 / Kap Orth seit über 40 Jahren von Fischbrötchen bis Live-Musik quasi alles. Gern frequentiert von Kitesurfern, die im Stehrevier Orther Reede bei Süd- und Südwestwind optimale Bedingungen vorfinden. Wir streifen durch den Hafen, dessen Promenade von maritimen Gebäuden in Klinkerarchitektur geprägt ist. Gerade versucht ein Traditionssegler aus Holland festzumachen und hat in der engen Fahrrinne seine Mühe. Die heutige Kaimauer des Hafens hat eine interessante Geschichte. Im November 1872 suchte ein schweres Sturmhochwasser die ganze Ostseeküste heim. Ein Gastwirt in Orth baute in Eigeninitiative den zwei Meter hohen Steinwall. Die Steine zog er dafür mit Pferden über die zugefrorene Ostsee. Weitere Ausbauten folgten; 1881 wurde der Hafen eröffnet. Dann fahren wir an der Küste zum nächsten Hafen.

Räucherfisch vom Feinsten

Wer sein Hungergefühl nicht schon zuvor gestillt hat, findet im traditionellen und sehr heimeligen Fischrestaurant 11 / Aalkate Fehmarn in Lemkenhafen den perfekten Platz für ein gutes Essen. Aal ist vielleicht nicht der Inbegriff des Lieblingsgerichtes. Aber wenn wir irgendwo mit ihm warm werden können, dann hier. Von der Terrasse gibt es einen sagenhaften Blick auf die weite, von Kitern und Surfern frequentierte Bucht. So geht Fehmarn! Aus Lemkenhafen hinaus, passieren wir die Holländer-Windmühle „Jachen Flünk", eine 12 / Segelwindmühle und Mühlenmuseum. Der Name geht auf den Fehmarner Joachim Rahlff zurück, einen Kornhändler und Schiffsreeder, der sie 1787 erbaute. Heute steht sie unter Denkmalschutz. Um zum Ausgangspunkt zu gelangen, fahren wir im Zickzack durch die weiten, flachen Felder (im Mai und Juni leuchten viele zur Rapsblüte in strahlendem Gelb) und die Dörfer Altjellingsdorf, Lemkendorf, Vadersdorf. Wir orientieren uns am Windpark, hinter dem Gammendorf auf uns wartet. Von dort geht es schnurstracks zu unserem Ausgangspunkt 1 / Grüner Birk – mit Glück weht der kräftige Wind aus Südwest, dann sind wir in Nullkommanichts da.

100 JAHRE

… gingen ins Land, bis die Vogelfluglinie vollständig war: Geplant schon 1863, war die Reiseroute erst 1963 vollständig. Die letzte Lücke schloss die Fähre Puttgarden-Rødby, die auch den Zug übers Meer transportiert und die wir vom Start 1 / Grüner Brink sehen.

⌃ oben / Im bei Wassersportlern beliebten Hafen Orth machen häufig Traditionssegler fest

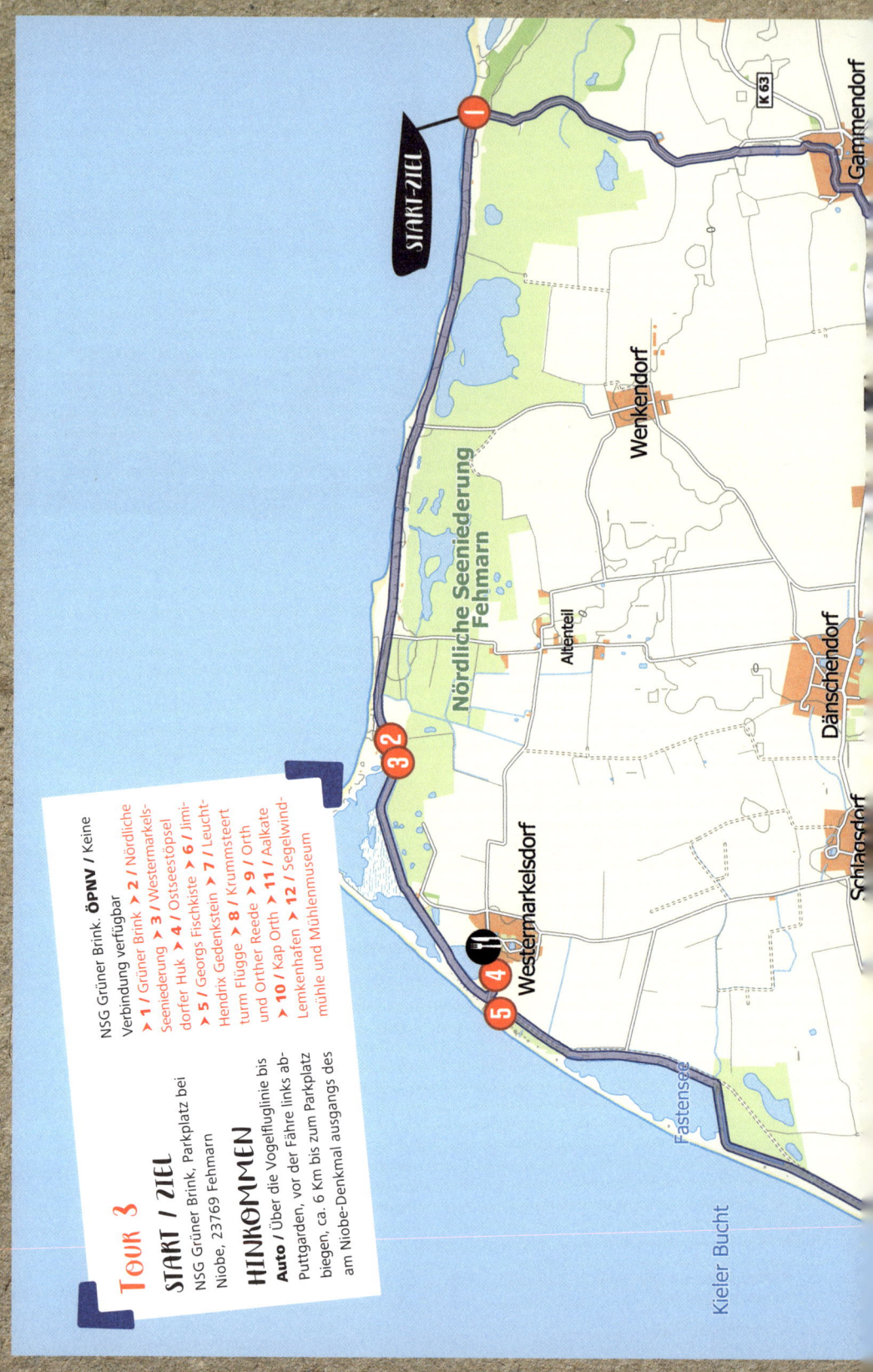

Tour 3

START / ZIEL

NSG Grüner Brink, Parkplatz bei Niobe, 23769 Fehmarn

HINKOMMEN

Auto / Über die Vogelfluglinie bis Puttgarden, vor der Fähre links abbiegen, ca. 6 km bis zum Parkplatz am Niobe-Denkmal ausgangs des

NSG Grüner Brink. **ÖPNV** / Keine Verbindung verfügbar
> **1** / Grüner Brink ▸ **2** / Nördliche Seeniederung ▸ **3** / Westermarkelsdorfer Huk ▸ **4** / Ostseestöpsel ▸ **5** / Georgs Fischkiste ▸ **6** / Jimi-Hendrix Gedenkstein ▸ **7** / Leuchtturm Flügge ▸ **8** / Krummsteert und Orther Reede ▸ **9** / Orth ▸ **10** / Kap Orth ▸ **11** / Aalkate Lemkenhafen ▸ **12** / Segelwindmühle und Mühlenmuseum

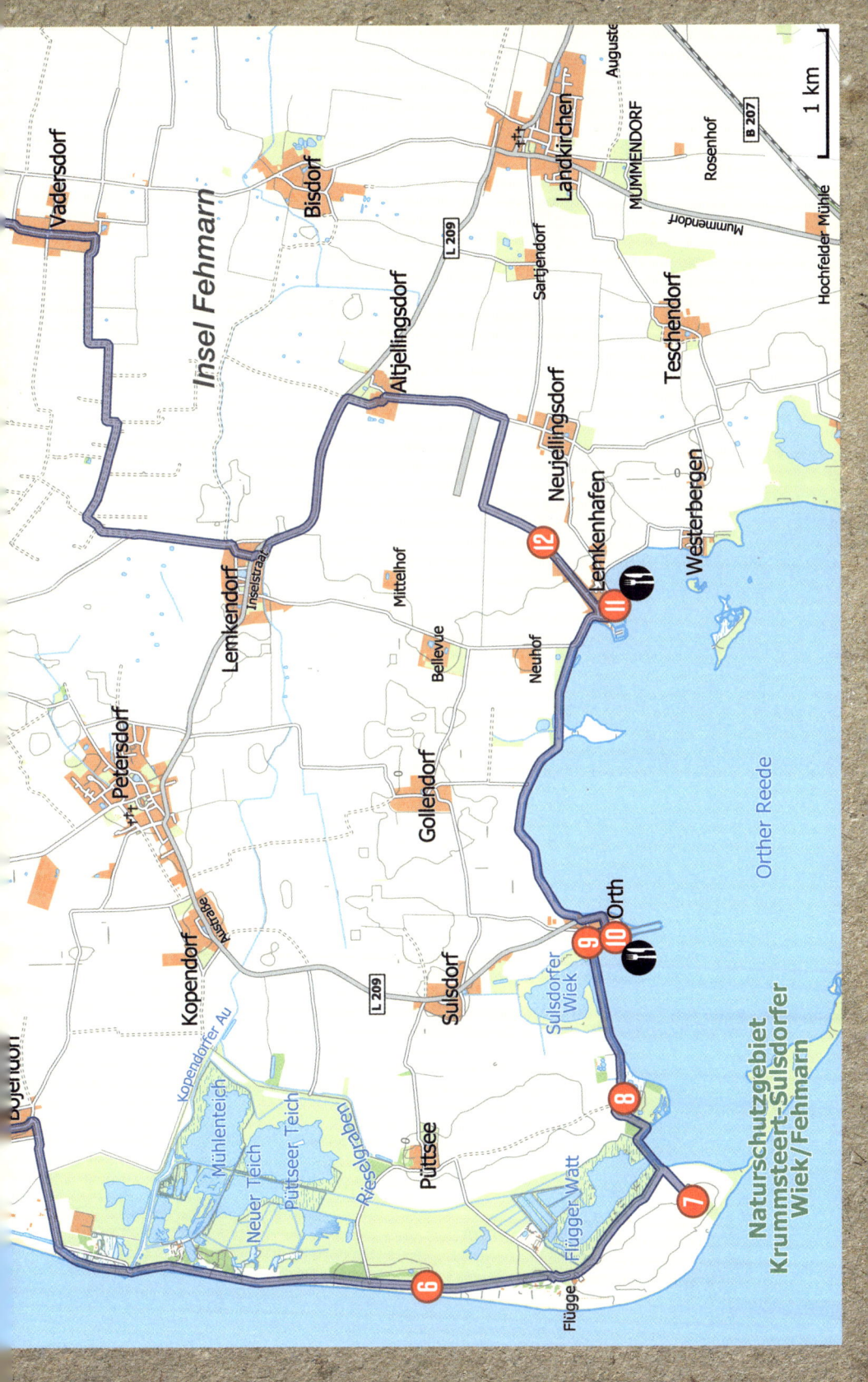

WEITBLICK

Ich besteige am Kap Arkona am liebsten den etwas abseits stehenden Peilturm – der Blick auf die Jaromarsburg und das Meer ist einfach grandios.

> **1 /** Neben der Bushaltestelle in Putgarten einen Blick auf das historische Feuerwehrhaus werfen

> **2 /** Bei Nonnevitz die Sicht bis zum Horizont genießen

> **3 /** Im rustikalen Biergarten in Gramtitz rasten

> **4 /** Lust auf ein Fischbrötchen im Hafen Kuhle?

> **5 /** Abkühlung am Boddenstrand von Dranske finden

> **6 /** Das wunderbare Flair des Pferdestübchens in Schwarbe erleben

> **7 /** Einen Blick von der Steilküste aufs Meer tief unten riskieren

> **8 /** Sich am Strand in die Wellen stürzen

> **9 /** An der Falladaaussicht das Panorama aufsaugen

> **10 /** Leuchtturm-Hopping am Kap Arkona

125 m
100 m
75 m
50 m
25 m
0 m
-25 m
-50 m

0 km   5 km   10 km   15 km   20 km   25 km   30 km   37,4 km

RÜGENS NORDPOL

Über die **Halbinsel Wittow**
zum **Kap Arkona**

In der Saison pilgern Tag für Tag ganze Heer-
scharen von Ausflüglern zu den Leuchttür-
men von Kap Arkona. Grund genug, diese
als Tourenziel auszusparen? Besser nicht!
Schließlich gelten sie als ein Wahrzeichen
der Insel und gehören zu einem Rügenbe-
such einfach dazu. Obendrein radeln wir
durchs Windland Wittow und ein Stück an
der hoch aufragenden Steilküste entlang.

Auf den Sattel und los!

In Putgarten lassen wir gleich den Besucherandrang
hinter uns und starten an der 1 / Bushaltestelle in
der Dorfstraße. Hier wird auch
das Ziel am Ende unserer Tour
sein. Du nutzt nun den Varn-
kevitzer Weg rechts neben
dem alten Feuerwehrhäus-
chen. Vom Ortsausgang folgen
wir unserem Sträßchen in Richtung Mattchow. Über die Fel-
der hinweg sind die Leuchttürme des berühmten
Kaps gut zu sehen. Zu den Seezeichen passt auch

37 Kilometer
30 Höhenmeter ▲
30 Höhenmeter ▼
3:15 Stunden
Rundtour

CHARAKTER
Sportlich ●●●○○
Abkühlung ●●●●●
Schlemmen ●●●●○
Panorama ●●●●●

TOURENINFO / Der größte Teil der Tour verläuft auf
Radwegen und kleineren Straßen. Am aussichtsreichen
Steilufer sind wir auf teils unbefestigten Wegen unterwegs.
Badesachen einpacken!

◄ **links / Nördlich von Kap Arkona kommt nur mehr
das Meer: Peilturm vor dem Neuen Leuchtturm**

die futuristische Konstruktion rechts des Weges: Eine Radarkuppel ragt aus einem militärischen Bereich auf. Wir sausen vorbei, radeln stets geradeaus und erreichen bei der Bushaltestelle Mattchow eine kleine Kreuzung mit einer Vorfahrtstraße. Über diese geht es gerade hinweg. Endlose Felder dehnen sich bis zum Horizont, in das Säuseln des Windes mischen sich die jubilierenden Lerchen über unseren Köpfen. Keine schlechte Idee, hier einmal innezuhalten und das weite 360°-Panorama zu genießen! Wir passieren die wenigen Gehöfte von 2 / Nonnevitz und stoßen bei 3 / Gramtitz auf eine Vorfahrtstraße. Die Beschilderung weist uns den Weg nach Wiek geradeaus. Aber vielleicht magst du hier auch schon eine Rast im rustikalen Biergarten des wenige Meter entfernten Lokals Räuchereck (Mi–Mo 9–19 Uhr) einlegen? Fischgerichte sind die Spezialität des Hauses, die man entspannt im gemütlichen Garten genießen kann.

Ab an den Strand!

Beim nahen Pferdezentrum Balance kannst du vom Rad- auf den Pferdesattel umsteigen. Eine ganze Reihe unterschiedlicher Ausritte werden auf dem Gestüt angeboten – Boddenritte, Ausritte an den Ostseestrand oder an richtig heißen Tagen sogar Schwimmen mit Pferden. Unweit des Hofs erreichen wir das Örtchen Kuhle und eine Landstraße. Die Beschilderung leitet uns hier nach rechts in Richtung Dranske. Gleich bei Schreiber's Fischräucherei im kleinen 4 / Hafen Kuhle werfen wir einen Blick auf den Wieker Bodden. Und ein knurrender Magen lässt sich hier leicht mit einem leckeren Fischbrötchen besänftigen. Unser fahrbahnbegleitender Radweg führt nun stets an der Küstenlinie entlang. Dranske empfängt uns mit etwas überdimensionierten Neubauten aus DDR-Zeiten. Im Ort orientieren wir uns für einen Kurzabstecher zum Bootsanleger hin, wo sich zudem ein kleiner 5 / Strand erstreckt. Steht dir der Sinn nach einer kleinen Abkühlung? Auch ein Restaurant mit Boddenblick ist hier zu finden.

REITSATTEL STATT RADSATTEL

Wenn du einmal vom Rad- in den Reitsattel wechseln möchtest, ist das **Pferdezentrum Balance** die richtige Adresse. Verschiedene Ausritte werden hier angeboten.

Felder, soweit das Auge reicht

Zurück an der Durchgangsstraße folgen wir der Radwegbeschilderung in Richtung Lancken/Kap Arkona in die Schulstraße. Gleich an der Ecke zieht uns die stattliche Kuchenauswahl im liebevoll gestalteten Gartencafé Sahne (tgl. 14–19 Uhr, Karl-Liebknecht-Str. 6, 18556 Dranske, www.cafe-pension-sahne.de) magisch an – schwierig nur, sich zu entscheiden. Geradeaus radeln wir nun auf der Schulstraße, erst bei der Gartensparte schwenkt die Tour in Richtung Kap Arkona auf den Radweg rechts ein. Kurvenreich leitet uns das Asphaltsträßchen vorbei an Dranske Hof nach Lancken, wo wir am Weiser links einbiegen und der Gasse Zur Kreptitzer Heide folgen. Einen knappen Kilometer nach dem Ortsausgang hält sich die Route am Weiser rechts nach Kap Arkona/Bakenberg. An der bald erreichten Vorfahrtstraße geht es entsprechend der Beschilderung auf dem fahrbahnbegleitenden Radweg links weiter. Wir passieren das Feriendorf Rugana. Noch vor dem Waldrand schwenken wir rechts ein und radeln nun an einigen Campingplätzen vorü-

KM 1

Gleich zu Beginn der Tour haben wir sie im Blick: die Leuchttürme von Kap Arkona. Der kleinere der beiden Leuchtfeuer ist der 1826/27 errichtete Schinkelturm. Der Name nimmt Bezug auf den preußischen „Stararchitekten" Karl Friedrich Schinkel. Der mit 35 m fast 13 m höhere Neue Turm wurde 1905 in Betrieb genommen.

▲ oben / Im kleinen Hafen von Kuhle

WEISS

Auf den Schiffen der Weißen Flotte und der Reederei Hiddensee kannst du einen Ausflug der besonderen Art unternehmen: Im Sommer wird ab **5 / Dranske** die Insel Hiddensee angesteuert. Am gleichen Tag geht es auch zurück.

ber. Schließlich biegt die Tour erneut rechts ab und verläuft auf der schmalen Asphaltstraße bis zu der uns bereits bekannten Kreuzung in 2 / Nonnevitz. Hier halten wir uns links und folgen der bekannten Route für knapp 2 km. Dann orientieren wir uns beim Weiser in Richtung Kap Arkona/Varnkevitz nach links. Auf dem Weg nach Schwarbe kannst du im wunderbar rustikalen und mit viel Begeisterung geführten Pferdestübchen einkehren (Mo–Fr 16–21, Sa/So 12–21 Uhr, Mi geschlossen, Schwarbe Siedlung 1, 18556 Altenkirchen, www.wild-birdie.com) – es lohnt sich!

Wittows Steilküste

Nur wenige Pedaltritte führen uns nun nach 6 / Schwarbe. Wir rollen geradewegs durchs Dorf und biegen dann nach dem Ortsausgang auf die kleine Landstraße nach links. Auch die kleine Siedlung Varnkevitz passieren wir auf der Durchgangsstraße, die uns direkt bis zur 7 / Wittower Steilküste bringt. An dieser geht es rechts entlang. Immer wieder gibt der Küstenbewuchs Blicke aufs blaue Meer tief unter uns frei – wir passieren viele wunderbare Orte zum Verweilen und Seele-baumeln-Lassen. Häufig zeigen hier Uferschwalben, die in den steilen Wänden nisten, ihre Flugkünste. Ein ganz besonderes Highlight bietet sich dir bei einem schönen 8 / Rastplatz mit Schutzhütte. Treppen führen hier hinab an den weißen Sandstrand – mit etwas Glück können sogar Robben gesichtet werden. Kegelrobben sind das größte in Deutschland freilebend vorkommende Raubtier. Respektabstand ist daher angesagt. Erst einmal lassen wir uns in den weichen Sand fallen, bevor wir die Tour fortsetzen. Was gibt es schöneres als ein Bad fast am Ende der Tour? Auf dem weiteren Weg sind bereits die Leuchttürme von Kap Arkona auszumachen. Und wenn du denkst, dass es schöner nicht werden kann, stehst du plötzlich auf der 9 / Falladaaussicht. Was für ein Blick! Wir sind mindestens so begeistert wie der Schriftsteller Hans Fallada, der vor allem zu Beginn der 1920er Jahre häufig auf Wittow zu Gast war.

URLAUBSLEKTÜRE

Der Schriftsteller Hans Fallada war häufig zu Gast in Gudderitz auf Wittow. Hier ist auch die Handlung seines Romans „Wir hatten mal ein Kind" angesiedelt.

Der hohe Norden Rügens

Weitere Strandabgänge und Aussichtspunkte säumen unsere Route, bis wir plötzlich vor dem bekanntesten Fotomotiv der Insel Rügen zum Halten kommen: Einträchtig stehen der Leuchtturm Schinkels und der größere Neue Turm am 10 / Kap Arkona – Rügens nördlichstem Punkt – nebeneinander. Beide Bauwerke können bestiegen werden, auch eine Ausstellung hat hier ihre Pforten geöffnet. 108 Stufen sind es auf das Leuchtfeuer Kap Arkona, einem voll funktionstüchtigen Leuchtturm, von dem du bei gutem Wetter bis Dänemark siehst. Danach orientierst du dich zum etwas entfernten Peilturm hin, dem dritten im Bunde. Seine voll verglaste Kuppel bietet ebenfalls einen eindrucksvollen Blick über Kap und Ostsee – und bei Schlechtwetter Schutz vor Wind und Regen. An seinem Fuß radeln wir in Richtung Vitt weiter, wobei der Radweg am Fuß des Walls der berühmten Jaromarsburg entlangführt. Das slawische Volk der Ranen errichtete sie zwischen dem 6. und 8. Jahrhundert als Tempelburg für ihren Hauptgott Svantevit. Erobert und zerstört wurde sie 1168 durch die Dänen. Vorbei an grandiosen Aussichtspunkten folgen wir bald dem Weiser in Richtung Vitt Kapelle, wenden uns dann am nahen Sträßchen nach rechts und gelangen so zurück nach 1 / Putgarten und zur Bushaltestelle.

ROBBEN

Hin und wieder lassen sich am 8 / Strand beim Rastplatz Kegelrobben sichten. Dann gilt es, einen Abstand von 100 m einzuhalten, sie nicht zu füttern oder zu streicheln und den Fluchtweg nicht zu versperren.

▲ oben / Gelb blüht der Raps

Tour 4

START / ZIEL
Bushaltestelle Putgarten

HINKOMMEN
Auto / Parkplatz am Ortseingang
ÖPNV / Die Buslinie 14 fährt

Putgarten an
> 1 / Bushaltestelle **> 2 /** Nonnevitz **> 3 /** Räuchereck Gramtitz
> 4 / Hafen Kuhle **> 5 /** Dranske
> 6 / Schwarbe **> 7 /** Steilküste **> 8 /** Rastplatz und Strand
> 9 / Falladaaussicht **> 10 /** Kap
Arkona

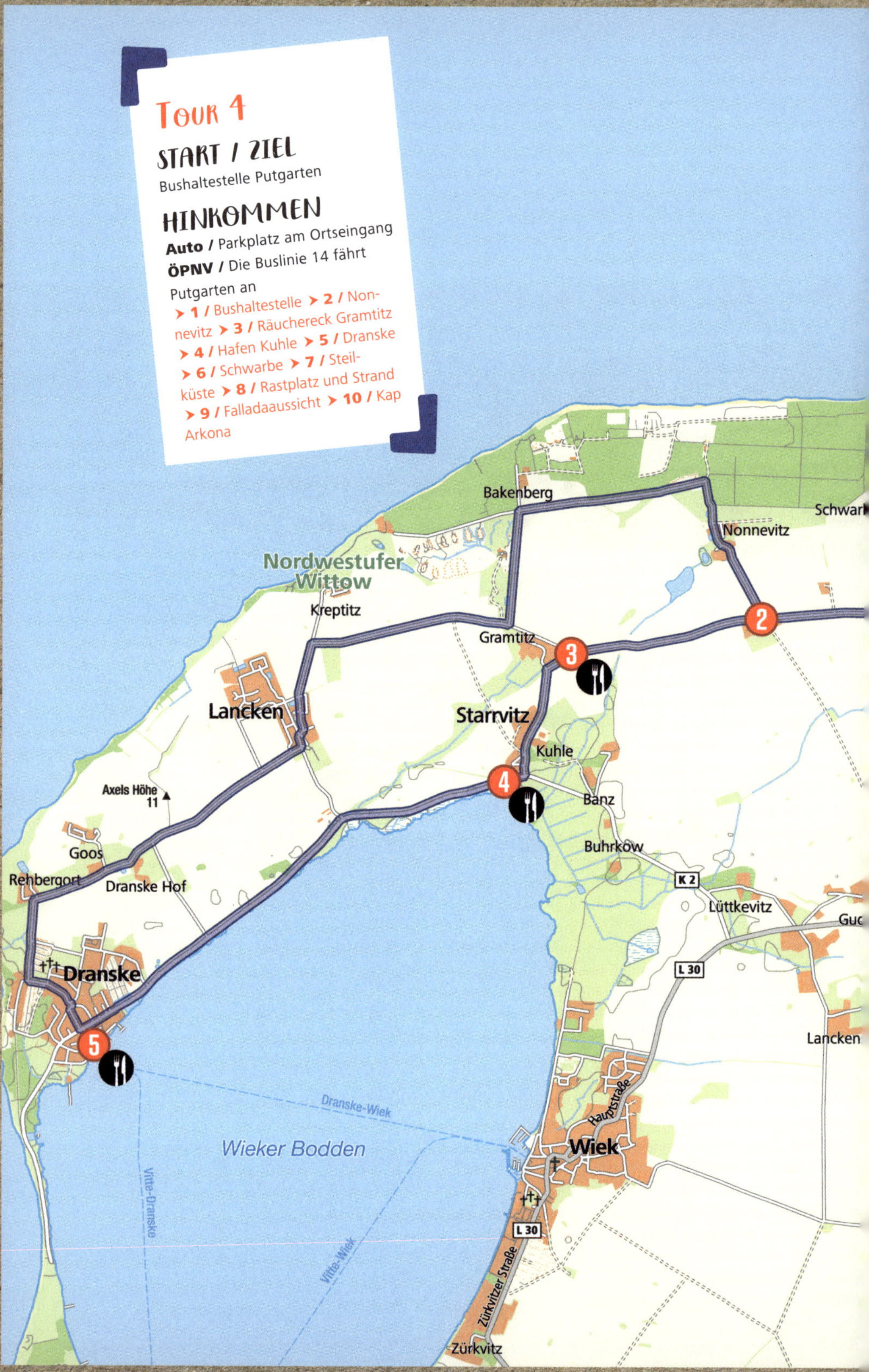

Bakenberg

Nonnevitz

Schwar

Nordwestufer
Wittow

Kreptitz

Gramtitz

3

Lancken

Starrvitz

Kuhle

Axels Höhe
11

4

Banz

Goos

Buhrkow

Rehbergort

Dranske Hof

K 2

Lüttkevitz

Guc

L 30

Lancken

Dranske

5

Dranske-Wiek

Wieker Bodden

Wiek

L 30

Zürkvitz

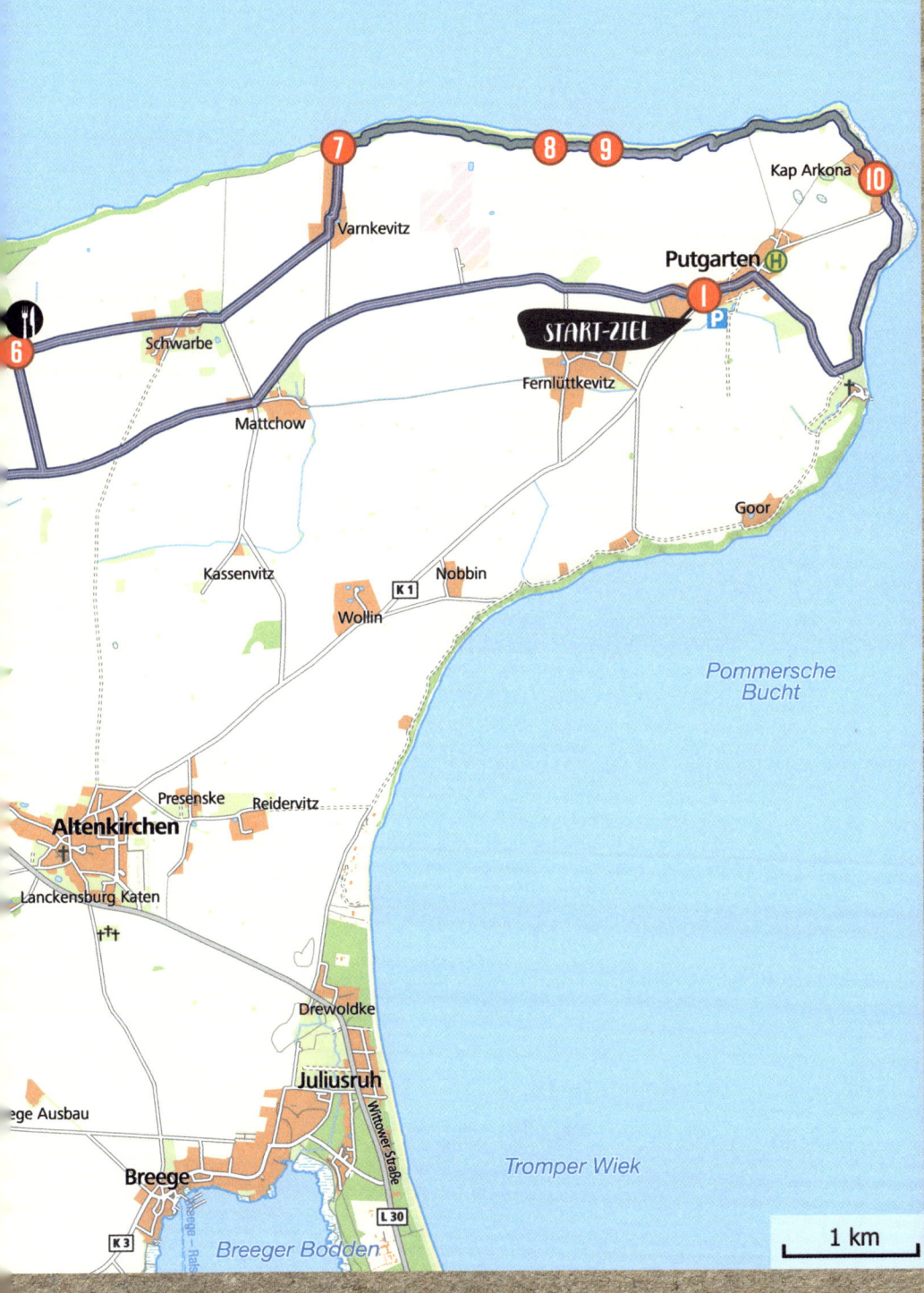

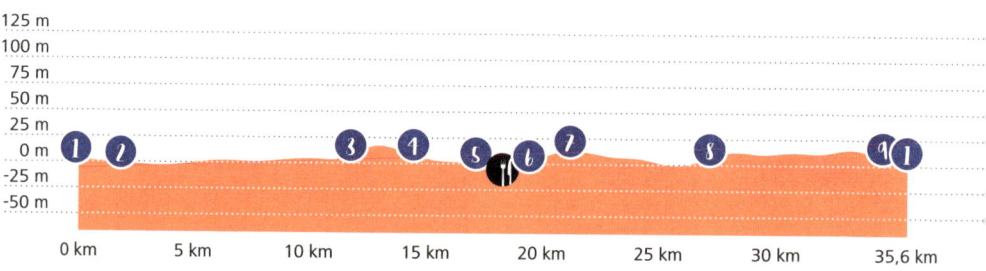

KAFFEEPAUSE

Nie lasse ich mir die leckeren Kuchen im Krumminer Café Naschkatze entgehen. Danach genieße ich die traumhafte Landschaft im Bruch an der Krumminer Wiek.

➤ 1 / An der Karlshäger Touristeninformation beginnt und endet die Tour

➤ 2 / Manchmal schaukeln fast 100 Boote im Jachthafen von Karlshagen

➤ 3 / Die Wolgaster Peenebrücke öffnet sich fünfmal am Tag – ein Spektakel nicht nur für Technikfans

➤ 4 / Die Blütenpracht im Feng-Shui-Garten in Neeberg bewundern

➤ 5 / Qual der Wahl in Krummin: Hafenterrasse oder Café Naschkatze?

➤ 6 / Naturschauspiel vom Feinsten: das Bruch an der Krumminer Wiek

➤ 7 / Sich mit Naturprodukten eindecken im Hofladen Villa Kunterbunt in Neuendorf

➤ 8 / Abtauchen mit der Unterwasserkapsel an der Seebrücke Zinnowitz

➤ 9 / Am Strand von Karlshagen noch einmal in die Wellen hüpfen

MIT ALLEN WASSERN GEWASCHEN

Zwischen **Ostsee, Peenestrom** *und* **Krumminer Wiek**

Zunächst begleitet der mächtige Peenestrom unsere Tour. Nach einer gemütlichen Einkehr in Krummin radeln wir durch die wildromantische Bruchlandschaft an der Krumminer Wiek – nur Frösche und Möwen sind hier zu hören. Zuletzt locken die Strände von Zinnowitz und Karlshagen.

Am Peenestrom

Die 1 / Karlshäger Touristeninformation ist zugleich Start- und Endpunkt unserer Rundtour. Wir schwingen uns hier aufs Rad und folgen der Hauptstraße am Supermarkt vorbei zur kiefernumstandenen Kirche. Hier schwenkt die Route in die Hafenstraße ein. Auf dieser radelst du zum belebten 2 / Jachthafen am Peenestrom. Meist schaukeln hier Dutzende Boote auf den Wellen – ein pittoreskes Bild. Nach einem kurzen Stopp wenden wir uns zum Ortsausgangsschild am Ende der Hafenstraße hin und radeln auf dem schmalen Sträßchen weiter. Der Betonplattenweg führt uns nun

36 Kilometer
30 Höhenmeter ▲
30 Höhenmeter ▼
3:15 Stunden
Rundtour

CHARAKTER
Sportlich ●●○○○
Abkühlung ●●●●●
Schlemmen ●●●●○
Panorama ●●●●○

TOURENINFO / Die Tour verläuft auf Radwegen und kleineren Straßen. Zwischen Krummin und Neuendorf muss ein recht holpriger Betonplattenweg bewältigt werden. Badesachen einpacken!

◄ links / Zahlreiche Kanäle münden in den Peenestrom

durch eine urgewaltige Landschaft. Man muss erst einmal halten und schauen – so weit rückt der Horizont in die Ferne. Ganz in der Nähe wiederum bahnt sich der Peenestrom seinen Weg. Allerdings halten ihn Deichbauten noch vor unserem Blick verborgen. Der 20 km lange Meeresarm verbindet das Stettiner Haff mit der offenen Ostsee und trennt so die Insel Usedom vom Festland.

Die Wolgaster „Skyline" im Blick

Der Plattenweg führt uns nach Mölschow. Dort biegen wir rechts auf die Hauptstraße in Richtung Wolgast ein. 200 m weiter geht es halblinks auf den Zecheriner Weg. Endlich wird auch Zecherin erreicht. Hier folgt die Tour beim Ortseingangsschild dem Hauptstraßenverlauf nach links. Stets die „Skyline" von Wolgast vor Augen – die Peene-Werft und die mächtige St.-Petri-Kirche – radelst du nun durch ausgedehnte Felder. Im Mai gibt uns hier leuchtend gelber Raps ein farbenfrohes Geleit. Hin und wieder zeigt sich auch der gewaltige Peenestrom. Ein Panorama zum Innehalten – nur

BLAU

Reisende, die über den Peenestrom nach Usedom unterwegs sind, erleben in Wolgast ihr blaues Wunder. So nämlich wird die blau gestrichene 3 / Klappbrücke genannt, die hinüber führt.

schade, dass hier ein Rastplatz fehlt. Durchs ländliche Idyll gelangen wir nach Mahlzow, das bereits Teil der Stadt Wolgast ist. Am Mahlzower Weg überqueren wir die Gleise und fahren neben der B 111 fahrbahnbegleitend nach rechts. Schon nach 300 m verlassen wir die Bundesstraße und radeln geradeaus auf der Straße der Freundschaft weiter. Kurz vor der 3 / Wolgaster Peenebrücke, einer kombinierten Straßen- und Eisenbahn-Klappbrücke, schwenkt die Route links auf die Sauziner Straße ein. Zuvor solltest du aber einen Blick auf das eindrucksvolle Brückenbauwerk werfen oder der imposanten Wolgaster Innenstadt jenseits des Peenestroms einen Besuch abstatten. Wandelt man durch die engen mittelalterlichen Gassen zwischen den spätbarocken Gebäuden, spürt man die reiche und wechselhafte Geschichte der Stadt, die Sitz der Herzöge zu Pommern-Wolgast war. Steine des im 30-jährigen Krieg zerstörten herzöglichen Schlosses wurden nach dem großen Stadtbrand 1713 für den Wiederaufbau als barocke Stadt auf dem ursprünglichen Grundriss aus dem Mittelalter verwendet.

(Garten-)Kunst

Geradewegs bringt uns dann die Sauziner Straße nach 4 / Neeberg, wo bereits nach wenigen Pedaltritten die Galerie im Hühnerstall den perfekten Rahmen für eine Rast bietet. Wirf einen Blick in die kleine Galerie und bestaune den blumenreichen und wunderbar verträumten Feng-Shui-Garten (meist 11–17 Uhr, Neeberger Straße 9, 17440 Neeberg, www.neeberg-galerie-fengshui.de). Auf der Neeberger Straße radeln wir aus der Siedlung heraus.

Qual der Wahl in Krummin

Im nahen 5 / Krummin empfängt uns ein etwas holpriges Pflaster. Wir orientieren uns an der Dorfstraße zu Kirche und Hafen hin. Hier gilt es sich zu entscheiden: Einerseits kannst du im liebevoll eingerichteten Gartencafé Naschkatze zwischen farbenfrohen Blumenbeeten bei selbst gebackenen Kuchen genüsslich die Seele baumeln lassen (Di–So 11-18 Uhr, Dorfstraße 25, 17440 Krummin), andererseits verspricht das Restaurant Hafenterrasse (in der Saison tgl. ab 11 Uhr, Naturhafen, Dorfstr. 24, 17440 Krummin, www.natur-

KM 2

Der 20 km lange Peenestrom trennt als Meeresarm der Ostsee die Insel Usedom vom Festland. Benannt wurde er nach der Peene, die gern auch als Amazonas des Nordens tituliert wird. Vom 2 / Hafen Karlshagen starten Ausflugsschiffe zu spannenden Touren auf dem Strom.

⌃ oben / **Die Wolgaster Peenebrücke macht fünf Mal am Tag den Schiffen Platz**

HOCH HINAUS

Das unübersehbare Wahrzeichen von **Wolgast** ist die Kirche St. Petri. Der Turm des Backsteingotikbaus kann auch bestiegen werden. Tolles Panorama garantiert!

hafen.de) einen wunderbaren Blick über die Krumminer Wiek und eine illustere Speisekarte. Wie deine Wahl auch ausfällt – beim Café Naschkatze beginnt unser weiterer Weg nach Neuendorf.

Naturidylle pur

Der Betonweg führt nun durch eine Landschaft, die uns den Atem verschlägt. Der späte Nachmittag ist die beste Zeit, um das Naturschauspiel von Farben und Wind, Vogelgezwitscher und Froschgequake im 6 / Bruch an der Krumminer Wiek zu erleben. Lege hier ruhig eine Pause ein, denn so urwüchsig und unverbaut ist Natur selten direkt am Radweg anzutreffen. Mit etwas Glück kreist sogar einer der seltenen Adler hoch über deinem Kopf. Später leitet uns der holprige Plattenweg geradeaus nach 7 / Neuendorf. Bei einem ersten, recht einsamen Gehöft biegen wir links auf einen Weg ein, der uns nach kurzer Zeit zur bestens asphaltierten Mühlenbergstraße bringt. An dieser hält sich die Tour links. Etwa 250 m weiter biegen wir beim Hofladen Villa Kunterbunt entsprechend der Beschilderung Zinnowitz links ein. Zuvor lohnt aber ein Besuch des urigen Hofladens: Leckeres, duftendes Holzofenbrot, selbstgemachte Marmelade, Wurst, Obst, Gemüse und Säfte – hier wird jeder fündig (Mo–Fr 10–17, Sa 10–12 Uhr, Zinnowitzer Str. 6, 17440 Neuendorf). Straßenbegleitend rollen wir nun bis nach Zinnowitz, überqueren dort die Ahlbecker Straße und folgen erst der Alten und dann der Neuen Strandstraße zur 8 / Seebrücke von Zinnowitz.

Abtauchen in Zinnowitz

Diese erstreckt sich immerhin mehr als 300 m ins Meer hinaus. Benannt wurde das 1993 errichtete Bauwerk nach der legendären Stadt Vineta, die hier einst wegen des Hochmuts ihrer Bewohner im Meer versunken sein soll. Allerdings reklamieren noch eine ganze Reihe weiterer deutscher und polnischer Küstenorte den Ort der Katastrophe vor ihren Toren für sich. Auch die Vinetastadt Barth und die Umgebung des Streckelsberg wollen Ort der mythischen Stadt sein. Vielleicht möchtest du erst einmal einen verdienten Badestopp

TAU

Ob am frühen Morgen, wenn der Tau fällt, oder zum Sonnenuntergang – eine Kanutour auf der 6 / Krumminer Wiek ist immer ein faszinierendes Erlebnis. Angeboten werden sie z. B. im Krumminer Hafen (www. naturhafen.de).

einlegen oder mit der Tauchkapsel am Brückenkopf die Unterwasserwelt erkunden? Vineta ist in der unmittelbaren Umgebung der Kapsel allerdings nicht zu entdecken. Ins (Theater-)Rampenlicht rückt die versunkene und sagenumwobene Stadt aber alljährlich im Sommer bei den Vineta-Festspielen auf der Freilichtbühne des Ostseebades. An der Promenade folgen wir nun dem Ostseeküstenradweg in Richtung Trassenheide. Bei den ersten Häusern des Ortes leitet die Radwegbeschilderung nach links, um den Ort herum und bei einem Parkplatz wieder rechts in den Wald. Auf dem breiten Waldweg radeln wir nun bequem die letzten Kilometer nach Karlshagen, wo ebenfalls ein breiter 9 / Sandstrand zu einem Sprung in die Wellen verlockt. Auf der Strandstraße gelangen wir schließlich zurück ins Zentrum und zum Ausgangspunkt bei der 1 / Touristeninformation in Karlshagen.

1140 KM

Der Ostseeküstenradweg zwischen Flensburg und Ahlbeck ist 1140 km lang – davon verlaufen knapp 700 km auf dem Gebiet Mecklenburg-Vorpommerns.

⌃ oben / Seebrücke von Zinnowitz mit Tauchkapsel

Tour 5

Start / Ziel
Touristeninformation Karlshagen

Hinkommen
Auto / Parkplatz am Bahnhof bei der Info
ÖPNV / Bahnhof Karlshagen befindet sich unmittelbar neben der Info (Zugverbindung nach Wolgast)

➤ **1** / Karlshäger Touristeninformation ➤ **2** / Jachthafen ➤ **3** / Wolgaster Peenebrücke ➤ **4** / Neeberg ➤ **5** / Krummin ➤ **6** / Bruch an der Krumminer Wiek ➤ **7** / Neuendorf ➤ **8** / Seebrücke Zinnowitz ➤ **9** / Strand

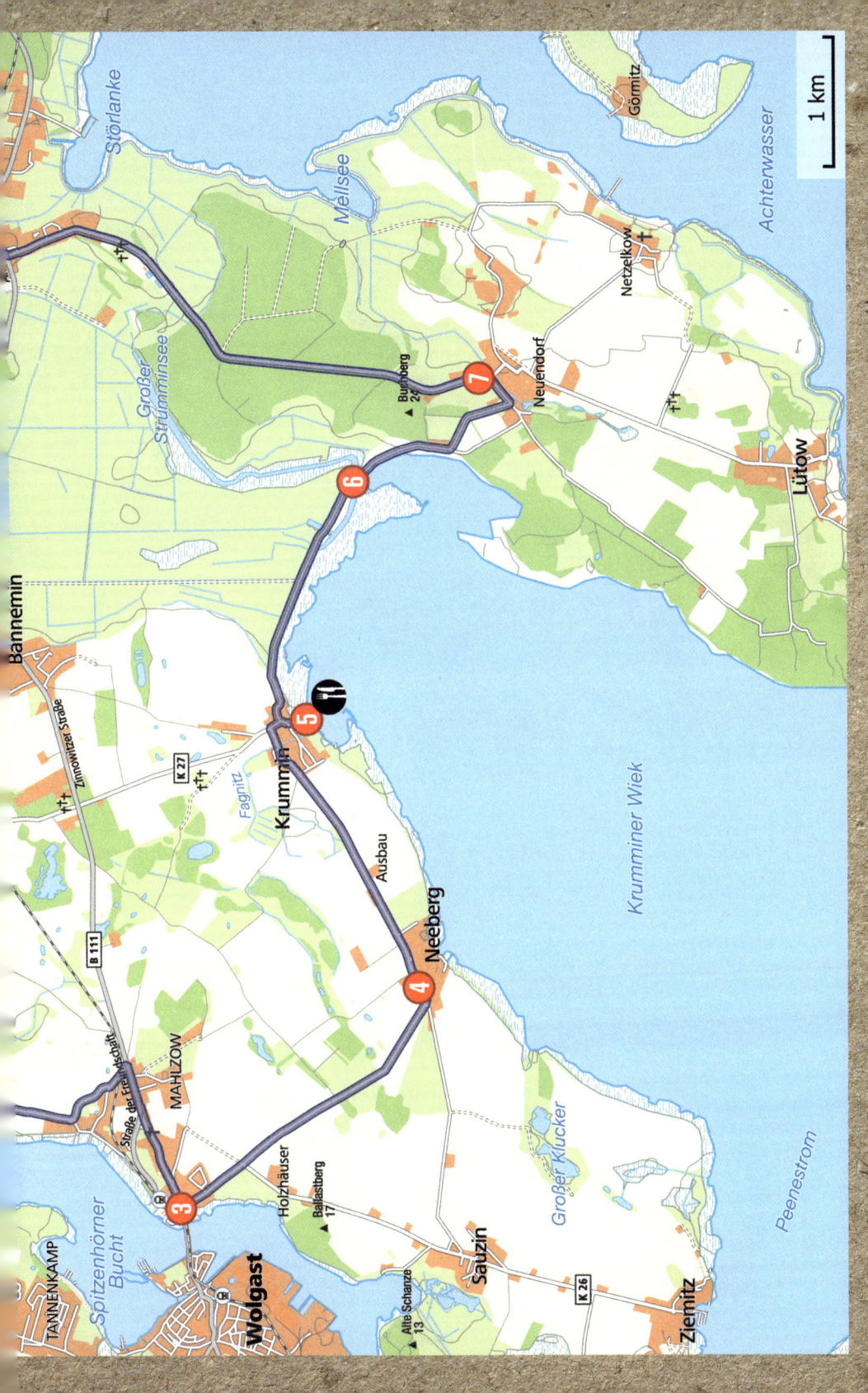

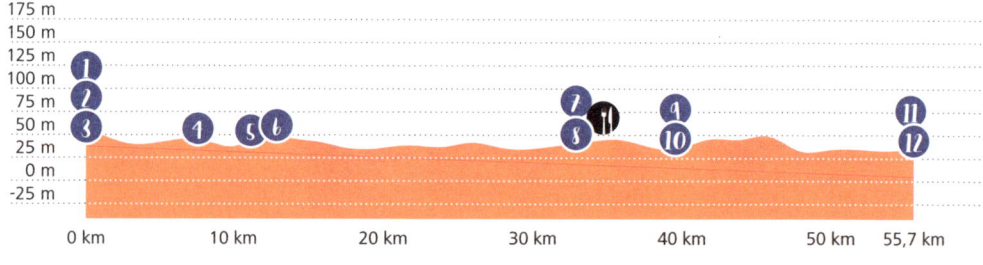

LITERATOUR

Ich schätze den Mix aus Natur und historischen Orten. Literaturliebhabende und Naturfreunde kommen bei dieser Tour gleichermaßen auf ihre Kosten.

➤ **1 /** Wir starten am Westbahnhof in der Fontanestadt Neuruppin

➤ **2 /** Oase mitten in der Stadt: der grüne Tempelgarten

➤ **3 /** Das Theodor-Fontane-Denkmal ehrt den berühmten Schriftsteller

➤ **4 /** Im Sommer lädt der Ruppiner See zur erfrischenden Abkühlung ein

➤ **5 /** Die perfekte Festival-Kulisse am Wasser bietet Schloss Wustrau

➤ **6 /** Über das denkmalgeschützte Ensemble der Klappbrücke Altfriesack

➤ **7 /** Romantischer Pausenort mit Geschichte: das Hofcafé Alte Lebkuchenfabrik

➤ **8 /** Etwa 50 denkmalgeschützte Scheunen stehen im Scheunenviertel Kremmen

➤ **9 /** Die Bockwindmühle Vehlefanz wurde bereits 1815 errichtet

➤ **10 /** Der Rundweg um den Mühlensee Vehlefanz verzaubert

➤ **11 /** Schloss Oranienburg war ein Geschenk an die Kurfürstin Luise

➤ **12 /** Unsere Tour endet am Bahnhof Oranienburg

IM NEURUPPINER LAND

Auf **Fontanes Spuren** *durch*
die **Mark Brandenburg**

Der Realismus-Schriftsteller Theodor Fontane und seine Texte über die Mark Brandenburg und dessen Wanderungen sind Inspiration für unsere LiteraTour durchs schöne Ruppiner Land und die Ostprignitz.

Los geht es im Geburtstort Fontanes

Wir starten am Westbahnhof der Fontanestadt 1 / Neuruppin. Für Literaturliebhabende lohnt es sich, vor dem Besuch Neuruppins einen Blick auf das Programm der Fontane-Festspiele (fontane-festspiele.com) zu werfen, denn von Mai bis November finden hier über die Monate verteilt verschiedene literarische Events statt.

Der Alte Fritz & ein Garten

Auf unserem Weg durch die Stadt halten wir bereits nach wenigen hundert Metern an einer roten Mauer an. Neugierig steigen wir ab. Neuruppin war ein wichtiger Ort für den Kronprinzen, der später als Friedrich

56 Kilometer
90 Höhenmeter ▲
90 Höhenmeter ▼
4:30 Stunden
Streckentour

CHARAKTER

Sportlich ●●○○○
Abkühlung ●●●○○
Schlemmen ●●●○○
Panorama ●●●●○

TOUKENINFO / Viele asphaltierte Radwege mit ein paar wenigen kurzen Kofpsteinpflasterabschnitten. Flache Tour ohne Steigungen mit einer naturbelassenen Waldpassage, die umfahren werden kann. Badesachen mitnehmen. Unbedingt die Eventkalender der POI checken!

◀ links / Theodor-Fontane-Denkmal in Neuruppin

der Große berühmt wurde. Er war im 18. Jahrhundert für die Erschaffung des wunderschönen 2 / Tempelgartens (April–Okt. tgl. 9–20, Nov.–März 9–17 Uhr, tempelgarten.de) mit orientalischen Elementen verantwortlich, der sich nun vor uns erstreckt. Ein toller Ort zum Verweilen.

Auf den Spuren Fontanes

Über etwas Kopfsteinpflaster gelangen wir anschließend zum bronzenen 3 / Theodor-Fontane-Denkmal. Es steht in einem kleinen Park und zeigt den berühmten Sohn Neuruppins auf einem Podest unter Bäumen sitzend. Auf den Spuren Fontanes begeben wir uns nun auf Routenabschnitt drei des Fontane-Radwegs, der auf verschiedenen Tagestouren zum Entdecken Brandenburgs einlädt.

VON BERÜHMTHEIT ZU BERÜHMTHEIT

Das imposante 3 / Denkmal des Schriftstellers Theodor Fontane in Neuruppin wurde vom bedeutenden Bildhauer Max Wiese geschaffen.

Unser Weg führt uns von Neuruppin südlich entlang des 4 / Ruppiner Sees und Rhins. Ein herrlicher Radweg auf einer Allee mit großen schattenspendenden Bäumen lässt Radfahrende abseits des Verkehrs zwischen den Feldern entlangradeln. Immer wieder blitzt das kühle Nass links zwischen den ufersäumenden Bäumen hervor und lockt uns hineinzuspringen. Dafür haben wir auf Höhe von Knotenpunkt 4 nach ca. 8 Kilometern die Gelegenheit. Hier gibt es eine kleine Badestelle zur Erfrischung. Wer springt noch hinein?

Historische Stadtkerne

Der Allee weiter folgend gelangen wir nach Wustrau-Altfriesack, wo am Rittergut 5 / Schloss Wustrau des berühmten Generals von Zieten jährlich im Sommer zum Seefestival (von Juli bis August, seefestival.com) eingeladen wird. Die Route führt direkt durch die Ortsmitte von Wustrau und ein Beobachten der Umgebung wird hier mit dem Sichten so mancher Highlights wie des alten Eiskellers, des hübschen Cafés Constance oder der barocken Dorfkirche belohnt. Bevor wir weiterrollen, können wir uns nun entscheiden, welche Route wir nehmen.

Abstecher nach Süden ins Moorgebiet

Ab Wustrau können wir am Knotenpunkt 25 statt unserer Strecke nach Osten auch dem Fontane-Radweg 4 weiter nach Süden bis Hakenberg folgen. Östlich liegt der Obere Rhinluch, eines der Niedermoorgebiete, die die Region prägen und vielen Vögeln, Insekten und Pflanzenarten ein Zuhause bieten. Ein Highlight ist das Dorf Linum, das als Storchendorf bekannt ist und an den südlichen Ausläufern des Luchs liegt. Von Linum gelangt man über die Landstraße weiter nach Kremmen und zurück auf unsere Ursprungsroute. Die alternative Strecke verlängert die Tour um etwa 6 km.

Von einer Klappbrücke und Waldwegen

Auf unserer aktuellen Route folgen wir dem asphaltierten Radweg an der Landstraße und gelangen von Wustrau in den Ortsteil Altfriesack, wo eine sehenswerte 6 / Klappbrücke über den Rhin zusammen mit der nebenstehenden Schleuse ein denkmalgeschütztes Ensemble bildet. Die Route verlässt den Ort und führt durch den angenehm schattigen Wald, bis sie auf die Bahngleise der Zugverbindung zwischen Neuruppin und Oranienburg trifft. Wir lassen den Bahnhof Wustrau-Radensleben links liegen und fahren nach rechts

▲ oben / Tempelgarten Neuruppin

OPEN-AIR-THEATER

Beim Seefestival am 5 / Schloss Wustrau werden u. a. neben Werken von Fontane auch Stücke von Shakespeare auf einer imposanten Seebühne aufgeführt.

KM 14

Die alternative Straßenroute ab Altfriesack, die den Naturboden des Waldweges vermeidet und der L164 bis Radensleben folgt, ist 5 km länger. Am Knotenpunkt 7 biegt man rechts auf den Ruppiner-Seen-Kultur-Radweg ab. Diese Variante ist komplett asphaltiert.

parallel zu den Gleisen. Der folgende gut zu fahrende, aber unbefestigte Waldweg kann besonders an trockenen Tagen etwas sandig sein. Nach knapp 2 km verlassen wir den Wald und rollen nun gemütlich auf einer wenig befahrenen Allee zwischen den Feldern entlang. Wir erreichen das kleine Dorf Wall. Am Golfplatz vorbei geht es nun auf Asphalt weiter bis nach Beetz-Sommerfeld. Mehrere Radrouten überschneiden sich auf diesem Routenabschnitt: der Rhinluch-Radweg, die Historische Stadtkern-Route und der Ruppiner-Seen-Kultur-Radweg.

Pausenzeit in romantischen Höfen

Sommerfeld ist ein guter Ort für eine Pause zur Hälfte der Tour. Dafür bietet sich das hübsche Blumen und Café HofKultur an, das Donnerstag bis Sonntag geöffnet hat. Wer noch warten kann, sollte die knapp 6 km bis Kremmen auf sich nehmen. Die über 700 Jahre alte Ackerbürgerstadt lockt mit einem ganz außergewöhnlichen Ort für ein Pause. Im 7 / Café Alte Lebkuchenfabrik (Do–Fr 11–18, Sa–So 9:30–20 Uhr, Berliner Str. 4, 16766 Kremmen, lebkuchenfabrik.com) sitzen wir im Sommer auf verschnörkelten Möbeln auf dem Hinterhof der Lebkuchenfabrik. Hier lässt es sich nicht nur lecker Kuchen – wie hausgemachten Lebkuchen – und frische Speisen schlemmen, eine Pension ist außerdem angegliedert und lädt zum längeren Verweilen in der Region ein.

Historische Scheunen

Frisch gestärkt holpern wir über ein paar Meter Kopfsteinpflaster, biegen nach rechts auf den Kurzen Damm ab und befinden uns schon im historischen 8 / Scheunenviertel. Das denkmalgeschützte Ensemble aus ca. 50 Gebäuden zählt zu den größten noch erhaltenen Deutschlands. Neben kleinen Läden, Cafés und Theater haben sich hier verschiedene Gewerke eingemietet. Kremmen verlassen wir der Historischen Stadtkern-Route folgend über den Radweg entlang der Kremmener Chaussee bis nach Schwante, wo wir rechts einen Abstecher zum Schloss Schwante mit Skulpturen-

park und Hofladen machen können. Danach geht es wieder weiter auf der Dorfstraße bis zur denkmalgeschützten 9 / Bockwindmühle Vehlefanz. Hier radeln wir nach rechts auf den herrlichen Weg um den 10 / Mühlensee Vehlefanz. Dieser führt abschnittsweise über eine Brücke parallel zum schilfbewachsenen Ufer und es gibt einige Sitzgelegenheiten. Ein Absteigen und Schieben der Räder ist nicht nur aus Platz-, sondern auch Genussgründen empfehlenswert. Die Route führt dann nach Osten auf eine wenig befahrene Nebenstraße bis wir wieder auf den Radweg an der Vehlefanzer Straße treffen.

Oranienburger Pracht

Nun ist es nicht mehr weit bis nach Oranienburg, wo wir noch ein Stück am wunderschönen Oranienburger Kanal entlangradeln. Zum Abschluss der Tour erinnern wir uns erneut an Fontane, dem die Geschichte um das nun vor uns auftauchende 11 / Schloss Oranienburg (April–Okt. Di–So 10–17:30 Uhr, 6€/5€, Schloßplatz 1, 16515 Oranienburg, spsg.de) sehr gefiel. Im großen Schlosspark finden regelmäßig Veranstaltungen statt. Die letzten Meter der Route bringen uns über Nebenstraßen bis zum 12 / Bahnhof Oranienburg, wo regelmäßig Regionalzüge ins Umland und auch die S-Bahn nach Berlin abfahren.

SCHLOSS ORANIENBURG

Das älteste Barockschloss der Mark aus dem 17. Jahrhundert war ein Geschenk an dessen Namensgeberin: Kurfürstin Luise Henriette von Oranien.

⌃ oben / Historische Bockwindmühle Vehlefanz mit Mühlenmuseum

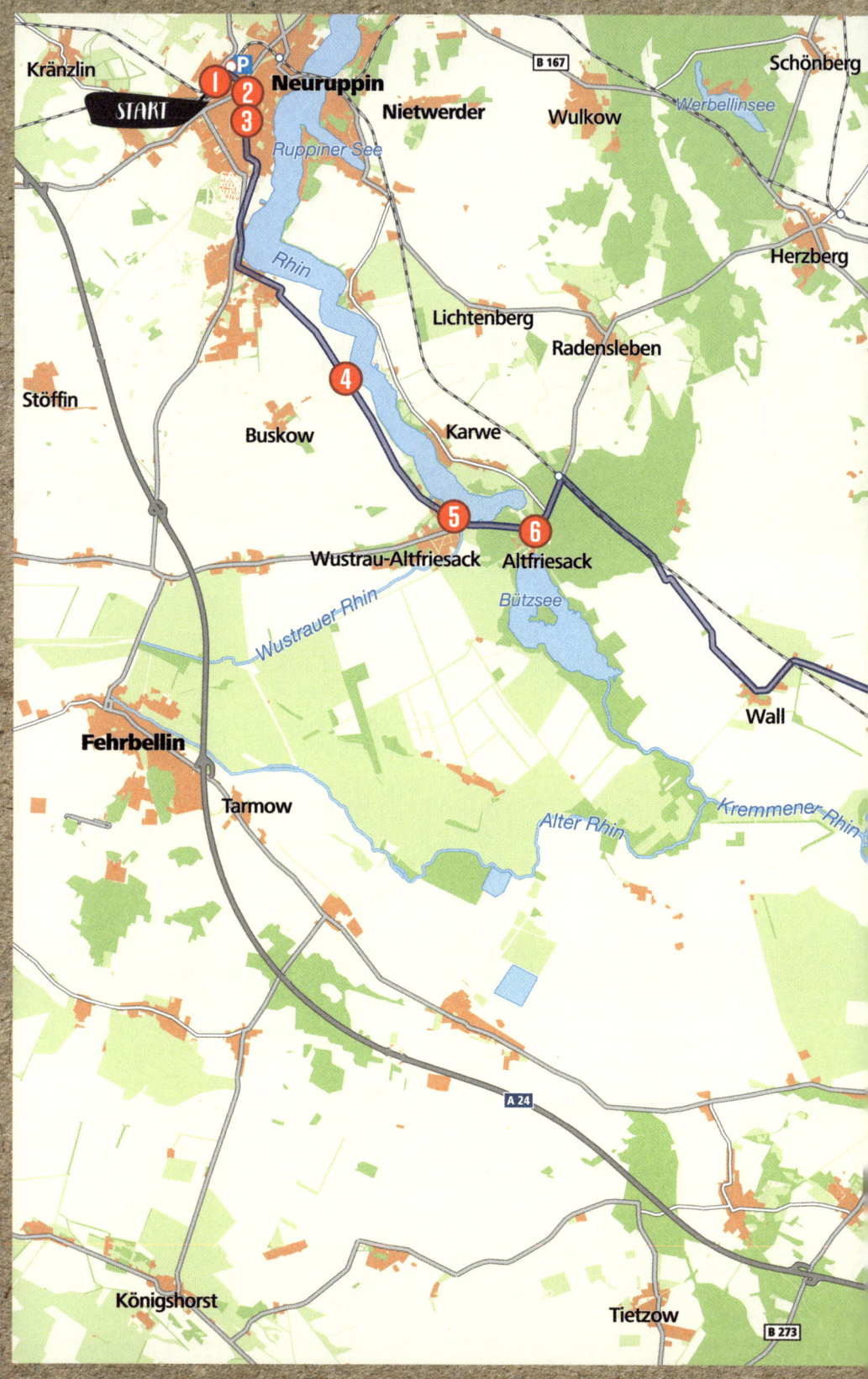

TOUR 6

START
Bahnhof Neuruppin West

ZIEL
Bahnhof Oranienburg

HINKOMMEN

Auto / Parkplatz am Bahnhof Neuruppin West, 16816 Neuruppin

ÖPNV / Mit dem RE6 bis Bahnhof Neuruppin West

➤ **1 /** Westbahnhof Neuruppin ➤ **2 /** Tempelgarten ➤ **3 /** Theodor-Fontane-Denkmal ➤ **4 /** Ruppiner See ➤ **5 /** Schloss Wustrau ➤ **6 /** Klappbrücke Altfriesack ➤ **7 /** Hofcafé Alte Lebkuchenfabrik ➤ **8 /** Scheunenviertel Kremmen ➤ **9 /** Bockwindmühle Vehlefanz ➤ **10 /** Mühlensee Vehlefanz ➤ **11 /** Schloss Oranienburg ➤ **12 /** Bahnhof Oranienburg

2 km

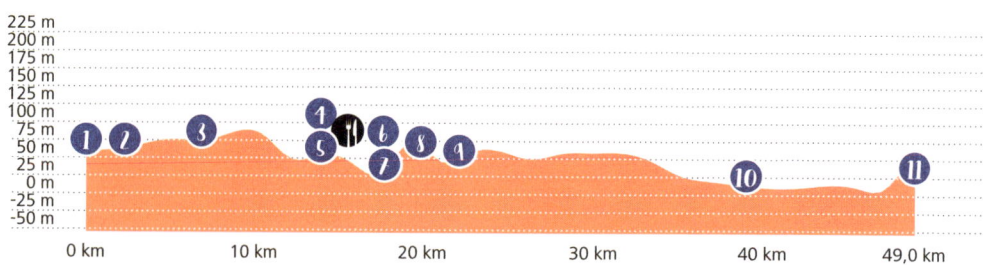

ABWECHSLUNG PUR

In jeglicher Hinsicht – zwischen hügeliger Märchenlandschaft und kultureller Schlössertour liebe ich die Vielfalt dieser anspruchsvolleren Tagestour.

➤ **1 /** Die Regionalbahn bringt uns aus Berlin an unseren Startpunkt, dem Bahnhof Rehfelde

➤ **2 /** Vorbei an der größten Feldsteinpyramide Deutschlands, der Pyramide Garzau

➤ **3 /** Der Europaradweg R1 führt uns durch den Tag

➤ **4 /** Perfekter Radlerstopp im Café Tilia

➤ **5 /** Die historische Buckower Kleinbahn wird elektronisch betrieben

➤ **6 /** An der Radstation in Buckow lassen sich die Akkus wieder aufladen

➤ **7 /** Auch zu Fuß wunderschön, der Schlosspark Buckow

➤ **8 /** Über die Berge des vielfältigen Naturparks Märkische Schweiz

➤ **9 /** Sand ist typisch auf Brandenburger Wegen, die Flugsanddüne ist etwas Besonderes

➤ **10 /** Pracht und Programm am Schloss Neuhardenberg mit traumhaftem Schlosspark

➤ **11 /** Am Bahnhof Seelow-Gusow können wir stündlich zurück nach Berlin fahren

AUF HÖHENMETERSUCHE

Von **Schloss** *zu* **Schloss** *durch die* **Märkische Schweiz**

Diese Tour hat es in sich: Vollgepackt mit Sehenswürdigkeiten reiht sich Schloss an Schloss, und Höhenmeter an Höhenmeter. Gepaart mit der wunderbaren Naturkulisse und entspannten Radwegen verspricht die Route den Tag abwechslungsreich zu füllen!

Eine Pyramide in Brandenburg

Unsere vielfältige Tagestour in die Märkische Schweiz startet im Osten von Berlin am 1 / Bahnhof Rehfelde, wo stündlich Züge aus der Hauptstadt halten. Von hier geht es direkt auf den Radweg und der Straße folgend durch den Ort Garzau. Kurz nach dem im Privatbesitz befindlichen Schloss biegen wir nach links auf eine Nebenstraße ab in den ehemaligen, nun verwilderten Landschaftspark. Das alte Kopfsteinpflaster macht den Weg etwas ungemütlich, aber die Mühe lohnt sich. Mitten im Grünen steht hier Deutschlands größte Feldsteinpyramide, die 2 / Pyramide Garzau

49 Kilometer
110 Höhenmeter ▲
140 Höhenmeter ▼
4 Stunden
Streckentour

CHARAKTER
Sportlich ●●●●○
Abkühlung ●●○○○
Schlemmen ●●●○○
Panorama ●●●●●

TOURENINFO / Größtenteils asphaltiert mit einigen Steigungen, für fitte Familien auch mit Anhänger geeignet, tolle E-Bike-Tour mit Lademöglichkeit an der 6 / Radstation, Badestopp möglich. Ggf. an Handtuch, Mücken- und Sonnenschutz denken!

◄ **links / Radweg bei Garzau**

(Am Gutshof, 15345 Garzau-Garzin, pyramide.garzau.de) aus dem 18. Jahrhundert, die in der Brandenburger Landschaft definitiv Eindruck macht.

Auf dem R1

Wir steigen auf die Räder und fahren uns nun erstmal etwas ein. Auf den folgenden ca. 10 Kilometern können wir abseits vom Straßenverkehr idyllisch an Feldern entlang und durch Wald radeln. Der Feldabschnitt ist eher ungewöhnlich ausgebaut worden. Während mittig altes Kopfsteinpflaster verläuft, können wir an den Wegrändern auf gut fahrbarem Pflaster radeln. Die Strecke ist Teil des 3 / Europaradwegs R1, der uns den Großteil des Tages leiten wird. Auf dem asphaltierten Waldweg wird das Gelände hügeliger und deutet an, was uns heute noch erwarten wird. Es geht an der Bergschäferei vorbei, weiter über die B 168 und wir gelangen ins hübsche Waldsieversdorf. Der anerkannte Erholungsort lockt mit vielen kleinen Sehenswürdigkeiten, wie einem sanierten Wasserturm, einer Blumenuhr, dem Sommerhaus des Dadaisten John Heartfield oder dem Strandbad am Großen Däbersee. Für uns bedeutet es aber auch die erste, reizvolle Pausengelegenheit.

QUER DURCH EUROPA

Erkennbar ist die Route des 3 / Europaradwegs R1, der von London bis Moskau führt, am Schild mit grünem Kreis und blauen Sternen mit dem R1-Label.

Radlerrast unter Linden

Auf der Sonnenterrasse des ADFC-Bett+bike-zertifizierten 4 / Café Tilia (Mo, Do, Fr 14–17, Sa–So 13–18 Uhr, Dahmsdorfer Str. 27, 15377 Waldsieversdorf) direkt am R1 lässt es sich für Radfahrende ideal pausieren. Kühle Getränke und hausgemachter Kuchen sorgen genauso dafür wie die im Notfall vorhandenen Repair-Kits fürs Fahrrad. Perfekt!

Mit der Kleinbahn nach Buckow

Am Bahnhof Waldsieversdorf biegen wir nach links ab und radeln auf dem asphaltierten Radweg durch den Wald an den Bahngleisen entlang. Dort fährt ein über 120 Jahre altes Kleinod durch die malerische Kulisse des Naturparks – die elektrisch betriebene Museumsbahn 5 / Buckower Kleinbahn (Sa–So und Feiertage, 3/1,50 €, buckower-kleinbahn.de). Sie nimmt bei Platzverfügbarkeit sogar Fahrräder mit.

Die Perle der Märkischen Schweiz
Kurz nach dem Bahnhof Buckow biegen wir nach rechts auf die Hauptstraße ab und fahren auf dieser durch den einzigen staatlich anerkannten Kneippkurort Brandenburgs ins Herz der Märkischen Schweiz. Am türkisfarbenen Wasser des bis zu 45 Meter tiefen Schermützelsees gelegen, verzaubert der kleine Ort Buckow in vielerlei Hinsicht. Wir kommen am geschäftigen Marktplatz und kurz darauf an einer 6 / Radstation mit Ladeoption für E-Bikes und Reparaturstation vorbei, die sich direkt an der Touristinfo (saisonal, Di–So ab 10 Uhr, Sebastian-Kneipp-Weg 1, 15377 Buckow, maerkischeschweiz.eu) befindet. Von dort ist es nicht weit bis zum herrlichen 7 / Schlosspark Buckow aus dem 17. Jahrhundert. Auch wenn

➤ **oben / Pyramide Garzau**

PERLE DER MÄRKISCHEN SCHWEIZ

So wird **Buckow** gern bezeichnet. Dazu tragen der See, die Kneipp-stätten und die Lage im Naturpark genauso bei wie die vielen kleinen Lokale.

das Schloss nicht mehr erhalten und im Park Radfahren verboten ist, sollte man einen Besuch in Betracht ziehen, um etwas auf dem wunderschönen Parkgelände zu flanieren. Im Sommer gibt es hier klassische Open-Air-Konzerte, die eine wunderbare Atmosphäre schaffen.

Höhenmeter in Brandenburg

Nachdem wir den Schlosspark verlassen haben, empfiehlt es sich, kurz vom Müsliriegel abzubeißen, einen Gang runter und falls vorhanden eine Unterstützungsstufe am E-Bike hochzuschalten und kräftig in die Pedale zu treten. Der vor uns liegende Anstieg auf der Königsstraße ist knackig – aber mit etwas Geduld und Schmackes schaffen wir das. Damit uns beim Hochfahren nicht langweilig wird, hoppeln wir anfangs über ein paar Meter Kopfsteinpflaster, die bald in Asphalt übergehen. Die vor uns liegende Landschaft entschädigt dann für einiges. Der 8 / Naturpark Märkische Schweiz ist ein eiszeitlich geprägtes Landschaftsschutzgebiet mit einigen Seen, Fließen, Wäldern und Schluchten. Vor allem die „Berge" der Region heben sich deutlich von der oft flachen Brandenburger Landschaft ab. Wir fahren auf dem asphaltierten Radweg des R1 durch den Wald, passieren dabei das Umweltzentrum Drei Eichen, sehen malerische Fließlandschaften und sogar eine 9 / Flugsanddüne, die aufgrund ihrer Einzigartigkeit und der steinzeitlichen Funde zum Bodendenkmal erklärt wurde.

BERGE

Der 8 / Naturpark Märkische Schweiz ist ungewöhnlich hügelig. Perfekt zum Wandern – wie durchs Sophienfließ nördlich von Buckow, oder zum Offroad-Radfahren – wie durchs malerische Stobbertal bis zum Tornowsee. Beides gute Optionen, die Tour zu verlängern.

Felder und Schlösser

Wir verlassen den Wald, Felder säumen nun den Weg. Es geht durch die Siedlung Münchehofe mit der alten Feldsteinkirche bis nach Obersdorf immer weiter auf dem R1. Mittlerweile folgen wir auch der Radroute der Märkischen Schlössertour, die auf dem Allee-Abschnitt nach Trebnitz teilweise den uns schon bekannten Mix aus Kopfsteinpflaster und Fahrbereichen aus Pflastersteinen aufweist. Alles in allem eine entspannte Strecke abseits des Straßenverkehrs. Wem nach der Sichtung eines weiteren Schlosses ist, der kann in Trebnitz einen Abstecher nach Süden durch den Ort machen und einen Blick auf das Schloss werfen, bevor es auf der L 36 gen Norden geht.

Schlosspracht und Schinkel

Vor uns liegt die einzige Radweglücke der Tour und wir fahren die knapp 4 Kilometer bis nach Wulkow auf der ruhigen Landstraße weiter. Dort passieren wir das romantische Hochzeitshotel Schloss Wulkow, bevor wir nach rechts auf den asphaltierten Radweg abbiegen, der nur auf einem kurzen Abschnitt durch einen naturbelassenen Feldweg unterbrochen wird. Schließlich erreichen wir ein weiteres Tourenhighlight im Ort Neuhardenberg. Die klassizistische Anlage des 10 / Schloss Neuhardenberg (Schinkelplatz, 15320 Neuhardenberg, schlossneuhardenberg.de) mit Hotel, Restaurant und Schinkelkirche wurde vom preußischen Baumeister Karl-Friedrich Schinkel Anfang des 19. Jahrhunderts umgestaltet. Die Stiftung Schloss Neuhardenberg richtet dort ganzjährig ein vielfältiges Programm aus. Die letzten Kilometer liegen vor uns, die wir auf dem straßenbegleitenden Radweg nach Gusow zurücklegen. Das letzte Schloss unserer Tour, das Gusower Schloss, wurde mehrfach umgebaut und erscheint heute im neogotischen Stil. Mit dem Bild dieses eindrucksvollen Bauwerks im Kopf erreichen wir kurz darauf den 11 / Bahnhof Seelow-Gusow und steigen nach einem ereignisreichen Tag in den Zug, der uns über unseren Startort hinweg stündlich wieder nach Berlin bringt.

KM 40

Ein besonderes Highlight ist die Neuhardenberg-Nacht am 10 / Schloss Neuhardenberg im Juni auf dem Gelände des weitläufigen, wunderschönen Schlossparks mit Musik und internationalen Theater- und Performancekünstlern – ein unvergessliches Erlebnis für die ganze Familie in märchenhafter Kulisse.

▲ oben / Wassermühle in Buckow

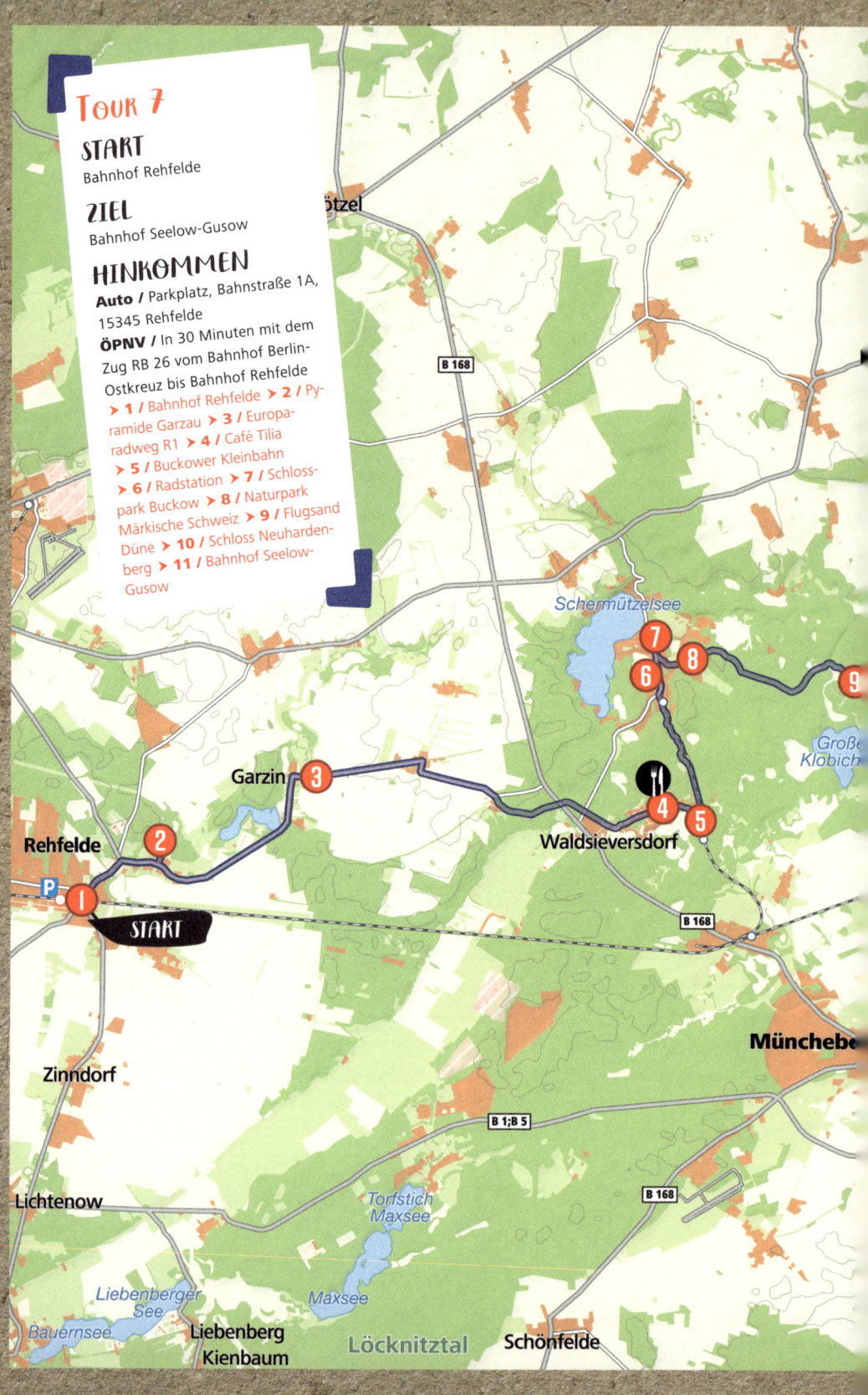

TOUR 7

START
Bahnhof Rehfelde

ZIEL
Bahnhof Seelow-Gusow

HINKOMMEN

Auto / Parkplatz, Bahnstraße 1A, 15345 Rehfelde

ÖPNV / In 30 Minuten mit dem Zug RB 26 vom Bahnhof Berlin-Ostkreuz bis Bahnhof Rehfelde

> 1 / Bahnhof Rehfelde **> 2 /** Pyramide Garzau **> 3 /** Europaradweg R1 **> 4 /** Café Tilia **> 5 /** Buckower Kleinbahn **> 6 /** Radstation **> 7 /** Schlosspark Buckow **> 8 /** Naturpark Märkische Schweiz **> 9 /** Flugsand Düne **> 10 /** Schloss Neuhardenberg **> 11 /** Bahnhof Seelow-Gusow

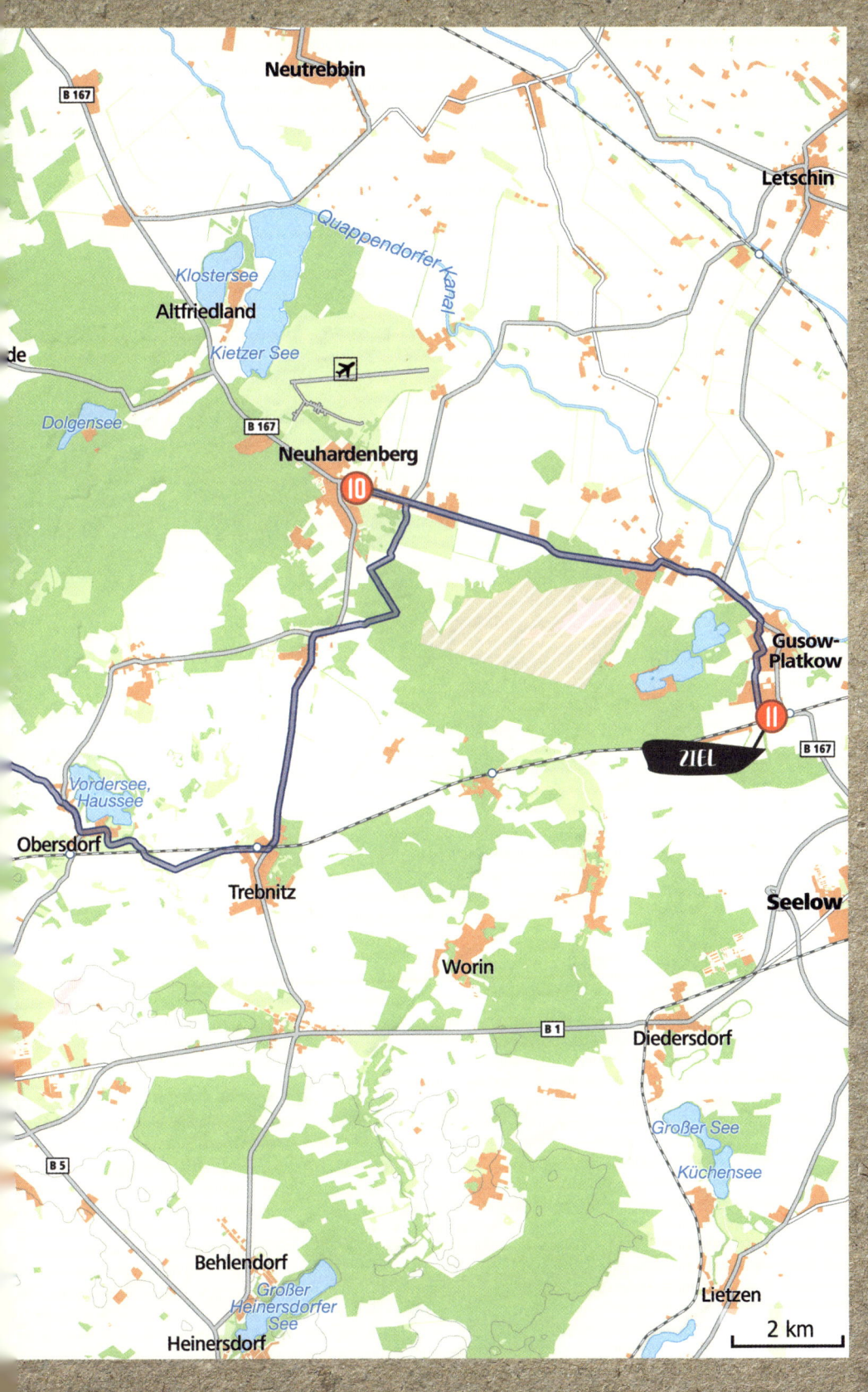

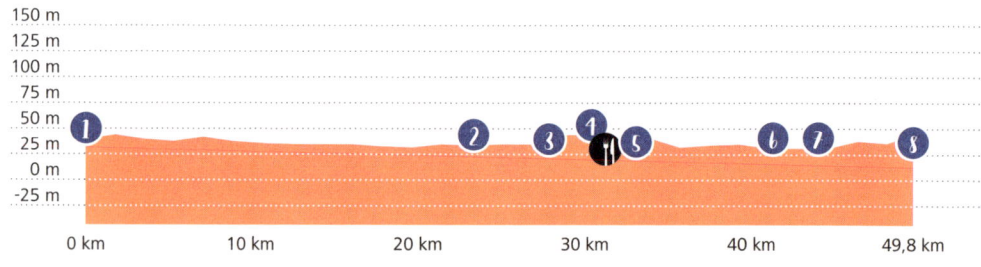

VARIATIONEN

Je nach Zeit und Laune reicht mir die Strecke von Burg nach Tangermünde. Oder ich nehme den Elberadweg auf der anderen Flussseite, um am selben oder nächsten Tag wieder retour zu radeln. Auch die andere Richtung ab Tangermünde bietet sich an.

➤ **1 /** Wir starten am Bahnhof Burg (Magdeburg)

➤ **2 /** Kurzer Abzweig zur Paltrockwindmühle in Parey

➤ **3 /** Derben hat eine Jugendstilkirche, ein kleines Schiffermuseum und eine Heimatstube

➤ **4 /** In Ferchland einkehren, bevor es mit der Fähre nach Grieben geht

➤ **5 /** Eine hübsche Bockwindmühle erwartet uns in Grieben

➤ **6 /** Im kleinen NABU-Elbeland-Museum gibt es eine Storchenkamera

➤ **7 /** Vom Natur-Beobachtungsturm Böldorfer Haken nach Tieren Ausschau halten

➤ **8 /** Reise in die Vergangenheit in Tangermünde

BACKSTEINGOTIK AN DER ELBE

Von Burg (Magdeburg)
nach Tangermünde

Auf dieser Tour begeistert alte Architektur ebenso wie beschauliche Elbauen. Augen auf bei der Fahrt entlang der Deiche, denn sie führt durch das Reich von Weißstorch, Kranich und Biber. Sie alle lieben die Elbwiesen, die Reste der einst weitläufigen Auenwälder, die Altarme und Überschwemmungsflächen. Kulturell ist die Fahrt eine Reise in die Vergangenheit: Es geht in die Hansestädte Tangermünde.

50 Kilometer
30 Höhenmeter ▲
35 Höhenmeter ▼
3:15 Stunden
Streckentour

Los geht's in Burg

Vom 1 / Bahnhof Burg b. Magdeburg nehmen wir die Bahnhofstraße und folgen dem Telegraphenradweg, bis dieser nach dem kleinen Park in der Bergstraße auf den Elberadweg stößt. Wir queren die Bahngleise und den Elbe-Havel-Kanal, um geradeaus bei Kilometer 7,5 in den kleinen Ort Parchau zu gelangen. Zur Elbe hin grenzt das Auengebiet Havelsche Mark an

CHARAKTER
Sportlich ●●●○○
Abkühlung ●●○○○
Schlemmen ●●●○○
Panorama ●●●●○

TOURENINFO / Sehr gute Wegequalität auf dieser flussbegleitenden Route. Wir folgen dem blauen Logo des Elberadwegs und ab Parchau dem roten der D-Route 10, Zweiteres etwas weniger häufig gesetzt. Nur punktuell und gelegentlich innerorts radelt man auf von KFZ befahrenen Straßen.

◄ links / Tangermündes mittelalterliches Stadtbild mit Rathaus und Stadttoren im Stil der Backsteingotik

den Ort, der von Kiefernwäldern und dem am nördlichen Ortsrand gelegenen Parchauer See eingerahmt wird. Der See ist schmal und langgezogen, es handelt sich wie so oft bei den Gewässern entlang des Radwegs um einen Altarm der Elbe. Durch Wiesen und Felder gelangen wir unter der Stromleitung hindurch auf den Deich und in die Flusslandschaft.

Durch die Flusslandschaft zur Windmühle

Auf den folgenden knapp 9 Kilometern Kilometern zum Pareyer Verbindungskanal ist die Elbe nie weit weg. Vor dem Kanal, der Elbe und Elbe-Havel-Kanal verbindet, halten wir uns rechts. Nach der Brücke über den Kanalnebenarm folgen wir dem Gewässer rechts nach Parey. Bevor es links in den Ort hineingeht, kommen wir zur hübschen 2 / Paltrockwindmühle. Durch das Ortszentrum fahren wir zum Verbinungskanal zurück, den wir queren und fast schnurgerade nach Norden knapp 3 km später 3 / Derben erreichen. Der Ort kann mit einer Jugendstilkirche, einem kleinen Schiffermuseum und einer Heimatstube aufwarten. Zwischen Derben und der Elbe liegt ein Altarm, der Radweg verläuft nun zwischen Elbe-Altarm und dem rechts liegenden von Kiefern bestandenen Derbenschen Berg (56 m) hindurch.

FÄHRMANN, HOL ÜBER!

Mehr als dreißig Fähren verbinden die Ufer der Elbe. Zu beachten sind die Fährzeiten und ob Hoch- oder Niedrigwasser ist, denn dann können Fähren ausfallen. Die Motorfähre Ferchland–Grieben fährt bis auf vier 15-minütige Pausen im Sommer durchgehend von 5:30 (Mo–Fr) bzw. 8:30 Uhr (Sa/So/Fei) bis 20 Uhr abends.

Elbquerung

Wir erreichen die ersten Häuser von 4 / Ferchland bei Kilometer 30 unserer Tour. Der Ort ist bekannt für seine Fachwerkkirche, die eine interessante Geschichte hat: Ursprünglich an der Elbe gelegen, wurde sie durch die Verlagerung des Flussbettes zerstört und 1729 an ihrem heutigen Platz errichtet. In Ferchland lockt die Ursula Lüde Gaststätte Storchennest mit idyllischem, grün überwuchertem Gastgarten (Hauptstraße 5, 39317 Elbe-Parey). Alternativ kann man in der Gaststätte Elbestrand einkehren. Noch vor dem Ortszentrum biegen wir anschließend links zur Fähre Ferchland–Grieben ab. Der Wechsel auf das andere Elbufer empfiehlt sich, da wegen Deichbauarbeiten auf der Strecke zwischen Jerichow und Fischbeck der Radweg bis 2024 unterbrochen ist. Wer dennoch nach Jerichow fahren möchte, findet vor Ort eine Umleitung über Mangelsdorf ausgeschildert. 5 / Grieben empfängt uns mit einer hübschen Bockwindmühle, die hier 1837 gebaut wurde; sie ist eine von einst drei Windmühlen des Ortes. Wir fahren rechts auf die Kreisstraße (Bittkauer Straße, dann Friedensstraße) und bis zur Gabelung am Ortsende bei Knotenpunkt 39, wo wir rechts der Kreisstraße 3,5 km nach Schelldorf folgen.

Durch die Elbauen zum Storchen-TV
Der Weg nach Schelldorf führt uns schnurgerade durch die Elbauen. Westlich des Ortes schützt ein Naturschutzgebiet den Schelldorfer See, einen Altmäander der Elbe. Wer mehr über die Elblandschaft erfahren möchte, dem sei das 6 / NABU-Elbeland-Museum im NABU-Zentrum für Ökologie, Natur- und Umweltschutz in Buch empfohlen. Vorbei an einem Rastplatz bei Knotenpunkt 17 gelangen wir links in den Ort. Die Elbauengemeinde gehört schon zu Tangermünde. Das Zentrum bietet Unterkünfte (in der Heuherberge) sowie Exkursionen in die angrenzende Flusslandschaft an, z. B. mit dem Kanu. Es gibt Beobachtungstürme und eine Storchenkamera.

▲ oben / Nicht nur Tangermünde ist für seine Storchennester berühmt

Das überrascht nicht, denn Buch liegt in einer der storchenreichsten Gegenden Deutschlands, das „Storchenfernsehen" bietet vor allem im Frühjahr einen spannenden Einblick in die Aufzucht der Storchenkinder. Ein dem Zentrum angeschlossener Hofladen verkauft Erfrischungsgetränke.

AN DER ELBE

Das Kommen und Gehen des Wassers bestimmt die Landschaft nicht nur des Naturschutzgebiets Bucher Brack – Bölsdorfer Haken. Wenn sich das Hochwasser zurückzieht, bleiben nährstoffreiche, schlammige Flächen übrig, die im Sommer zum Teil vollständig austrocknen. Die Elbufer sind unter anderem ganz hervorragende Habitate für Vögel, wie die vom Aussterben bedrohte Trauerseeschwalbe.

Artenvielfalt im Naturschutzgebiet

Der Elberadweg verläuft anschließend am Rand der von Altarmen durchzogenen Elbniederung. Um dorthin zu gelangen, folgen wir von der Kirche der Bucher Kirchstraße nach Norden. Am Ende der Bebauung macht die Straße einen Rechts-Links-Schwenk, quert einen Graben und führt für rund 800 m geradeaus, ehe wir rechts zur Elbe abbiegen. Hier am Deich wenden wir uns links Richtung Tangermünde. Rechts des Radwegs erstreckt sich das Naturschutzgebiet „Bucher Brack – Bölsdorfer Haken", ein ökologisch wichtiges Feuchtgebiet im Überflutungsbereich der Elbe. Auf beiden Seiten des Stroms liegen ausgedehnte Grünlandbereiche. Da das Naturschutzgebiet nicht eingedeicht ist, unterliegt es der natürlichen Flussdynamik. Es ist ein wichtiger Lebensraum für Elbebiber, Fischotter und verschiedene Fledermausarten; auch Seeadler, Rohr- und Wiesenweihe brüten hier und drehen ihre Kreise über den Radfahrern. Für Zugvögel wie Kraniche, Weiß- und Schwarzstörche sind die Wiesen ein wichtiges Nahrungsgebiet. Auf dem Deich vobei am 7 / Natur-Beobachtungsturm Böldorfer Haken kommt schon bald die Stadtsilhouette von 8 / Tangermünde in Sicht. Bei den Gebäuden des Tangermünder Wassersportvereins biegen wir links in die Straße Am Hafen, überqueren den Tanger und erreichen die von Backsteinarchitektur geprägte alte Hansestadt Tangermünde.

Fachwerk und Backsteinarchitektur vom Feinsten

Backsteingotik, romantische Fachwerkgebäude, ein einzigartiges Rathaus – die Stadt an der Mündung des Flüsschens Tanger in die Elbe hat viel zu bieten und lohnt einen längeren Aufenthalt. Die Stadt zählt zu Recht zu den sehenswertesten Städten der Altmark

und ist ein Traum für Freunde mittelalterlicher Stadtbilder. Der Reichtum der Bürger der Hanse- und Kaiserstadt spiegelt sich bis heute in so manchem Prachtbau im mittelalterlichen Zentrum wider. Manche der Fachwerkhäuser sind bis zu 370 Jahre alt, dazwischen findet sich die für Norddeutschland so typische Backsteinarchitektur. Nach der Brücke biegen wir von der Stendaler Straße rechts in die Kirchstraße. Vorbei am bekannten Neustädter Tor, das links von uns aufragt, steuern wir auf die Burg zu. Die auf einer erhöhten Fläche über den Elbauen erbaute mittelalterliche Burg ist die Keimzelle des Städtchens. Erhalten blieb nicht nur die Burganlage aus dem 14. Jh, sondern auch 12 der einst 30 Türme der Stadt, darunter das eben genannte Neustädter Tor. Besonders eindrucksvoll ist die 1300 erbaute Stadtmauer vom Elbufer aus. Wir umrunden die St. Stephanskirche, in der sich die Schererorgel befindet, die zu den 10 wertvollsten historischen europäischen Orgeln gehört. Hier häufen sich die Restaurants. Die Exempel Gaststuben direkt neben der Kirche verbinden Genuss, Gaudi und Geschichte. Man genießt die bodenständige Küche u. a. in Omas Wohnzimmer, einer alten Wäschekammer oder dem Bügelzimmer. Von der Burg hinter der Kirche geht es links zum Bahnhof Tangermünde.

BACKSTEINGOTIK

In seiner Art einzigartig ist auch das 1430 erbaute 24 m hoch aufragende freistehende Rathaus mit schönem Schmuckgiebel. Innen hat das Stadthistorische Museum seine Räumlichkeiten, auf dem Dach finden sich Storchennester.

⌃ **oben / Morgendämmerung in der Elbaue bei Tangermünde**

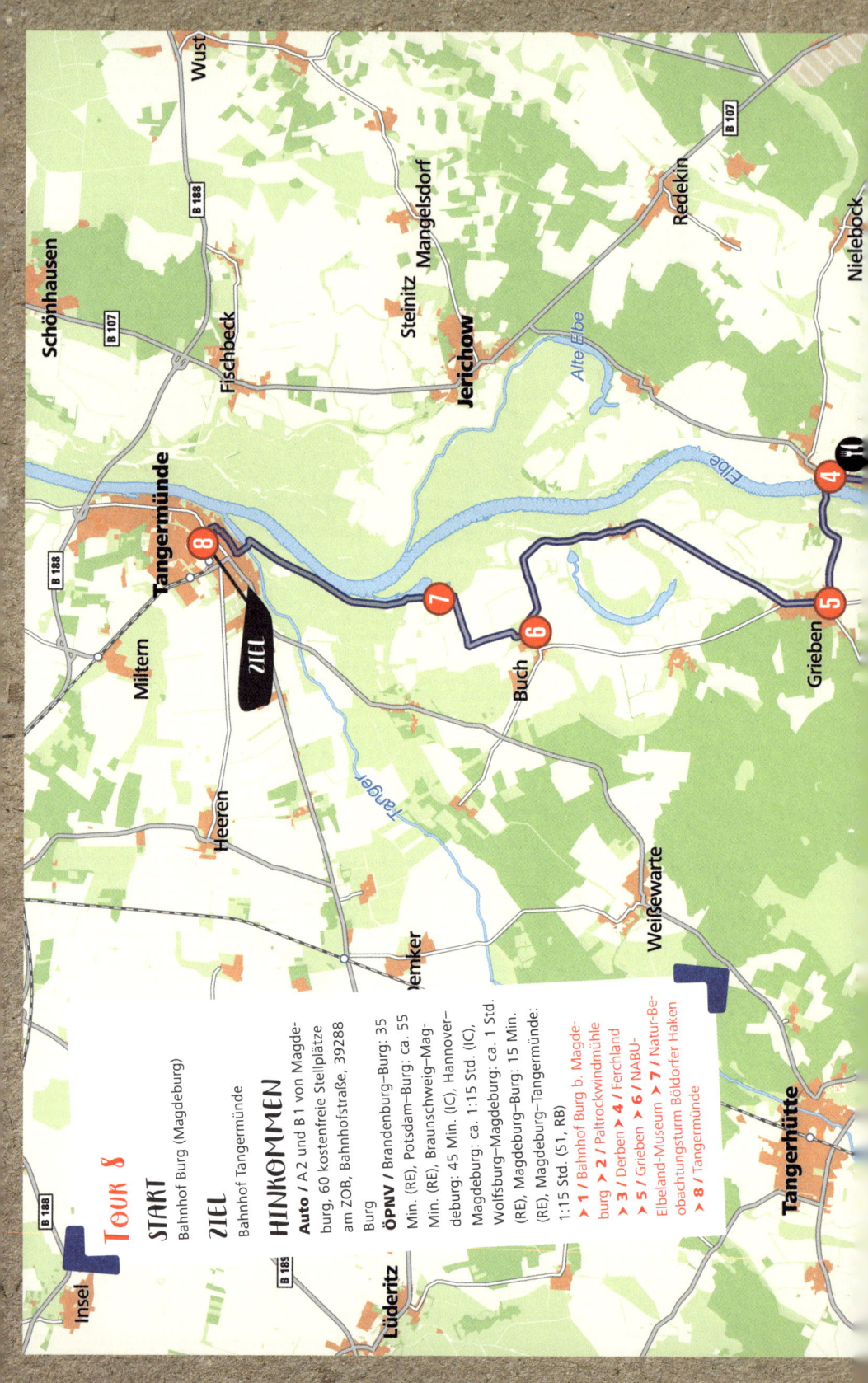

Auto / A 2 und B 1 von Magdeburg, 60 kostenfreie Stellplätze am ZOB, Bahnhofstraße, 39288 Burg

TOUR 8

START
Bahnhof Burg (Magdeburg)

ZIEL
Bahnhof Tangermünde

HINKOMMEN

Auto / A 2 und B 1 von Magdeburg, 60 kostenfreie Stellplätze am ZOB, Bahnhofstraße, 39288 Burg

ÖPNV / Brandenburg–Burg: 35 Min. (RE), Potsdam–Burg: ca. 55 Min. (RE), Braunschweig–Magdeburg: 45 Min. (IC), Hannover–Magdeburg: ca. 1:15 Std. (IC), Wolfsburg–Magdeburg: ca. 1 Std. (RE), Magdeburg–Burg: 15 Min. (RE), Magdeburg–Tangermünde: 1:15 Std. (S1, RB)

▶ **1** / Bahnhof Burg b. Magdeburg ▶ **2** / Paltrockwindmühle ▶ **3** / Derben ▶ **4** / Ferchland ▶ **5** / Grieben ▶ **6** / NABU-Elbeland-Museum ▶ **7** / Natur-Beobachtungsturm Böldorfer Haken ▶ **8** / Tangermünde

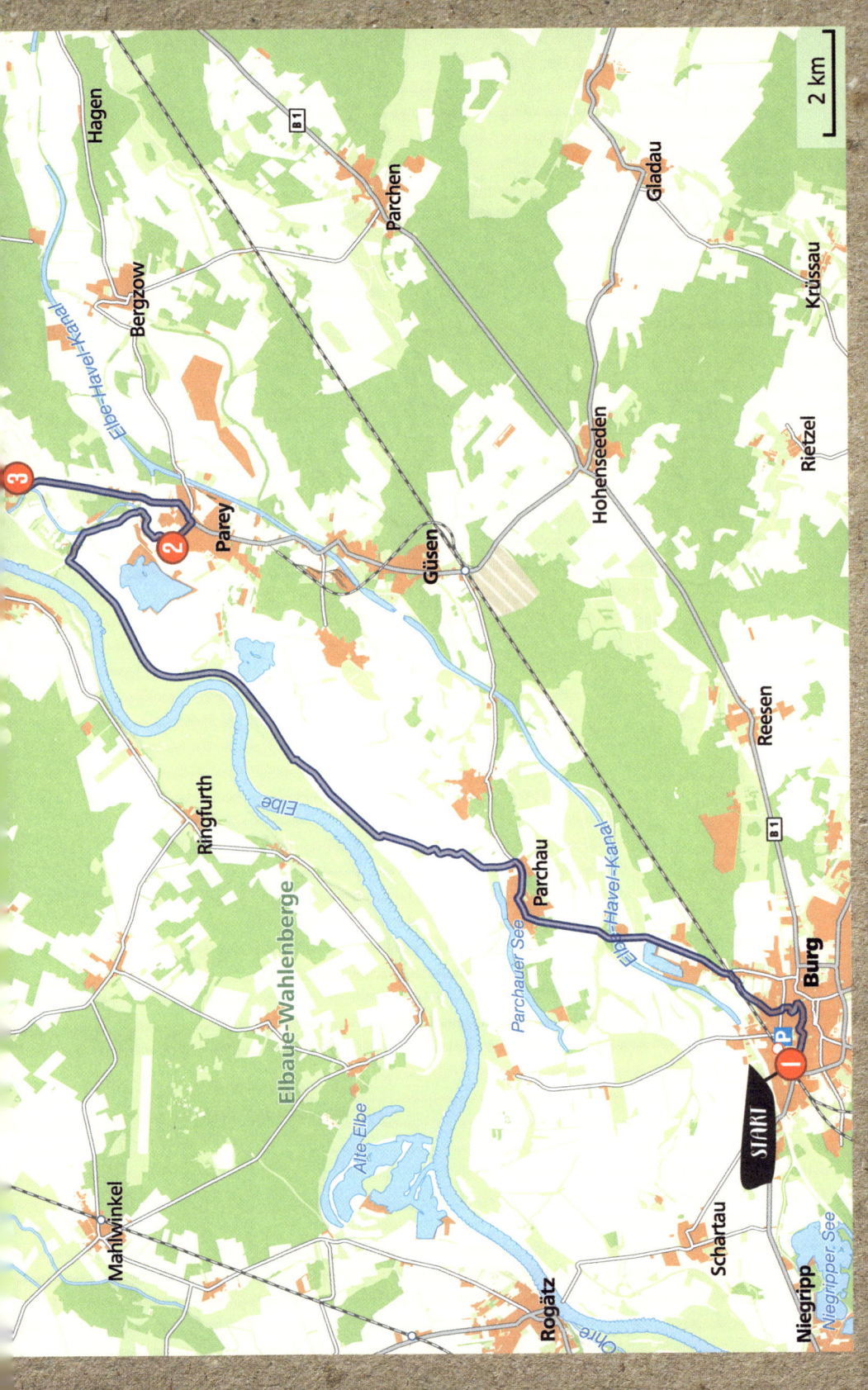

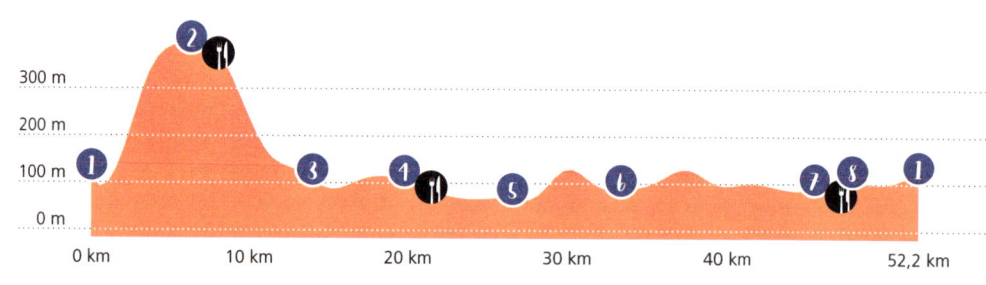

WO SICH KAISER UND KÖNIGE TRAFEN

Da verabrede ich mich auch gerne zur Radtour. Auspowern am Deisterkamm in Verbindung mit vorzüglichem Essen. Eine perfekte Tagestour.

➤ 1 / Vom Bahnhof Springe blicken wir hinauf zum Deister

➤ 2 / Am Annaturm machen wir Rast

➤ 3 / Wir sind begeistert vom klaren Badewasser im Wasserpark Wennigsen

➤ 4 / Der Berggasthof Niedersachsen ist die perfekte Adresse zur Einkehr

➤ 5 / Bei den Wasserbüffel in der Ihmeaue legen wir einen Stopp ein

➤ 6 / Am Eingang zum Gut Bennigsen sehen wir das Wappen des Calenbergischen Uradels

➤ 7 / Wir sehen die Falken überm Wisentgehege Springe kreisen

➤ 8 / Am Jagdschloss Springe satteln wir ab

ÜBER DIE ALTEN KOHLEFLÖZE

Von **Springe** *über den* **Deister**

Hinauf, ja steil hinauf, geht's im Südwesten von Hannover auf den Deister mit Blick ins Calenberger Land. Wir speisen im ausgezeichneten Berggasthof Niedersachsen und beobachten die Wasserbüffel in der Ihmeaue. In Bennigsen schauen wir zum Sommerfestival im Rittergut vorbei, spazieren durch das Wisentgehege und besuchen das Jagdschloss Springe, wo schon Kaiser Wilhelm II. seine Kaiserjagden inszenierte.

52 Kilometer
500 Höhenmeter ▲
500 Höhenmeter ▼
3:30 Stunden
Rundtour

Richtung Annaturm

Am 1 / Bahnhof Springe satteln wir auf und radeln die Bürgermeister-Peters-Straße entlang und rechts über den Bahnübergang. Die Jägerallee führt uns nun ständig bergauf

CHARAKTER

Sportlich ●●●●○
Abkühlung ●●●○○
Schlemmen ●●●●●
Panorama ●●●●○

in den Deister. So richtig wadenbeißig geht's Richtung Köllnscheid und erreichen einen Wanderparkplatz. Wir biegen rechts ein und weiterhin geht's streng bergauf zu einem Rastplatz mit Schutzhütte.

TOURENINFO / Von Springe geht's rund 6 Kilometer steil bergauf, ein e-bike wäre hier hilfreich, auf guten Wegen zum höchsten Punkt des Deisters. Unterm Deister geht's durchs wellige Calenberger Land auf guten Feldwegen. In den Orten radeln wir auf Straßen, während außerhalb meist Radwege angelegt sind. Eine Tour, die Kondition erfordert.

◄ links / Jagdschloss Springe

Hier wenden wir uns nach links und der breite Weg führt uns zum 2 / Annaturm mit der Waldgaststätte (Tel. 05103 3242, Deister, 31832 Springe). Der Annaturm auf dem Bröhn, mit 405 m über NN der höchste Punkt im Deister, liegt direkt am Kammweg, einem uralten Verkehrsweg. Nach der anstrengenden Auffahrt gönnen wir uns eine Pause, vielleicht bei einem Obstwein. Ein Trost, ab hier geht's nur noch abwärts. Wir radeln auf dem Kammweg an der Radarstation vorbei zum Abzweig bei einer Hütte mit Sendemast. Rechts rollen wir talwärts zum Häuserensemble am Georgsplatz.

Heimatmuseum mit Mühlrad

Lassen wir unser Rad nun bergab rollen bis zu einem Wanderparkplatz. Rechts biegen wir auf den Weg ein und gelangen an eine Wegekreuzung, an der wir den linken Weg zum Waldstadion und zum 3 / Wasserpark Wennigsen wählen. Der ist ein Naturbad, wo das Badewasser in einem Regenerationsteich gereinigt wird. Gut für den Umweltschutz. Wir kommen zum Heimatmuseum in einem schönen Fachwerkhaus mit Mühlrad. Wir gelangen an die Hirtenstraße und biegen links ein. An der Neustadtstraße geht's rechts und an der Bahnhofstraße links zum Bahnhof Wennigsen.

WENNIGSER WELTEN

Das um 1700 erbaute Haus der „Oberen Mühle" ist heute Heimatmuseum und eine von ursprünglich fünf Wassermühlen des Ortes.

Rechts radeln wir zum Bahnübergang und schwenken in die Degerser Straße links ein. An der großen Kreuzung geht's rechts auf dem Radweg zur Niedernfeldstraße und folgen ihr bis zur Straßenverzweigung. Rechts führt uns das schmale Sträßchen an den Rand des bewaldeten Süerser Berg. An der Waldecke geht's links und sofort rechts am Gehrdener Berg entlang.

Als die „Elektrische" fuhr

Bald erscheint der Hinweis zum 4 / Berggasthof Niedersachsen (Tel. 05108 31 01, Köthnerberg 4, 30989 Gehrden). Ein Haus mit vielen Auszeichnungen und einzigartigem Ambiente. Hier schwenken wir ein, schauen zurück zum Deister. Am Haus fuhr einst die legendäre Straßenbahnlinie 10 der Üstra vorbei von Hannover nach Barsing-

hausen. Auf der Trasse geht's ein Stück direkt am Waldrand nach rechts, dann an der Wegekreuzung links durch den Wald nach Gehrden zur Hindenburgallee. Wir erreichen die Franzburger Straße, fahren nach rechts und an der Straßenverzweigung links auf der Parkstraße am Von-Reden-Park entlang bis zur Schulstraße. Rechts biegen wir ein und verlassen Gehrden. Auf dem Radweg geht's an der Straße entlang zum Abzweig links über die Felder Richtung Weetzen. Vor der B217 fahren wir links an der Straße entlang, dann rechts auf die Straßenbrücke und erreichen den Bahnübergang am Bahnhof Weetzen.

Wasserbüffel auf der Aue

Auf der Bröhnstraße geht's flott durch Weetzen zur Hauptstraße. Rechts gelangen wir zur Vörierstraße, die uns in die Flussaue der Ihme führt. Rechter Hand am Wanderparkplatz sollten wir uns die Info-Tafel über die 5 / Wasserbüffel in der Ihmeaue ansehen. Die Herde Wasserbüffel grast vor uns. Wir trennen uns von den imposanten Gesellen und radeln durch Vörie nach Linderte. Am Ortsanfang geht's gleich nach rechts durch die Berggartenstraße, dann über die Kreisstraße zum Friedhof Linderte.

> **oben / Kloster Wennigsen**

BAHNHOF GEHRDEN

Bis 1953 fuhr die Straßenbahnlinie 10 durch Gehrden. Der Bahnhof lag mitten in der Stadt am Steintor. Daneben steht ein Türmchen, das ehemalige Spritzenhaus.

Hexenhaus

Wie am Lineal gezogen führt uns der Weg über Felder, unter der Bahnbrücke hindurch zum Stein, an der die Wolfsbergquelle liegt. Ein Stück geradeaus und wir stehen vorm Hexenhaus Lüdersen. Liebevoll dekoriert, und wer am Haus klingelt, wird überrascht. Wir fahren nach Lüdersen hinein auf dem Linderter Weg zur Straßenkreuzung mitten im Ort. Wir halten uns geradeaus zur Bergdorfstraße und gelangen an die Hidderstorfer Straße. Nach rechts biegen wir ein und radeln durch die Bahnbrücke nach Bennigsen. Am Ortsanfang biegen wir rechts und sofort wieder rechts ab in die Bahnhofstraße zum Bahnhof Bennigsen.

Vom Rittergut zur Konzertstätte

Vor uns an der Hauptstraße geht's links bis zur Messestraße und dort zur Kirche St. Martin am 6 / Gut Bennigsen. Über dem Portal erkennen wir das Wappen der Familie von Bennigsen. Das Herrenhaus liegt auf der „Insel". Rudolf von Bennigsen ließ es 1863 vom Hofbaumeister Friedrich Laves erbauen. Bekannt ist das Gut durch seine Konzerte mit großen Orchestern und dem Sommerfestival Gut Bennigsen. Die Kirche lassen wir rechts liegen und stoßen auf die Medefelder Straße. Auf ihr verlassen wir Bennigsen und fahren auf die Bahnlinie zu. Hinter der Brücke geht's links ein Stück an der Bahn entlang und dann rechts in den Wald des Lausebergs. Auf der anderen Seite erwartet uns das Dorf Völksen.

Höhenflüge im Wisentgehege

Wir stoßen an die Straße Spielburg und folgen ihr rechts zur Steinhauerstraße. Links biegen wir ein und am Bohlweg geht's rechts zur Alvesroder Straße. Ihr folgen wir links unter der Bahnbrücke durch an die Kreisstraße. Der Radweg rechts neben der Straße führt uns zur Anschlussstelle der B217. Wir queren die Straße und wenden uns gleich rechts zur Kaiserallee. Von Rosskastanien gesäumt, radeln wir Richtung Jagdschloss Springe. An den doppelten Hochspannungsmasten biegen wir links ab zum Parkplatz an der

Kreisstraße. Rechts radeln wir zum 7 / Wisentgehege Springe. Beim Eingang liegt das Café Wild, wir kehren ein. Eine der Hauptattraktionen sind Flugvorführungen im Falkenhof.

Wo einst Kaiser und Könige jagten

Wir radeln am Wisentgehege entlang und stoßen auf die Landesstraße. Rechts herum erreichen wir das 8 / Jagdschloss Springe, Forstamt, Jägerlehrhof und Museum. Das Museum im Erdgeschoss des Jagdschlosses bietet eine natur- und jagdkundliche Dauerausstellung. Rechts der Straße geht's wenige Radumdrehungen in die Kaiserallee und gleich links ins Gewerbegebiet an die Straße Wolfgang-Marguerre-Allee. Rechts biegen wir ein und fahren geradeaus, dann durch die Harmsmühlenstraße zum Hallenbad Springe. Entlang der Sportanlagen erreichen wir nach der Straßenbrücke die Schulstraße.

Am Burghof

Wir biegen ein und kommen zum Museum auf dem Burghof. An der Burgstraße geht's rechts zum Markt in der Altstadt mit schönen Fachwerkhäusern. Wir biegen aber rechts ab und radeln durch die Straße Zum Niederntor an den Friedhof. Noch einmal biegen wir links ab und erreichen auf der Bahnhofstraße den 1 / Bahnhof Springe.

520

Für seine Jagdgesellschaften ließ sich König Ernst August das 8 / Jagdschloss Springe 1842 errichten. In Richtung Norden blickt man auf die Kaiserallee. Sie wurde 1860 für die Anfahrt des Königs angelegt. Auf etwa 2,5 Kilometern wurden 520 rotblühende Rosskastanien gepflanzt.

▲ **oben / Altes Petershaus mit Marienbrunnen in Springe am Deister**

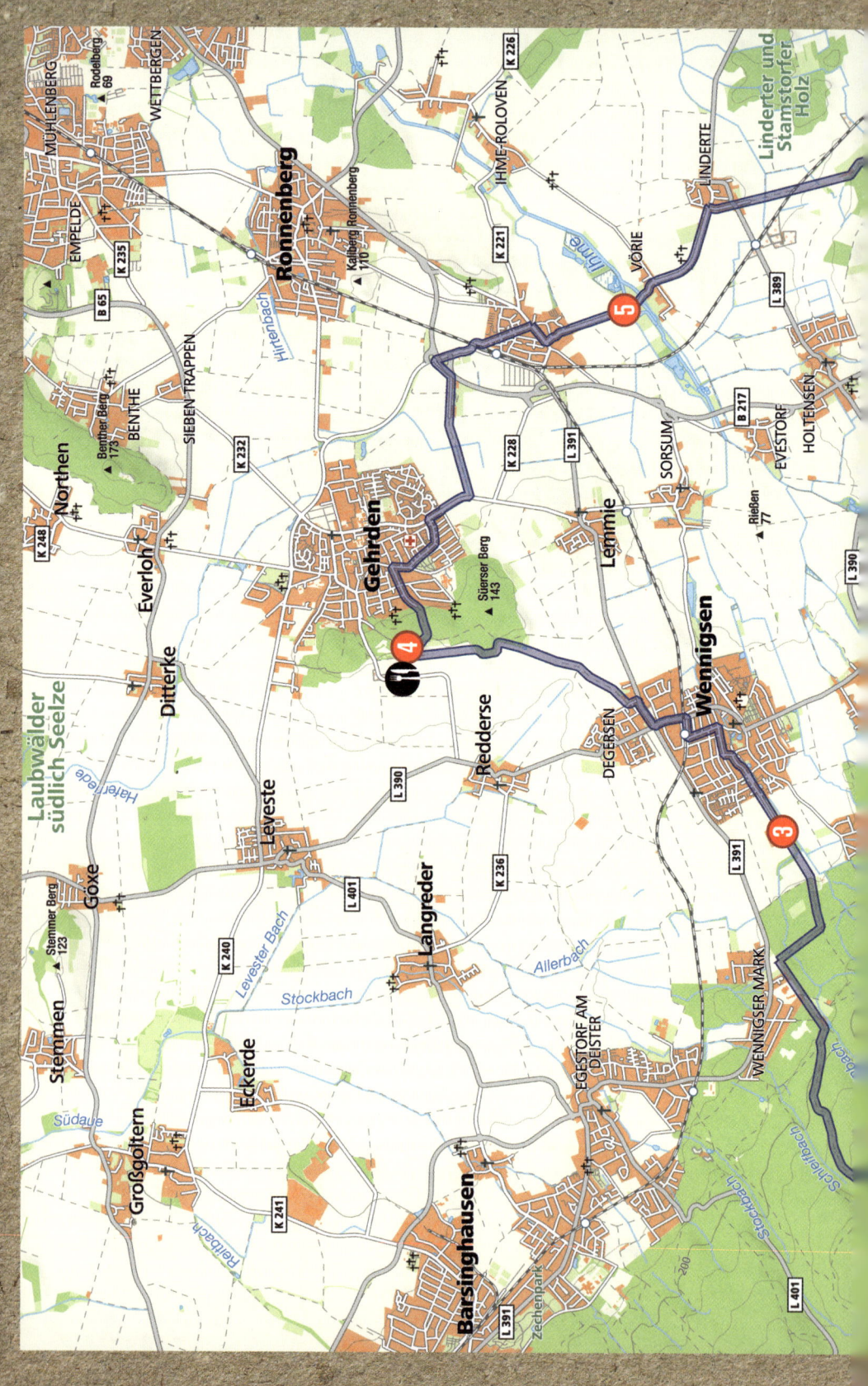

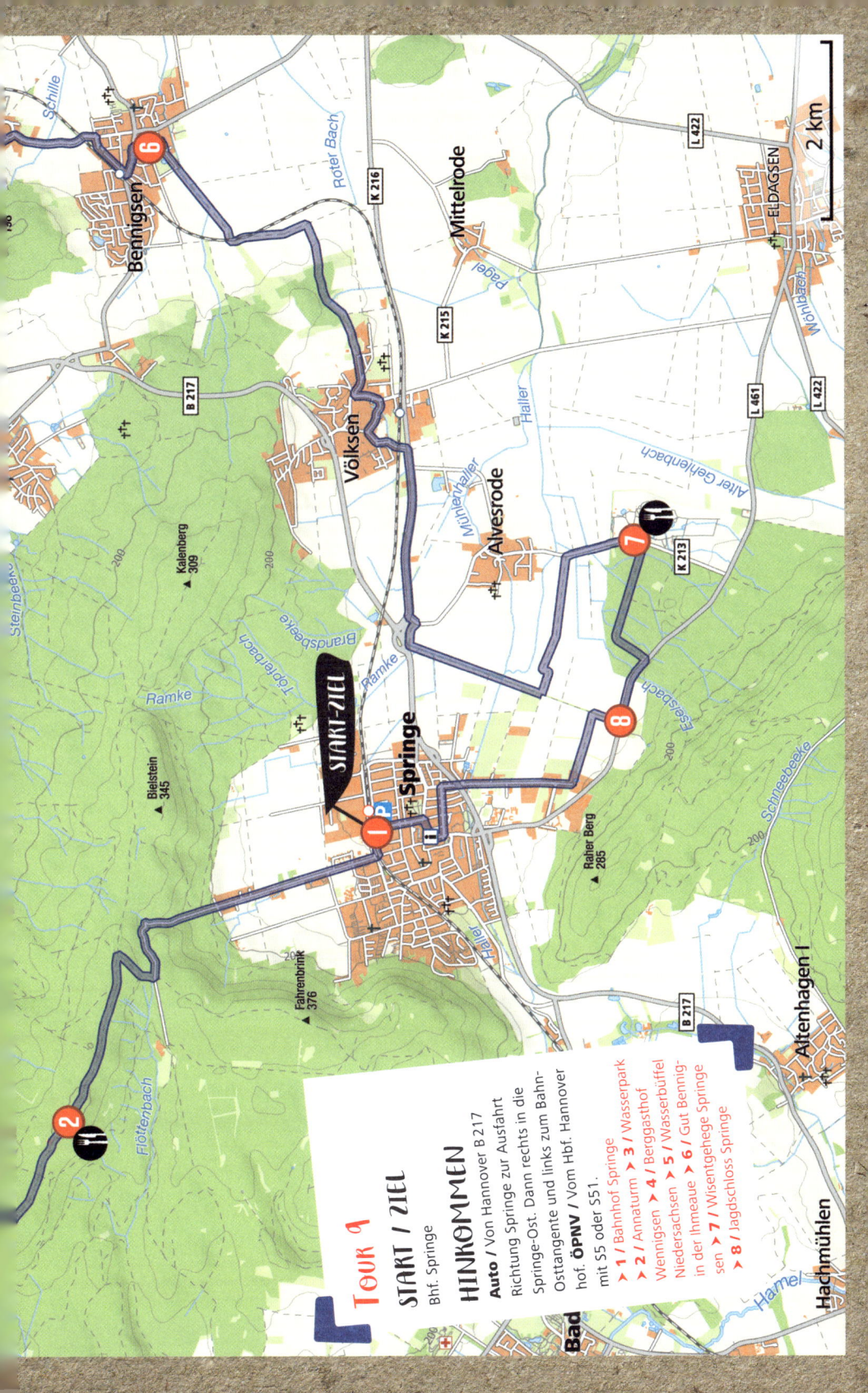

START / ZIEL

Bhf. Springe

HINKOMMEN

Auto / Von Hannover B 217
Richtung Springe zur Ausfahrt
Springe-Ost. Dann rechts in die
Ostangente und links zum Bahn-
hof. **ÖPNV** / Vom Hbf. Hannover
mit S5 oder S51.

❯ **1** / Bahnhof Springe
❯ **2** / Annaturm ❯ **3** / Wasserpark
Wennigsen ❯ **4** / Berggasthof
Niedersachsen ❯ **5** / Wasserbüffel
in der Ihmeaue ❯ **6** / Gut Bennigsen ❯ **7** / Wisentgehege Springe
❯ **8** / Jagdschloss Springe

Tour 1

START-ZIEL

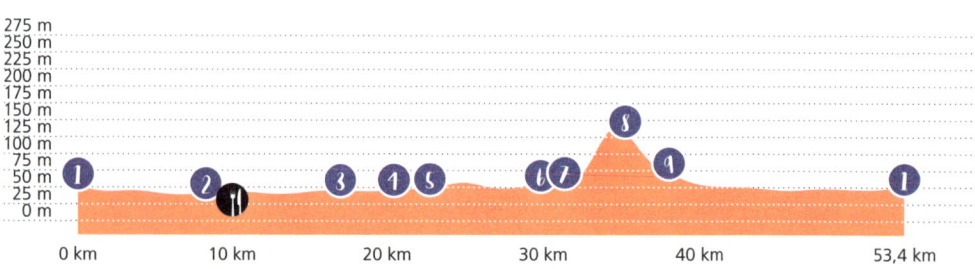

NIE DEM MOOR SO NAHE

Es ist ein besonderes Gefühl, mitten in einem Moor zu stehen, einer ganz ursprünglichen Landschaft. Doch auf dieser Tour begegnen wir noch Zeugen vieler Epochen: Eisenzeit, Römerzeit, Mittelalter und Jetzt-Zeit.

➤ **1 /** Die Tour startet und endet am Bahnhof der Stadt Bramsche

➤ **2 /** Das Kloster Malgarten bietet erstaunliche Überraschungen

➤ **3 /** Im Campemoor wird Torfabbau und Renaturierung sichtbar

➤ **4 /** Wollgras, absterbende Birken und mehr im Venner Moor

➤ **5 /** Bei Alt-Barenaue steht die urigste Allee ever

➤ **6 /** Die Mühleninsel in Venne ist ein schön restauriertes Kleinod

➤ **7 /** Im Eisenzeithaus halten sich nostalgische Träume der guten alten Zeit in Grenzen

➤ **8 /** Hoch genug, um weit gucken zu können: Der Venner Aussichtsturm

➤ **9 /** Interessant wie auch schaurig: Das Museum zur Varusschlacht im Jahre 9 nach Christi

GESCHICHTE, MOOR & MUCH MORE

Reichlich **Abwechslung** *zwischen* **Bramsche** *und* **Venne**

Die Radelabschnitte unserer heutigen Tagestour sind teils unspektakulär, auf jeden Fall erholsam. Aber die Highlights auf der Strecke könnten kaum abwechslungsreicher sein: Überraschendes in der Klosteranlage Malgarten, Wege durch Moore, die liebevoll restaurierte Mühleninsel Venne, ein Haus aus der Eisenzeit, ein Aussichtsturm mit tollem Rundumblick, das großartige Varusschlacht-Museum und dann noch ein Bad im versteckt liegenden Darnsee. Was will man mehr?

54 Kilometer
120 Höhenmeter ▲
120 Höhenmeter ▼
4:15 Stunden
Rundtour

Für jede Ausdauer

Abgesehen von dem Anstieg zum Venner Turm ist die Strecke praktisch ohne Steigungen. Wem Steigungen nicht gefallen, der kann den Ausflug ins Wiehengebirge auslassen.

CHARAKTER

Sportlich ●●○○○
Abkühlung ●●●○○
Schlemmen ●●○○○
Panorama ●●●●○

TOURENINFO / Familienfreundliche, ruhige und flache Tour, mit folgenden Ausnahmen: 1. Anhaltende Steigung zum Venner Aussichtsturm, auf diesen Abschnitt kann man aber verzichten. 2. Manchmal etwas schwer zu befahrende Wege im Moor. Einkehrmöglichkeiten bestehen in Malgarten im „Zum Amtsrichter", in der „Darpvenner Deele" (auch E-Bike-Ladestation) sowie im Zentrum von Bramsche. Kinder werden sich total freuen über ein Bad im Darnsee, wenn das Wetter passt. Ein gut einstündiger Gang durch das Venner Moor verlängert die Tourdauer entsprechend.

◄ **links / Venner Moor**

Ausgangs- und Endpunkt ist der 1 / Bahnhof Bramsche, an dem die Züge praktisch halbstündlich nach Norden und Süden fahren.

Ein Ort mit vielen Highlights: Klosteranlage Malgarten

Das 2 / Kloster Malgarten ist schon ein ungewöhnlicher Ort. Inspiration und Erholung heißt es auf der Homepage (www.forum-kloster-malgarten.de). Wir sollten tatsächlich etwas länger hier verweilen und Gelände und Gebäude erforschen. Jeder wird Überraschendes entdecken rund um die Gebäude, die Galerie im Kreuzgang, schilfbestandene Teiche, die Hohe Hase, Skulpturen, verwunschene Winkel. Die alte Klosteranlage stand vor einem halben Jahrhundert fast vor dem Abriss, heute beherbergt sie eine Künstlerkolonie, ein Seminarcenter, die Museumsscheune, die Kirche und vieles andere. Und das beste für uns Radtouristen ist, das Gelände ist frei zugänglich: Wir sind willkommen! Für eine Einkehr bietet sich das Gasthaus „Zum Amtsrichter" an, das gleich hinter dem Torgebäude liegt.

Ein Moor wird renaturiert

Auf den ruhigen Straßen durch landwirtschaftlich geprägte Gegend, vorbei an etlichen großen Windkraftanlagen, können wir uns kaum vorstellen, dass das hier alles einmal ein großes Moor war. Zwei Restgebiete werden wir gleich kennenlernen. Diese Flächen aus jahrhundertealten, meterdicken Schichten abgestorbener Pflanzen waren für die Menschen öfter Fluch als Segen. Wo es ging, wurden die Moore trockengelegt, Torf abgebaut und „kultiviert". Jedenfalls strahlen sie auch heute noch eine ganz spezielle Atmosphäre aus. Schon komisch, auf schwankendem Boden zu gehen. Durch das 3 / Campemoor führt ein ausgeschilderter, einigermaßen befahrbarer Radweg. Hier wird noch eindrucksvoll Torf abgebaut. Nicht mehr für den Hausbrand, sondern zur Produktion von Blumenerde und zum kleinen Teil sogar für die pharmazeutische Industrie. Mittlerweile werden aber immer mehr Flächen wieder vernässt. Man weiß um den Wert und die Bedeutung natürlicher Moore. Im 4 / Venner Moor sieht das schon viel eindrucksvoller aus. Aber da

1144

gilt als Gründungsjahr des 2 / Klosters Malgarten. Über 600 Jahre war es ein Nonnenkloster, danach lange Zeit Verwaltungsgebäude. In den 1980er Jahren schien es dem Verfall preisgegeben. Durch privates Engagement setzte eine gründliche Restaurierung ein und die Öffnung für Kunst- und Kulturschaffende sowie verschiedenste Veranstaltungen.

natürliche Moore unwegsam sind, kann und darf man da eigentlich keine Radtour vorschlagen. Besser, man stellt die Räder an der Schranke des Weges Richtung Venner Moor ab und plant Zeit für einen aufregenden Spaziergang ein, der nach etwa 1 km in eine unwirtliche Naturregion führt. Am Moor scheiden sich aber auch oft die Geister, die einen finden es langweilig, andere faszinierend, manche auch bedrohlich, allein schon diese Stille. Vom Gasthof Beinker aus, östlich des Moores, gibt es einen Moorlehrpfad.

LEBENSWELT MOOR

Das 4 / Venner Moor gehört zu den zehn bekanntesten Mooren Deutschlands. Mittlerweile brüten dort sogar Kraniche.

Alle kurz vorm Umfallen? Linden am Schloss Alt-Barenaue

Dem kleinen Wasserschloss 5 / Alt-Barenaue sieht man das Alter an. Es ist nicht herausgeputzt und damit irgendwie authentisch, doch leider nur von Weitem zu bewundern. Ein Highlight des Osnabrücker Landes ist jedoch die Straße hier: Alte krüppelige Wasserlinden stehen heftig schräg, neigen sich bedrohlich von der Straße weg, und zwar beidseitig. Da staunt jeder! Naja, es ist ja auch mooriger Untergrund. Nach 7 km, vorbei am Golfclub Varus, erreichen wir das Dorf Venne, bekannt für sein vielseitiges Festival Folk-Frühling Anfang Mai. Auf der wunderschönen 6 / Mühleninsel Venne befinden sich fünf Fachwerkgebäude, ein Bauerngarten und noch reich-

⌃ **oben / Das Kloster Malgarten ist idyllisch gelegen**

KulTour

ENERGIEWENDE?

Vom 8 / Venner Aussichtsturm sieht man die großen Anlagen des Kohlekraftwerks Ibbenbüren und des Atomkraftwerks Lingen, beide sind stillgelegt. Und man sieht ganz viele Windräder und Photovoltaikanlagen.

lich Platz für das Festival. Für uns eine willkommene Ruhepause in angenehmer Umgebung. Über die Holzbrücke führt uns ein schmaler Pfad entlang des Mühlenbaches zum Knostweg.

So war es hier vor Christi Geburt: Das Eisenzeithaus

Knapp 1 km lang ist der Abstecher zum 7 / Eisenzeithaus, einer originalen Nachbildung eines Gebäudes aus dem Jahr 300 v. Chr. Der Zweiraumbau für Mensch und Vieh aus Eichenstämmen, Weidengeflecht, Lehm mit Reetdach und das umgebende Areal wird genutzt für Führungen und Aktivangebote für Schüler, die so in das Leben ihrer Urahnen eintauchen können. Danach bietet sich an, für Kaffee und Kuchen in die – innen wie außen – verwinkelte „Darpvenner Diele" einzukehren und sich von der auskunftsfreudigen Betreiberin Geschichten erzählen zu lassen. Sie kann auch den Schlüssel für das neuzeitliche Schloss des urzeitlichen Eisenzeithauses herausgeben. Ein Kleintierzoo erfreut Kinder. Und zu guter Letzt lässt sich hier auch unser E-Bike aufladen. Nun beginnt der Schlenker durchs Gebirge.

Dem Himmel nahe auf dem Aussichtssturm Venne

Recht lang zieht sich die Steigung hin auf der Straße „Schlingheide". Die Landschaft ist komplett anders, gebirgig eben, schöne Bauernhöfe erscheinen. An der höchsten Stelle sind wir 156 m über dem Meeresspiegel, dazu kommen noch die 20 Meter des 8 / Aussichtsturms. Das ermöglicht eine grandiose 360-Grad-Rundsicht. Wir sehen Osnabrück im Süden, links und rechts unser Wiehengebirge, die norddeutsche Tiefebene mit Kirchtürmen, Industriegebieten, Windkraftwerken. Mich begeistert aber mehr die nähere Umgebung, ich mag es, wie sich Straßen durch Felder und Wiesen schlängeln. Nach der herrlichen und hoffentlich nicht zu rasanten Fahrt hinab müssen wir ein Stück die B 218 begleiten, um dann rechts zur „Varusschlacht" zu gelangen.

3.000

Einwohner hat Venne, die aber einiges auf die Beine stellen: Die Mühle ist ein Dorfmuseum, die Mühleninsel ein kleines Freilichtmuseum, ein Netz aus Wanderwegen will betreut werden und schließlich organisiert das Dorf das Venner Folkfrühling Festival.

„Als die Römer frech geworden, zogen sie nach Deutschlands Norden …"

Das Drama der Niederlage des Varus', römischer Feldherr, durch die Germanen unter Arminius soll im Jahre 9 n.Chr. hier stattgefunden haben. Ein Freizeitarchäologe entdeckte 1987 bedeutende Funde, vor allem Münzen. Seither wird fleißig gebuddelt, 4.000 Teile, auch Knochen, wurden geborgen, darunter eine eiserne Gesichtsmaske. Sie ist das Logo der mittlerweile riesigen 9 / Museumsanlage Varusschlacht. Das Museum bietet eine große Zahl von Veranstaltungen an, von Ferienprogrammen bis zu Familiensonntagen. Besonders gut besucht sind die „Römer- und Germanentage". Damals muss das ein fürchterliches Mann-gegen-Mann-Gemetzel gewesen sein, was ein Achtel der römischen Armee vernichtete (www.kalkriese-varusschlacht.de). Der Rückweg nach Bramsche führt länger am Mittellandkanal entlang, um dann über ruhige Landstraßen durch den Ortsteil Lappenstuhl in die Stadt zu führen. Doch vorher sollten wir bei passendem Wetter unbedingt den beliebten und trotzdem recht beschaulichen, teilweise als Freibad genutzten Darnsee für ein erfrischendes Bad besuchen. Vorbei am attraktiven innerstädtischen Erholungsgebiet „Hasesee" und durch die auf andere Art ebenso attraktive Innenstadt mit Gastronomie und Fußgängerzone radeln wir zum 1 / Bahnhof Bramsche.

DIE VARUS-MASKEN haben sich in viele Orte der Umgebung verteilt. Individuell gestaltet stehen sie als Friedenssymbol an Plätzen oder in Gärten.

⌃ oben / Wasserschloss Alt-Barenaue

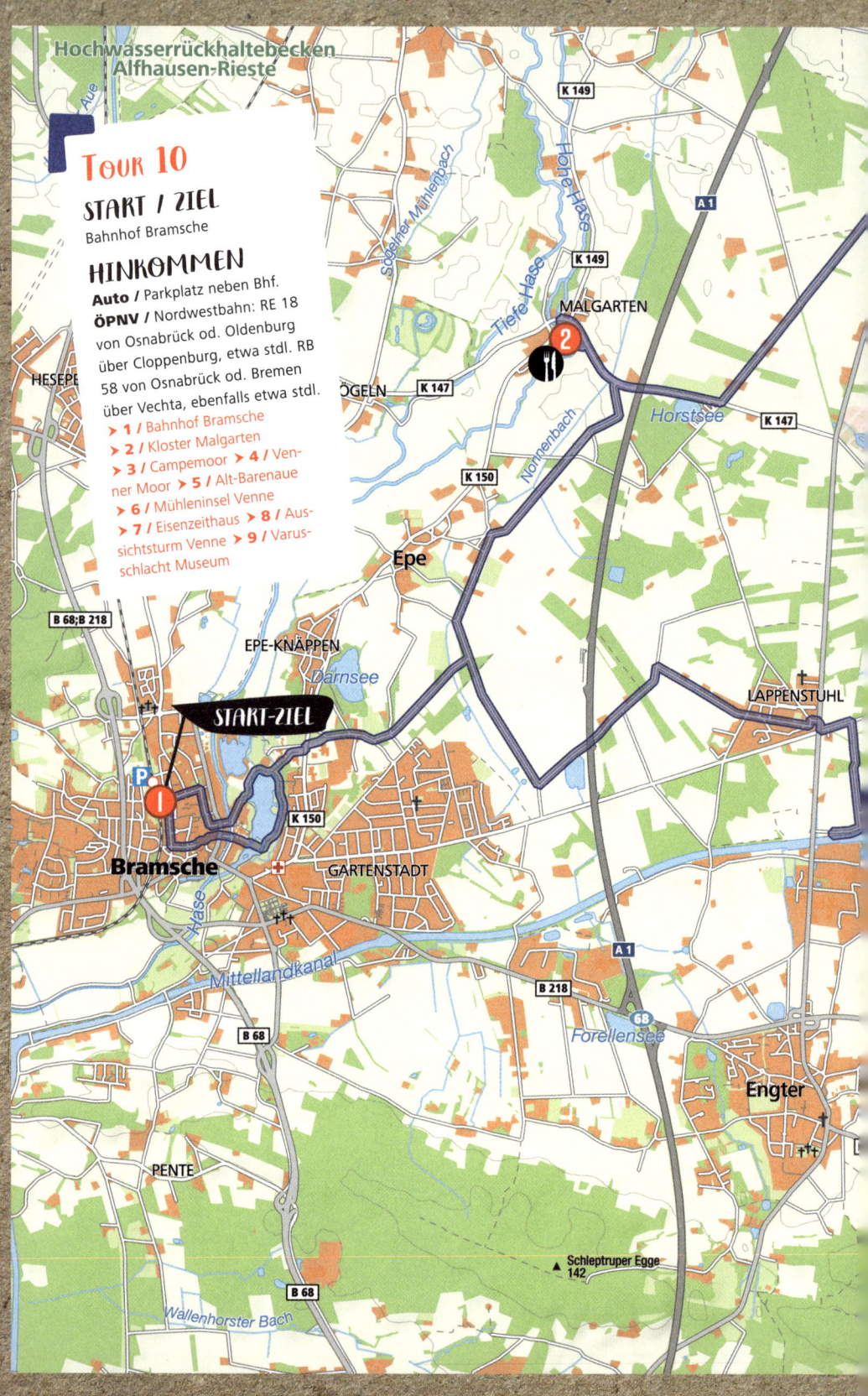

Hochwasserrückhaltebecken
Alfhausen-Rieste

Tour 10

Start / Ziel
Bahnhof Bramsche

Hinkommen
Auto / Parkplatz neben Bhf.
ÖPNV / Nordwestbahn: RE 18
von Osnabrück od. Oldenburg
über Cloppenburg, etwa stdl. RB
58 von Osnabrück od. Bremen
über Vechta, ebenfalls etwa stdl.

➤ **1 /** Bahnhof Bramsche
➤ **2 /** Kloster Malgarten
➤ **3 /** Campemoor ➤ **4 /** Venner Moor ➤ **5 /** Alt-Barenaue
➤ **6 /** Mühleninsel Venne
➤ **7 /** Eisenzeithaus ➤ **8 /** Aussichtsturm Venne ➤ **9 /** Varusschlacht Museum

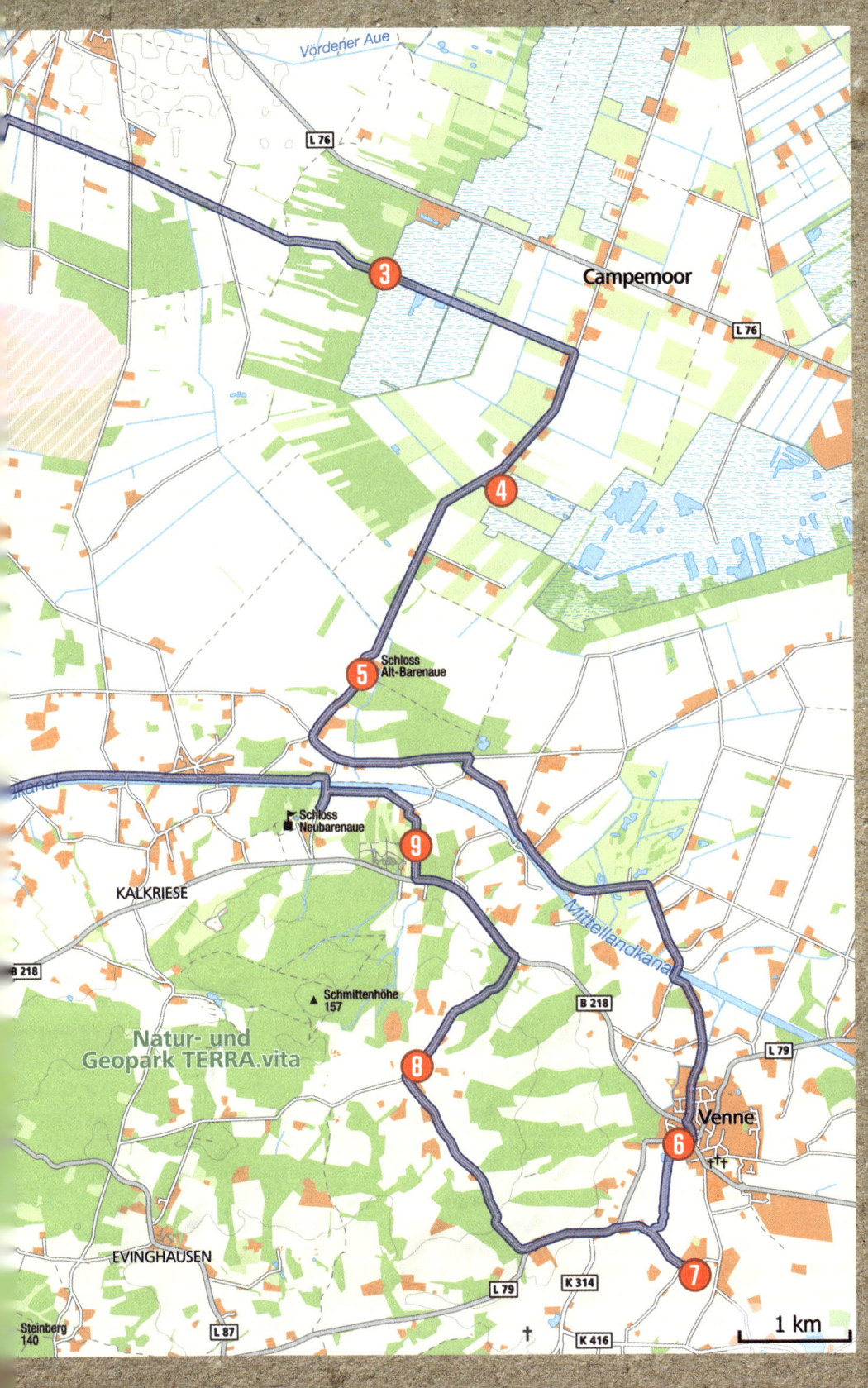

FANTASTISCHES NATURWUNDER!

Ich radle diese Tour besonders gern, da sie neben dem grandiosen Höhepunkt Externsteine sehr entspannt am Schiedersee beginnt und endet.

➤ **1 /** Unsere Tour beginnt und endet am Parkplatz Schiedersee

➤ **2 /** Kaffee mit Seeblick genießen im Restaurant Seeterrasse

➤ **3 /** Den Barockgarten von Schloss Schieder bestaunen

➤ **4 /** Mal Pause machen am Radfahrer-Rastplatz

➤ **5 /** Mystik verspüren an den skurillen Externsteinen

➤ **6 /** Eine Audienz genießen bei Pauline Fürstin zur Lippe

➤ **7 /** Durchradle Lippes einziges erhaltenes Stadttor Niederntor

➤ **8 /** Durchatmen am Rathaus Blomberg, einer Fachwerk-Augenweide

➤ **9 /** Italienisches und Spezialitäten gibt's im Ristorante La Piazza

➤ **10 /** Halt machen an der Burg Blomberg aus dem 13. Jahrhundert

➤ **11 /** Auf Bahntrassenwegen wie diesem ist Radfahren Freude pur

➤ **12 /** Auszeit genießen am Schiedersee

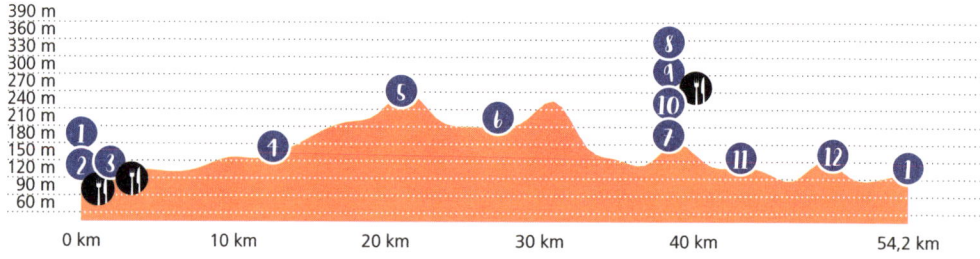

EXTERNSTEIN-MAGIE

Mystik *im* Teutoburger Wald

Vom Schiedersee aus geht's über Felder und Wälder zu einem ganz und gar mythischen Ort, den Externsteinen. Von dort radeln wir über Blombergs historische Fachwerkaltstadt zurück und krönen unsere Tour mit einer Seeumrundung.

Fürstenresidenz Schieder

Wir starten unsere Tour vom 1 / Parkplatz Schiedersee beim direkt am Ufer des Schiedersees gelegenen 2 / Restaurant Seeterrasse (Regelweg 2, 32816 Schieder-Schwalenberg). Beginne deine Tour doch mit einem gemütlichen Kaffee auf der Außenterrasse mit direktem Seeblick! Vom Parkplatz aus begleiten wir das Ufer Richtung Ausfahrt, bis wir nach links über eine kleine Brücke das untere Ende des ausgedehnten Schlossparks Schieder erreichen. Wir radeln den ausgedehnten Park geradewegs hinauf bis zum hübschen Schloss mit seinem eindrucksvollen Barockgarten. Im Sommer

54 **Kilometer**
280 **Höhenmeter ▲**
290 **Höhenmeter ▼**
3:15 **Stunden**
Rundtour

CHARAKTER

Sportlich ●●●○○
Abkühlung ●●●●○
Schlemmen ●●●●○
Panorama ●●●●●

TOURENINFO / Weitgehend auf guten Radwegen, ab und an kurze Verbindungsstücke auf Straßen. Untergrund ist bis auf Externsteine und Bahntrassenweg meist asphaltiert. Für Familien mit Anhänger geeignet, aber Höhenmeter im letzten Drittel beachten. Badesachen mitnehmen!

◄ **links / Einmal im Leben muss man durch die Externsteine radeln und sie über Stufen erklimmen**

lädt freitags bis sonntags ein Kaffee mit hübschen Außenplätzen in toller Kulisse ein. Wir orientieren uns von 3 / Schloss Schieder (Im Kurpark 1, 32816 Schieder) am Radwegweiser Richtung Steinheim. Der Radweg führt uns nun entlang der Fürstenroute-Lippe bergan und bergab. Wir wechseln auf den linksseitigen Radweg und folgen vor Wöbbels Kirche links wie bislang der Radroute nach Steinheim und später Richtung Billerbeck.

Weite Felder

Eine weitläufige Feldlandschaft mit kleinen Gehölzen begleitet uns, bis wir uns in Billerbeck am Gasthof Zur Post rechts auf die Steinheimer Straße wenden. Am Ende des Radwegs überqueren wir sie und folgen der Radroute 1 Steinheim. Die gelbe Radbeschilderung beachtend biegen wir sofort rechts ab und erreichen einen liebevollen 4 / Radfahre-Rastplatz. Der glatte Radweg führt uns nach Vahlhausen, in dessen Ortsmitte wir links einen 100 m steil ansteigenden schmalen Wirtschaftsweg Richtung Ottenhausen nehmen, um der Feldlandschaft nach rechts zu folgen, während Greifvögel hoch oben ihre Runden ziehen. Vorbei am kleinen Friedhof wechseln wir bald die Straßenseite auf den rechtsseitigen Radweg Richtung Horn.

RADPAUSEN-GLÜCK

So darf ein 4 / Radfahrer-Rastplatz sein. Abseits der Straße mit Bank und Tisch versüßt ein riesiges Fahrrad das Bild – Pause ist beinahe Pflicht.

Magische Externsteine

Wir überqueren die Bahngleise Richtung Historischer Stadtkern und folgen danach statt der Autoroute auf der Externsteiner Straße links der Radroute Richtung Externsteine. Sie führt uns mit ihren rot-weißen kleinen Wegweisern sicher durch ein Wohnviertel, von dem aus sich schließlich ein Weg links durch das Naturschutzgebiet Externsteine schlängelt, bis wir den großen Parkplatz der Sehenswürdigkeit erreichen. Bergan queren wir ihn zum Infozentrum und dem Restaurant Felsenwirt. Da Radfahren hier nicht erlaubt ist, schieben wir unser Rad. Wenig später rückt die fast magische Formation in unseren Blick. Wie der gesamte Hauptkamm des Teutoburger

Walds bestehen die 5 / Externsteine aus Osning-Sandstein, der sich vor etwa 120 Millionen Jahren gebildet hat.

Zur Audienz

Auf gleichem Weg fahren wir zurück, durchqueren die Wohnsiedlung hinunter nach Horn und folgen der Mittelstraße. Noch vor dem Friedhof folgen wir nun der abknickenden Vorfahrt nach links Richtung Bad Meinberg. Im Kreisverkehr geht's mit der zweiten Ausfahrt weiter, wir überqueren die Gleise und fahren zunächst bergan, um uns anschließend entspannt abwärts bis zu einem Kreisverkehr mit Betonstelen rollen zu lassen. Die zweite Ausfahrt geradeaus weiter entdecken wir vorbei am Infopunkt den Kurpark Bad Meinberg. Vor dem Ballhaus steht etwas unscheinbar ein Denkmal für 6 / Pauline Fürstin zur Lippe, die 1805 die erste Heilanstalt für bislang in Zuchthäusern untergebrachte Geisteskranke gründete. Wenn sie in Bad

KM 27

Wenn 6 / Pauline Fürstin zu Lippe, 1802 bis 1820 Regentin des deutschen Fürstentums Lippe, in Bad Meinberg zur Kur weilte, so ist überliefert, gewährte sie strickend Audienz auf einer Parkbank. Und genau so sitzt sie da – nur zu, nimm Platz.

▲ **oben / Im gepflegten Park von Schloss Schieder lässt es sich gut verweilen**

EXTERNSTEINE ERKLIMMEN

Steile Treppen führen auf die Felsen der **5 / Externsteine**, zwei gar verbunden durch eine kleine Brücke. Ich musste hinauf, ich wette ihr auch!

Meinberg zur Kur weilte, so ist überliefert, gewährte sie strickend Audienz auf einer Parkbank. Und genau so sitzt sie da, und bittet zur Audienz.

Windgeschwind

Wir fahren zurück zum Infopunkt und halten uns nun rechts Richtung Blomberg, dabei orientieren wir uns an den rot-weißen Radwegweisern, bis wir Blomberg erreichen. Der Radweg führt uns dabei bald durch ein Waldstück rasant bergab, wir überqueren umsichtig eine Straße und setzen unsere schnelle Talfahrt auf dem Radweg weiter fort. Der Wind weht uns durchs Haar, und beinahe scheint es, als ginge es ewig bergab. Als seien sie noch ganz nah, können wir den Eindrücken der Externsteine immer noch nachspüren. Nach Herrentrup verändert sich die Landschaft, weite Feldlandschaften entlang einer von Birken gesäumten Straße übernehmen die Hoheit, am Horizont die Hügel des Teutoburger Walds.

ZU FACHWERK-HÄUSERN UND ALTEM STADTTOR

Historisches Blomberg

Wir erreichen Blomberg und queren nach einer Kreuzung an einem metallenen Nelkendenkmal links hinauf zum 1530 erbauten 7 / Niederntor, Lippes einzig erhaltenem Stadttor. Rechts bergan erreichen wir entlang schmucker Fachwerkhäuser den Blomberger Marktplatz. Die historischen Häuser Blombergs sind eine Augenweide, eines der Highlights ist mit seinen drei identischen Fachwerkgiebeln das 8 / Rathaus Blomberg. Zeit für eine Einkehr, erstklassige frische Gerichte bekommst du im 9 / Ristorante La Piazza (Neue Torstraße 3, 32825 Blomberg). Vom Rathaus aus pedalieren wir über die Straße Am Martiniturm zum Aussichtspunkt an der 10 / Burg Blomberg, die bis 2019 ein Hotel beherbergte, und genießen den weiten Blick. Bergab rollen wir die Brinkstraße zurück durchs Niederntor und hinunter zum Radweg, dem wir links durch den Ort bis zum Kreisverkehr mit bronzener Altstadtskulptur folgen. An der ersten Ausfahrt überqueren wir die Straße und radeln rechts der lippischen Hauptgenossenschaft Richtung Schieder auf einem hüb-

schen 11 / Bahntrassenweg, übergehend von asphaltierter auf feste natürliche Wegdecke. Wir stoßen auf den Radweg unserer Hinfahrt und radeln links zurück nach Schieder, um am Ortsanfang Richtung Schieder-Bahnhof abzubiegen.

Schieder See

Am Schlosspark Schieder kannst du je nach Kondition aus der Tour aussteigen und so knapp 9 km einsparen, oder zum Abschluss den 12 / Schiedersee rechts umrunden. Dabei passieren wir das Freibad, in dem wir uns zu fairem Tarif abkühlen können, genauso wie das Funtastico, ein kleiner Freizeitpark für jüngere Kinder. Vor dem Bootsverleih radeln wir rechts über den Kronenbruch aufwärts, um nach dem Parkplatz links auf der Straße dem Uferverlauf bis zum Ende des Sees zu folgen. Über den kleinen Staudamm, dem 2015 eine beeindruckende Fischtreppe hinzugefügt wurde, führt uns ein aalglatter Radweg auf der gegenüberliegenden Seeseite vorbei am Grillrestaurant Moses Hütte, wo du zum fairen Tarif eine frische knusprige Waffel genießen darfst. Kunstwerke mit Hundertwasser Anmutung und ein metallener Aussichtsturm laden zur Rast, bis wir schließlich wieder unseren Startpunkt am 1 / Parkplatz Schiedersee erreichen. Vielleicht lässt du deine Tour bei einer duftenden Pizza auf der Außenterrasse des Restaurants Revue passieren und träumst noch etwas von den magischen Externsteinen.

⌃ oben / Die Umrundung des Schiedersees ist auf erstklassigem Radweg möglich

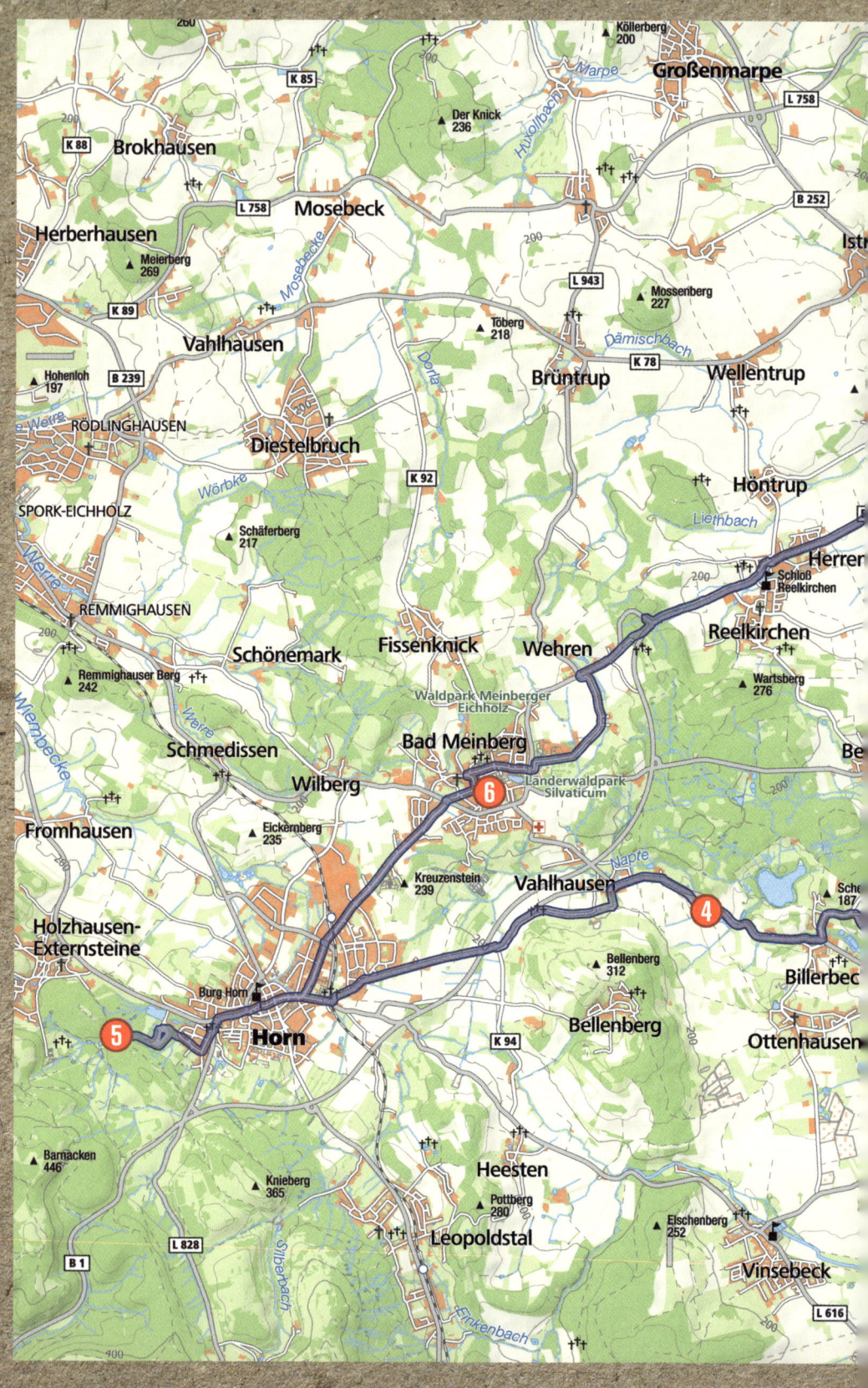

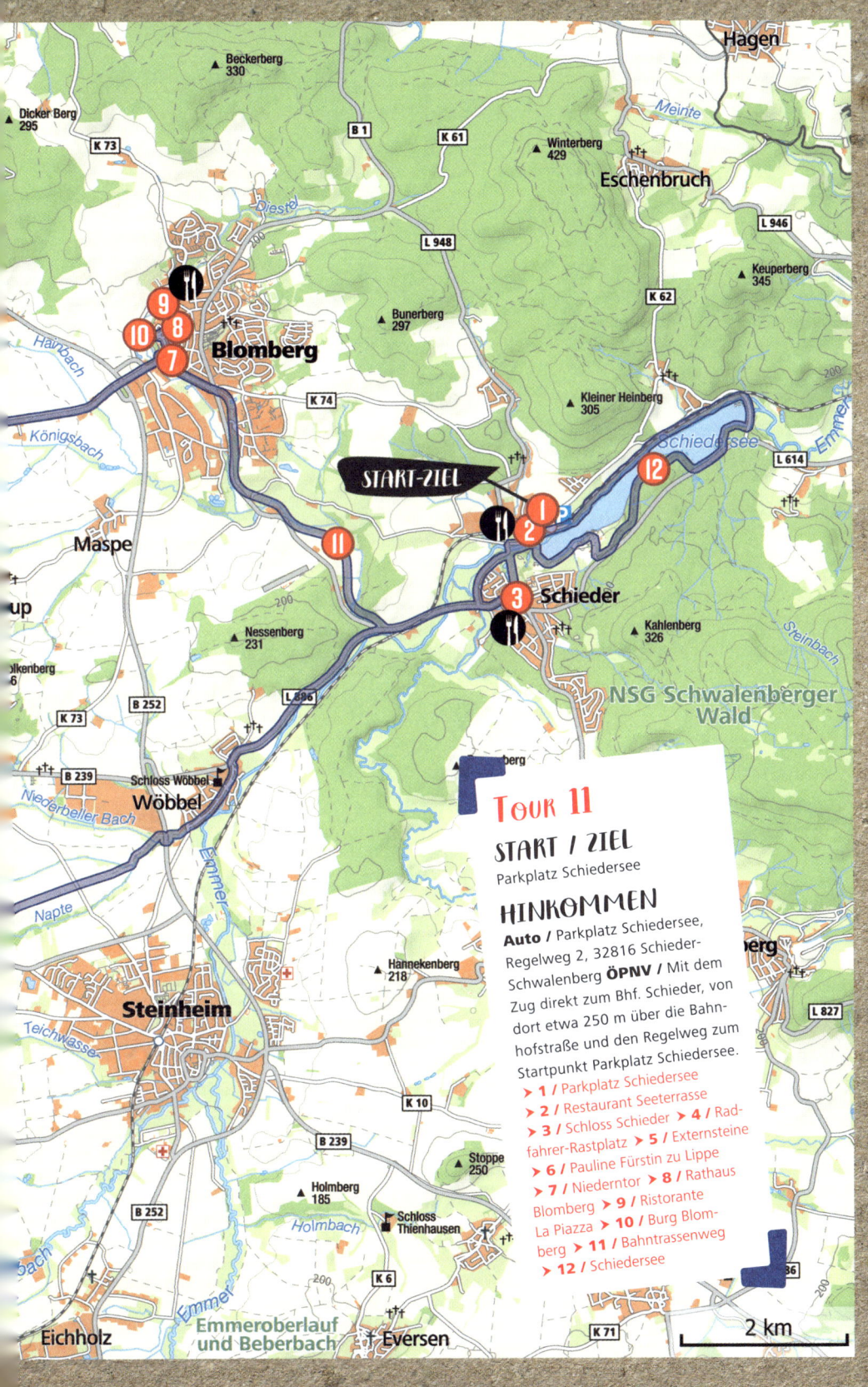

START-ZIEL

Tour 11

START / ZIEL
Parkplatz Schiedersee

HINKOMMEN

Auto / Parkplatz Schiedersee, Regelweg 2, 32816 Schieder-Schwalenberg **ÖPNV /** Mit dem Zug direkt zum Bhf. Schieder, von dort etwa 250 m über die Bahnhofstraße und den Regelweg zum Startpunkt Parkplatz Schiedersee.

➤ **1 /** Parkplatz Schiedersee
➤ **2 /** Restaurant Seeterrasse
➤ **3 /** Schloss Schieder ➤ **4 /** Radfahrer-Rastplatz ➤ **5 /** Externsteine
➤ **6 /** Pauline Fürstin zu Lippe
➤ **7 /** Niederntor ➤ **8 /** Rathaus Blomberg ➤ **9 /** Ristorante La Piazza ➤ **10 /** Burg Blomberg ➤ **11 /** Bahntrassenweg
➤ **12 /** Schiedersee

2 km

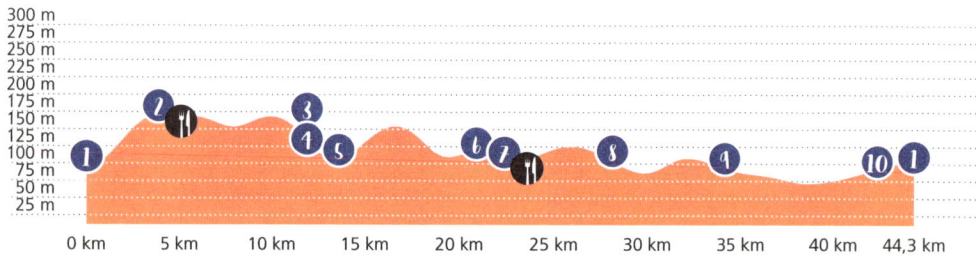

NACH LUST UND LAUNE

Die Gegend hält viele tolle Wege bereit, sodass ich die Tour gerne variiere. Mal sportlicher, mal gemütlicher mit Zeit für einen guten Kaffee oder einen Galerien-Bummel.

➤ **1 /** Start und Ziel ist der Bahnhof Havixbeck

➤ **2 /** Auf dem Longinusturm steigen wir dem Münsterland aufs Dach

➤ **3 /** Im Kulturbahnhof Billerbeck über einem guten Buch seinen Zug vertrödeln

➤ **4 /** Rund um den Billerbecker Dom Kunst und Handwerk entdecken

➤ **5 /** An der Berkelquelle die Füße ins Wasser tauchen

➤ **6 /** Im Nonnenbachtal genießen wir die Abfahrt

➤ **7 /** Sandsteinarchitektur bewundern am Stiftsplatz in Nottuln

➤ **8 /** Köstliches frisch vom Hof gibt es im Stevertal reichlich

➤ **9 /** Auf Stift Tilbeck kommt der Kaffee frisch geröstet in die Tasse

➤ **10 /** Noch Fragen offen? Das Sandsteinmuseum Havixbeck hat die Antwort

IM STEINREICH

Das Herz der Baumberge

Steinen auf der Spur? Und Bergetappen im Münsterland? Beides erwartet dich in den Baumbergen, einem landschaftlichen Höhepunkt zwischen Münster und Coesfeld. Die drei Anstiege können wir auch langsam angehen. Und die tollen Ausblicke über das Münsterland und die vielen hübschen Orte in dem kleinen Sandsteingebirge lohnen die Mühe allemal. Am Wegesrand begegnen wir vielen Hoflädchen und immer wieder dem Sandstein und seiner Geschichte, mal als Baustoff, mal als Material für die Bildhauerei oder als Exportware.

44 Kilometern
210 Höhenmeter ▲
210 Höhenmeter ▼
4 Stunden
Rundtour

Hoch hinaus

Am 1 / Bahnhof Havixbeck fahren wir zunächst parallel zu den Gleisen, überqueren diese dann und folgen der Landstraße für 200 Meter. Zwischen den schönen Höfen der Bauerschaft Lasbeck führt ein gewundener Weg hindurch und bald als Hohlweg unter hohen Bäu-

CHARAKTER
Sportlich ●●●●●
Abkühlung ●●○○○
Schlemmen ●●●○○
Panorama ●●●●●

TOURENINFO / Teils kräftige Steigungen, stets auf ruhigen Wegen ohne Autoverkehr. Wege stets breit und meist asphaltiert oder gut befestigt. Zwei Passagen mit vermehrtem Autoverkehr.

◄ links / Longinusturm auf dem Westerberg, dem höchsten Punkt im Münsterland

men bergauf. Zur Belohnung gibt es oben am Querweg den ersten weiten Blick nach Norden auf Altenberge und bei guter Sicht bis zum Teutoburger Wald. Weiter geht es nach rechts, bergab vorbei am Pannkokenhus Teitekerl (Mi–Mo 11–20 Uhr, Tel. 02507 1270, www.teitekerl.de) bis zur Landstraße, der wir nach links bergauf in den Wald folgen. Die Straße überqueren wir am Scheitelpunkt der Serpentine und fahren weiter Richtung Billerbeck. Hoch geht es auf den Westerberg, dessen „Gipfel" mit dem 2 / Longinusturm links von uns liegt. Der Longinus mit seinem Café 18|97 (Sommer Di–Sa 14:30–18, So 11–18 Uhr od. nach Reservierung, Tel. 02502 4837190, longinusturm.com) ist ein beliebter Treffpunkt und gerade am Wochenende ist der Parkplatz immer voller Zweiräder, mit und ohne Auspuff. Auch thematisch weist der aus Sandstein erbaute Longinusturm uns den weiteren Weg: Zurück auf der Landstraße passieren wir einen Steinbruch, biegen rechts ab und umfahren die sogenannte Domkuhle. Von der Straße aus ist von beiden allerdings wenig zu sehen. Trotzdem hat der hiesige Sandstein einige Menschen sprichwörtlich steinreich gemacht. Während man sich in vielen Regionen früher nur Lehmfachwerk oder Ziegel leisten konnte, haben hier dank der kurzen Transportwege selbst Bauernhäuser Fassaden aus Stein. Und freilich wurden viele Kirchen aus Baumberger Sandstein erbaut, wie der massive Münsteraner Paulus-Dom – daher der Name „Domkuhle". Andere Steine reisten in die wohlhabenden Niederlande oder wurden im Kölner Dom verbaut.

DER LANGE DOKTOR
Seinen Namen verdankt der 1900 eingeweihte 2 / Longinusturm dem Gründer des Baumberge-Vereins: dem hochgewachsenen Naturforscher Friedrich Westhoff.

Kunst am Weg und Kunst in Stein
Die rot beschilderte Radroute führt auf ruhigen Wirtschaftswegen und Obstbaumalleen bis nach Billerbeck. Nur einmal ist besondere Vorsicht gefragt – zum Glück warnt uns rechtzeitig ein Holzschild auf Münstersch Platt vor der steilen Abfahrt. In Billerbeck stoßen wir bald auf den 3 / Kulturbahnhof (Mo–Fr 6–18, Sa–So 8–18 Uhr u. nach Vereinbarung, Tel. 02543 238707, billerbecks-bahnhof.de).

Abgesehen von zwei bis vier Zügen pro Stunde finden wir an diesem lebendigen Ort einen Regionalladen mit Bistro, eine Radstation und Ausstellungsräume mit wechselnden Ausstellungen. Ein Kunstweg begleitet uns von hier hinab bis in die Altstadt mit ihren Cafés, Ateliers und Kunsthandwerksläden. In deren Mitte ragt der stattliche 4 / Billerbecker Dom auf – ein perfektes Beispiel, wie der Steinreichtum gepaart mit dem stolzen Katholizismus des Münsterlands auch kleinen· und kleinsten Gemeinden stattliche Pfarrkirchen bescherte. Die Kirche ist St. Ludgerus geweiht, dem ersten Bischof des Münsterlands. Heute erinnert in den Baumbergen vieles an „Sankt Lürs", beispielsweise ein Wanderweg, der seiner letzten Reise von Coesfeld nach Münster folgt. Billerbecks zweiter Kirchplatz, St. Johannes, ist ein schmuckes grünes und ruhiges Fleckchen, das zum Verweilen einlädt, wie auch das dortige Das kleine Café (Mi–Mo 12–18 Uhr, Tel. 02543 4630, www.daskleinecafe.de).

⌃ oben / Billerbecker Dom

KUNSTVOLLES BILLERBECK

Ob es an der malerischen Lage liegt oder am begehrten Werkstoff Sandstein gleich vor der Haustür? Billerbeck ist reich an Kunstwerken und -stätten.

Baumberge-Überquerung

Hinter dem Torbogen des Kirchplatzes stoßen wir schnell auf die Berkel. Wir folgen ihr stromaufwärts, einem abwechslungsreichen Weg durchs Grüne, vorbei an Spielplätzen und Kneippbecken, bis zur 5 / Berkelquelle mit der ehemaligen Badeanstalt. Dann geht es auf dem rot beschilderten Radweg nach Nottuln zunächst länger bergauf. Diesmal überqueren wir die Baumberge einmal komplett. Vorbei am Ferienpark mit Gastronomie und großem Spielplatz folgen wir anschließend der etwas stärker befahrenen, aber schönen, leicht abschüssigen Landstraße für 1,5 km – bei der weiten, gewellten Landschaft mit Kuhweiden kommt Allgäu-Flair auf. Dann biegen wir, dem roten Radweg weiter folgend, rechts ab und beim nächsten Hof wieder links. Der Landstraße, die wir überqueren, folgen wir nach links, queren sie aber bald wieder, um auf den 6 / Weg im Nonnenbachtal zu wechseln. Dieser idyllische Pfad mit toller Aussicht führt uns fast ohne Kreuzung und Verkehr hinunter nach Nottuln und bis zum zentralen 7 / Stiftsplatz. Die prächtige Sandsteinkirche umringen einige Cafés und Restaurants, gegenüber steht das bescheidene Nottulner Schloss. Und nebendran, auf einem gemauerten Sockel und in Lebensgröße, steht einer, der die Architektur im Münsterland ähnlich stark geprägt hat wie der Sandstein: Johann Conrad Schlaun, unter anderem Schöpfer des Münsterschen Schlosses, des Erbdrostenhofs und Teilen des gewaltigen Schlosses Nordkirchen.

Auf den Rückweg

Wir wenden uns wieder den Baumbergen zu, unterqueren die Umgehungsstraße und halten uns auf dem Asphaltweg, der nach einer Kurve gleichmäßig bergan führt. Auf Wegen, gesäumt von Obstbäumen, haben wir freien Blick aufs südöstliche Münsterland bis zur Soester Börde und zum Rothaargebirge. Dann geht es leicht bergab und wir finden uns im schönen 8 / Tal der Stever wieder, direkt an ihrer Quelle. Dem Flussverlauf folgen wir nun über 4 km, vorbei an zahlreichen Höfen, einem Gasthof und einer alten Mühle mit Rast-

120

So viele Bauwerke hat Johann Conrad Schlaun insgesamt geschaffen. Auch für den Radverkehr in der Region legte Schlaun einen wichtigen Grundstein, wenn auch unwissentlich: Er plante die Umwandlung von Münsters Stadtbefestigung in einen Promenadenweg.

platz und Wassertretstelle. Schließlich weist uns der rote Pfeil den Weg nach links, durch das kleine Schapdetten und über eine letzte moderate Steigung. Die folgende Abfahrt zieht sich lang hin und wird oft von geparkten Autos von Wanderern gesäumt, daher ist Vorsicht geboten. Wir gelangen zu 9 / Stift Tilbeck, dessen Stiftskirche und achteckiger Wasserturm mächtig aufragen, beide – wie könnte es anders sein – erbaut aus Sandstein. Von der hauseigenen Kaffeerösterei können wir ein Päckchen für zu Hause mitnehmen oder uns gleich frisch aufbrühen lassen, gleich nebenan gibt es dazu große Stücke Blechkuchen (Mo–Fr 9–18, Sa–So 10–18 Uhr, Tel. 02507 981550, stift-tilbeck.de/tilbecks). Noch größer ist nur die Terrasse, die den ganzen Nachmittag Sonne bietet. Nun geht's auf die letzten Kilometer, zunächst auf dem Radweg parallel zur Münsterstraße, dann den roten Schildern folgend nach rechts, wo wir die Gleise überqueren und uns links halten. Wir queren die nächste Landstraße, fahren weiter bis zum Schlautbach, dem wir ins Zentrum von Havixbeck folgen. Wer noch mehr über den Sandstein, seine Geologie, Abbau und Nutzung in Handwerk und Kunst lernen will, findet nördlich vom Marktplatz das 10 / Sandsteinmuseum (Di–So 11–18 Uhr, sandsteinmuseum.de). Zurück zum 1 / Bahnhof sind es nur noch wenige Meter. Kurz davor begegnet uns noch Schloss Haus Havixbeck (in Privatbesitz): ein abschließendes beeindruckendes Zeugnis der – vermutlich nicht so bald endenden – Sandsteinzeit.

1881

wurde das 9 / Hofgut Tilbeck zu sozialen Zwecken gestiftet. Heute beherbergt es unter anderem eine Gärtnerei, Wohnangebote für Menschen mit Behinderung und ein Antiquariat im Turm. Draußen finden wir einen Barfußpfad, einen Streichelzoo, einen Spielplatz und Streuobstwiesen.

▲ oben / Kulturbahnhof Billerbeck

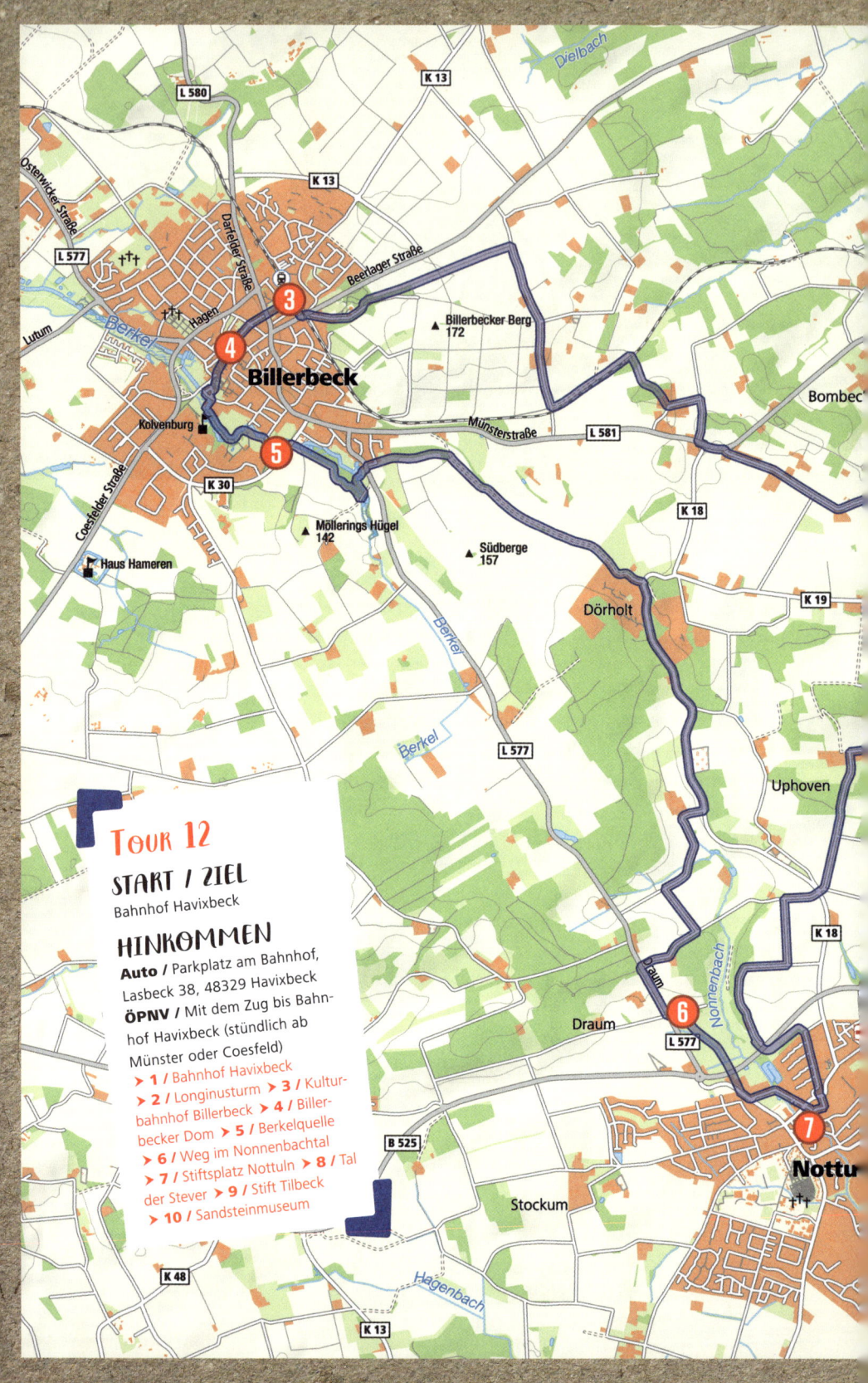

Tour 12

Start / Ziel
Bahnhof Havixbeck

Hinkommen
Auto / Parkplatz am Bahnhof, Lasbeck 38, 48329 Havixbeck
ÖPNV / Mit dem Zug bis Bahnhof Havixbeck (stündlich ab Münster oder Coesfeld)
> 1 / Bahnhof Havixbeck
> 2 / Longinusturm **> 3 /** Kulturbahnhof Billerbeck **> 4 /** Billerbecker Dom **> 5 /** Berkelquelle
> 6 / Weg im Nonnenbachtal
> 7 / Stiftsplatz Nottuln **> 8 /** Tal der Stever **> 9 /** Stift Tilbeck
> 10 / Sandsteinmuseum

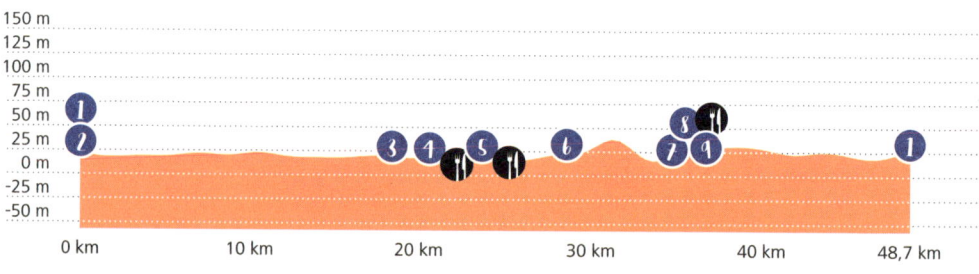

WEITE BLICKE!

An einem warmen, sonnigen Tag ist diese Tour für mich perfekt: Auf dem Rheindeich weht oft ein kühlendes Lüftchen und der Auesee ist eine Perle für Badefans.

> **1 /** Knotenpunkt 5, zentral in Hamminkeln, ist unser Start

> **2 /** Außergewöhnlich geformt: die Windmühle Weßling

> **3 /** Bislich lockt mit seinem Storchenrundweg

> **4 /** Das Fährhaus bietet den Premiumblick auf den großen Strom

> **5 /** Klein, aber heimelig: Kuchen genießen im Café Landluft

> **6 /** Gut bewacht auf seiner kleinen Anhöhe steht Schloss Diesfordt

> **7 /** Der Sprung in den Auesee ist beinahe Pflicht

> **8 /** Noch mehr Weitblick genießen auf der Rheinpromenade

> **9 /** Wirf einen Blick auf Wesels alten Stadtkern am Willibrordi-Dom

IM DORF DER STÖRCHE

Im großen Bogen den Rheindeich genießen zwischen Hamminkeln und Wesel

Hier fühlen sich nicht nur die Störche wohl: Rings um das Örtchen Bislich zwischen Hamminkeln und Wesel findest du alle Zutaten für einen vollwertigen Radurlaub an einem Tag. Beste Aussichten, gute Wege, tolle Cafés und einen Badesee, der zu den schönsten am Niederrhein gehört.

Start in Hamminkeln

Los geht es mitten in Hamminkeln am 1 / Knotenpunkt 5. Knotenpunkt 7 ist unser erstes Ziel. Wir starten mit einem Schlenker am örtlichen Wahrzeichen vorbei. Die 2 / Windmühle Weßling am anderen Ende der Straße wirkt mit ihrem leichten Knick beinahe märchenhaft. Wir biegen zweimal nach links in die Straße An der Windmühle und folgen den Radschildern in die Rosenstraße. An der T-Kreuzung biegen wir links ab und hinter dem Kindergarten rechts in die Kesseldorfer Straße, die uns jenseits der Umgehungsstraße direkt in die landschaftlich schöne Isselniederung leitet.

49 Kilometer
50 Höhenmeter ▲
50 Höhenmeter ▼
3 Stunden
Rundtour

CHARAKTER
Sportlich ●●●○○
Abkühlung ●●●●●
Schlemmen ●●●●○
Panorama ●●●●○

TOURENINFO / Leicht zu fahrende Strecke, steigungsfrei (vom Deich abgesehen), fast durchgängig asphaltiert. Badesachen einpacken!

◄ **links / Wir genießen das Panaroma über den Rheindeich**

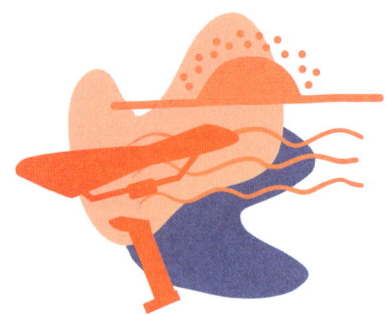

Durch die Isselniederung

Der Radweg schlängelt sich jetzt durch eine heitere Mischung aus Streuobstwiesen und Feldern und biegt, kurz bevor die lärmende Autobahn ernsthaft stören könnte, nach links auf den Heckenweg. Genießen lautet die Devise. Rechts über die Schledenhorster Straße erreichen wir Knotenpunkt 7 und die Kreutzstraße. Deren Verlängerung folgen wir die nächsten Kilometer. Hinter der Reeser Straße heißt sie mittlerweile Koepenweg, dem wir weiter bis zur Rheinstraße folgen. Allerdings ist der Weg im Mittelteil ziemlich holprig. Möchtest du das lieber umfahren, biege einfach nach links in die Alte Reeser Straße, die ebenfalls zur Rheinstraße führt und dort dann nach rechts durch das Wohngebiet. Direkt hinter der Linkskurve biegen wir nach rechts ab, um über die Bonekampstraße in den Ort Mehr zu gelangen, den wir, der Radschilderung folgend, durchqueren. Es geht durch die Straße Am Eiermarkt und dann jenseits der Heresbach- in die Mehrbruchstraße. Wo rechts die Häuser aufhören, halten wir uns links: Op de Geest und Alte Bislicher Straße führen uns nach zwei Kilometern zum Knotenpunkt 57 am Rheindeich – unserem nächsten Panoramahighlight.

XANTEN

Der Dom scheint fast zum greifen nah und tatsächlich sind es vom Fähranleger bis in die Xantener Innenstadt mit dem Rad nur wenige Minuten.

Storchenroute

Enstpannt rollen wir dem Ort Bislich entgegen, rechts vor dir taucht der Xantener Dom auf der anderen Rheinseite auf. Aber auch der Blick nach links lohnt sich. Schon kurz vor dem Ort tauchen die ersten Storchennester auf, die in einer eigenen 3 / Storchenroute zusammengefasst wurden (www.bislich.de/content/storchenrundweg). Direkt hinter Bislich führt der Weg rechts zur Fähre, die dich nach Xanten und auf die Bislicher Insel bringen würde (und damit auch die Verbindung zur Tour 14 herstellt). Wir steigen aber nicht auf die Fähre, sondern biegen auf den alten Rheindeich nach links und stehen vor dem alten 4 / Fährhaus (Marwick 26, 46487 Wesel, faehrhausbislich.de). Die Kombination aus großem Angebot und fantastischem Ausblick in dem Café und Restaurant macht es zu einem fast unwiderstehlichen Rastplatz. Sollte es dir dort aber zu trubelig sein – und die Gefahr ist an sonnigen Tagen aus guten Gründen nicht gering –, bieten sich in der Umgebung mehrere Alternativen an. Empfehlenswert ist in jedem Fall das 5 / Café Landluft (Mo 14–18, Mi–So 9–18 Uhr, Westerheide 15, 46487 Wesel, www.cafe-landluft.de) knapp drei Kilometer weiter unsere Route entlang. Den Rheinblick gibt es dort zwar nicht, aber der Kuchen ist den Stopp wert. Wir fahren einfach den alten Postdeich entlang, der bald Marwick heißt, bis zur Bislicher Straße. Das Café finden wir nach wenigen Metern zu unserer Linken. Am Abzweig bietet sich auch eine ganz andere Option. Wer der Bislicher Straße nach rechts folgt, verkürzt unsere Tour um knapp sechs Kilometer. Kein Schloss – mehr Zeit für den Badesee: Du entscheidest!

APFELSEKT

Frisches Obst gehört zum Niederrhein wie die Weiden und Deiche. Einen kleinen Umweg wert ist der – alkoholfreie – Apfelsekt des Biohofs Clostermann (Jöckern 2, 46487 Wesel, www.clostermann-orga nics.com), der sich leicht in unsere Route einbauen lässt.

Zum Schloss

Die längere Route führt die Bislicher Straße über die Kreuzung hinaus – zur Apfelsekt-Probe hier weiter geradeaus – bis zum Schütt-

---

➤ oben / Das Wahrzeichen von Hamminkeln ist die Windmühle Weßling

3, 2, 1

Drei Türme gab es, als **6 / Schloss Diesfordt** 1432 erbaut wurde. Nach dem Neubau im 18. Jh. waren es noch zwei – einer ist davon heute noch übrig gebliegen.

wich, der rechts in Richtung Knotenpunkt 33 führt. Zunächst aber gelangen wir zu einem der großen Kiesabbaugebiete, die links und rechts des Rheins an vielen Stellen die Landschaft prägen. Hier, am Diersfordter Waldsee, geben mietbare Hausboote dem Baggersee eine neue Bedeutung. Vom Ufer kannst du sie im Vorbeiradeln erkennen. Schüttwich führt uns zur Mühlenfeldstraße zurück und links zum Abzweig zum 6 / Schloss Diersfordt (Am Schloß 3, 46487 Wesel). Die Gräben zeugen noch von der einstigen Wasserburg. Obwohl das Anwesen mehrfach umgebaut wurde, abgebrannt ist und einmal Sitz der britischen Militärkommandantur war, wirkt es immer noch recht stattlich. Zurück über das Herrschaftliche Feld geht es am Haus Constanze vorbei in die Rosenallee, die schnurgerade durch den Wald zur Bislicher Straße und Knotenpunkt 32 führt. Wir halten uns links nach Wesel. Vor der Grav-Insel, mit seinen 2000 Stellplätzen Deutschlands größter Campingplatz, wechselt der Radweg die Straßenseite und wird zum Deichweg, der uns zwischen Altrhein und 7 / Auesee (Auedamm 46487 Wesel, www. wesel.de/kultur-freizeit/auesee) bequem und schnurstracks zum Badestrand bringt.

STRAND AM SEE

Plantschen angesagt

Den See hast du im Vorbeifahren bereits zwischen den Bäumen erkennen können. Wo der Radweg nach rechts abknickt, liegt links der Strand – beliebt, beaufsichtigt und mit erfrischendem Seewasser. Wenn dir danach nach einer Abkürzung zumute ist: Halte dich am Auedamm geradeaus weiter nach Osten, der jenseits der B 8 Nordstraße heißt, und du kommst nach etwa zwei Kilometern wieder zu unserer Route zurück. Unsere ausführliche Tour bringt dir erst einmal die verdiente Stärkung mit Rheinblick. Am Yachthafen vorbei und den Römerwardt entlang rollst du nach wenigen Minuten bereits auf die 8 / Rheinpromenade und hast die Entscheidung zwischen Biergarten und „Q-Stall". Die Promenade führt dich nach links auf die Fischertorstraße und weiter gerade aus zum 9 / Willibrordi-Dom am Großen Markt, dem alten Zentrum von Wesel. Folge der Radausschilderung weiter im Bogen um die Fußgängerzone über Pastor-Bölitz- und Pastor-Janßen-Straße, Magermannstraße, Esplanade und Wallstraße bis zum wuchtigen Berliner Tor. Solltest du jetzt doch noch über eine Abkürzung nachdenken: Zweihundert Meter hinter dem Tor ist der Bahnhof und Züge nach Hamminkeln fahren im stündlichen Takt.

Noch einmal die Issel

Allerdings sind es nur noch knapp zehn Kilometer, der größte Teil durch entspanntes Grün. Richtung Feldmark geht es über die Poppelbaumstraße zum Kurfürstenring, über diesen hinweg in die Blankenburgstraße und geradeaus zum Kreisverkehr. Rechts in die Nordstraße und hinter der Emmericher Straße, wo die Radschilder links in die Konrad-Duden-Straße weisen, wird die Bebauung langsam vorstädtischer. Wenn die Konrad-Duden-Straße nach rechts abbiegt, fahren wir Auf dem Heiken geradeaus und nach dem Knick rechts – und befinden uns unverkennbar auf der grünen Zielgeraden. Wir fahren über Zu den vier Winden und den Bruchweg, zwei wenig befahrene Straßen, nach Norden und genießen noch einmal den Charme der Isselniederung. Nach vier Kilometern stehen wir an der Brüner Straße, wo links unser Start, 1 / Knotenpunkt 5, liegt.

⌃ **oben / Gut bewacht: Schloss Diesfordt**

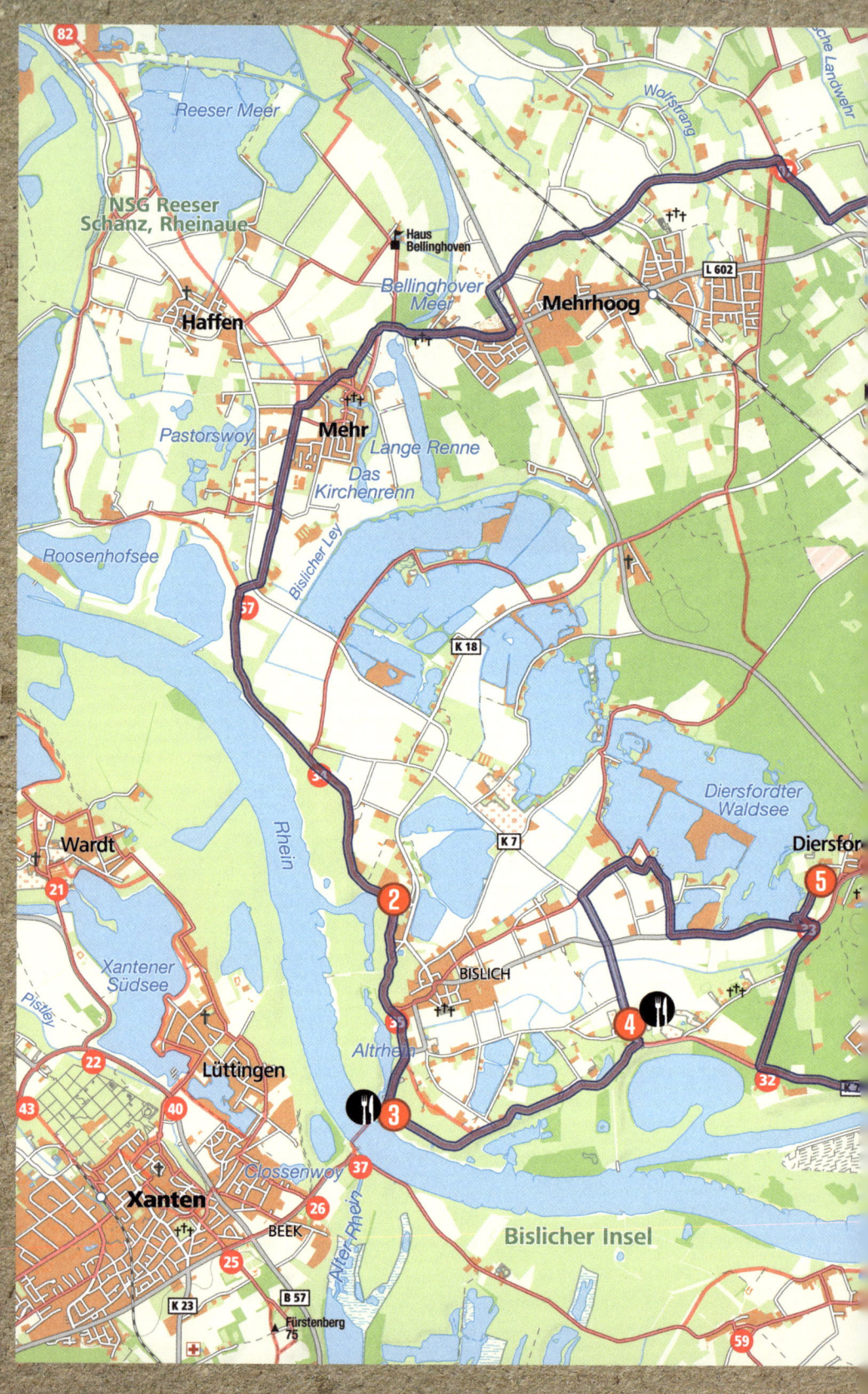

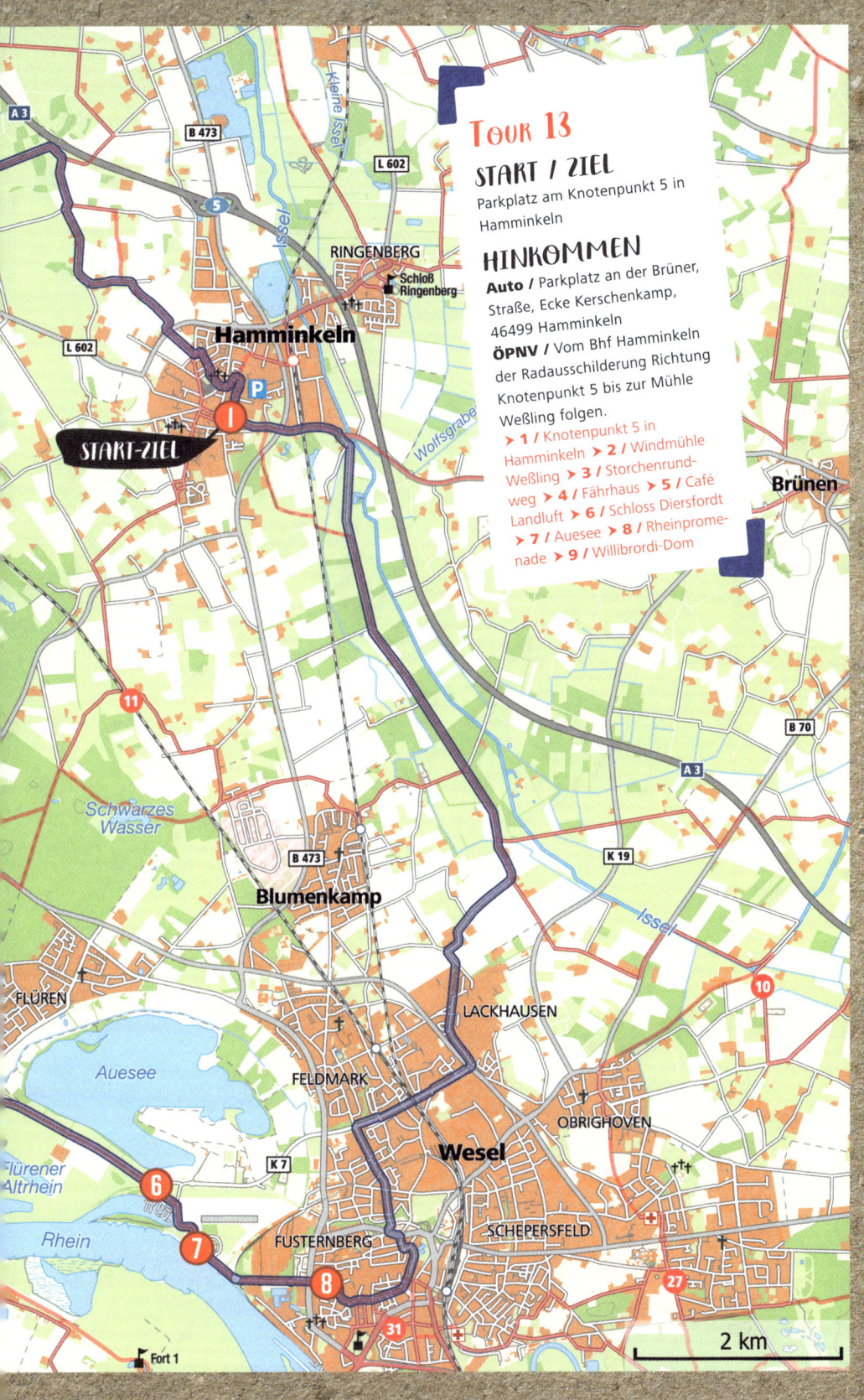

TOUR 13

START / ZIEL
Parkplatz am Knotenpunkt 5 in Hamminkeln

HINKOMMEN
Auto / Parkplatz an der Brüner, Straße, Ecke Kerschenkamp, 46499 Hamminkeln

ÖPNV / Vom Bhf Hamminkeln der Radausschilderung Richtung Knotenpunkt 5 bis zur Mühle Weßling folgen.

> **1** / Knotenpunkt 5 in Hamminkeln > **2** / Windmühle Weßling > **3** / Storchenrundweg > **4** / Fährhaus > **5** / Café Landluft > **6** / Schloss Diersfordt > **7** / Auesee > **8** / Rheinpromenade > **9** / Willibrordi-Dom

2 km

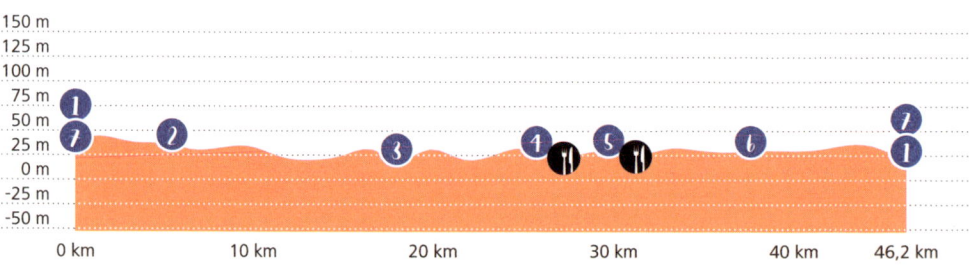

INDUSTRIE-IKONEN

Ich liebe diese Tour, weil sie die Wucht und Größe der Schwerindustrie in all ihrer Gegensätzlichkeit erfahrbar macht. Ein „must do"!

➤ **1 /** Die futuristische Haltestelle Neue Mitte in Oberhausen ist unser Ausgangspunkt

➤ **2 /** Für Zeche Sterkrade wurde die HOAG-Trasse errichtet – jetzt gehört sie uns!

➤ **3 /** Der Alsumer Berg bringt dich auf Augenhöhe mit den größten Hochöfen

➤ **4 /** Stilecht Pause machen Zum Hübi in Ruhrort

➤ **5 /** Das Pendant dazu bieten die Glasfassaden des Innenhafens Duisburg

➤ **6 /** Ein Muss für alle Revier-Radler: Stopp im Landschaftspark Duisburg-Nord

➤ **7 /** Ikone Nummer 2: der Gasometer Oberhausen

HEAVY METAL

Durch die große Stahlküche
des Reviers

Wer im Ansatz erleben will, wie sich Ruhr-gebiet angefühlt hat, als hier jede Stadt ihre Stahlküche hatte, muss diese Tour machen. Wir begegnen zwei wahren Ikonen der In-dustriekultur, dazwischen den glitzernden Fassaden des modern gestalteten Innenha-fens – und dazu lässt sie sich noch äußerst angenehm fahren.

Los geht's in Oberhausen

Unsere Tour startet an einem Ort, wo früher die Gutehoffnungshütte (GHH) Stahl erzeugt und Stahl verarbeitet hat. Heute ist Oberhausens 1 / Neue Mitte der Einkaufstempel, der Besucher auch von fern an-lockt. Von der Haltestelle aus radeln wir Richtung Knoten-punkt 9, direkt unterhalb des 7 / Gasometers Oberhausen, den wir uns aber besser für später aufheben. Ein Tipp für die Zeitplanung: Der abendliche Blick vom Dach ist atemberaubend.

46 Kilometer
110 Höhenmeter ▲
110 Höhenmeter ▼
3 Stunden
Rundtour

CHARAKTER

Sportlich ●●●○○
Abkühlung ●●●○○
Schlemmen ●●●○○
Panorama ●●●●○

TOURENINFO / Per Trasse durch die Stahlküche: eine perfekte Einsteigertour zu zwei absoluten Highlights der Ruhrgebiets-Kulisse. Gut zu fahren, auch für jene, die gerne mal in die Pedale treten. Nur die Stadtpassagen bremsen deutlich.

◄ **links / Glitzernde Fassaden im Innenhafen Duisburg**

Auf die Trasse

Lassen wir ihn also erst einmal links liegen und radeln gerade-aus, dem Knotenpunkt 15 am Sterkrader Bahnhof entgegen. Dein Weg führt dich über Kanal und Emscher, vorbei am Gelände der ehemaligen Kokerei und Zeche Osterfeld, wo heute gepicknickt wird, und manchmal gibt es auch Live-Musik auf dem Rasen. Den Förderturm zur Rechten biegen wir an der Gabelung links und folgen leicht versetzt der Radtour in die Richard-Wagner-Allee – auch das war einmal eine alte Bahntrasse. Du überquerst die Autobahn, wo wir links das Werk von MAN Turbo sehen, einem Abkömmling der GHH. Nach Steinbrink- und Friedrich-straße fahren wir am Knotenpunkt die Rampe hoch, überqueren die Gleise und halten uns rechts, die West-rampe herunter. Nach rund fünfhundert Metern zweigt die HOAG-Trasse rechts von der Von-Trothe-Straße ab. Der Einstieg ist leicht zu übersehen, doch direkt dahinter radeln wir auf ein hübsches, rot leuchtendes Bergbau-Relikt zu, den Förderturm der 2 / Zeche Sterkrade. Die markante Farbe entspricht übrigens dem, was im Zuge der Restaurierung als Originalfarbton ermittelt wurde.

10 000 T

So viel Roheisen erzeugen die Hochöfen – pro Stück und Tag. Derzeit wird daran gearbeitet, die enorm energieaufwändige Produktion auf Wasserstoff umzustellen.

Kohletransport

Die Trasse, der wir nun fast bis zum Ende am Knotenpunkt 21 folgen, hatte unter anderem den Zweck, die Sterkrader Kohle direkt zum Rheinhafen nach Walsum zu befördern. Heute bringt sie uns entspannt und abwechslungsreich durch den Norden von Oberhausen und Duisburg. Ab dem Knotenpunkt folgen wir der Römer-, dann Hamborner- und Walsumer Straße dem Radnetz südwärts Richtung Knotenpunkt 22 und erleben, wie die Kulisse des Thyssen-Krupp-Stahlwerks um uns herum wächst. Von der Weseler Straße rechts in den Willy-Brandt-Ring abbiegen, weiter rechts in die Alsumer Straße, und neben dir ragen die beiden Hochöfen empor, die zu den größten weltweit gehören.

Stahlküche

Hinter der Brücke rechts halten, und wir umrunden den 3 / Alsumer Berg – der natürlich auch nicht so recht hierher gehört. Wo einmal das kleine Dörfchen Alsum stand, lässt sich heute aus rund 50 Metern Höhe auf die weite Rheinschleife und das gigantische Stahlwerk ringsum herabblicken. In weitem Bogen fahren wir an den Knotenpunkten 36 und 24 vorbei und lassen den starken Kontrast zwischen idyllischen Rheinauen zur Rechten und dem Stahlwerk zur Linken auf uns wirken. Der Weg führt weiter bis zu den Knotenpunkten 26 und 39. Links passieren wir das Deutsche Binnenschiffahrtsmuseum, rechts den Biergarten Mühlenwiese mit bester Rheinaussicht. Du willst es noch uriger haben? Dann warte mit der Einkehr noch, bis wir – dem Weg durch Ruhrort Richtung Knotenpunkt 29 folgend – auf die Gaststätte 4 / Zum Hübi (Mi–Fr ab 16 Uhr, Sa/So ab 11 Uhr, Dammstraße 27, 47119 Duisburg, zum-huebi.de) treffen. Am besten, du folgst der kleinen Horst-Schimanski-Gasse herunter. Dort unten am Anleger würde sich auch der besagte Tatort-Kommissar wohlfühlen, den Hafen, den Rhein und das alte Museumsschiff Oskar Huber direkt im Blick.

⌃ oben / Zwischen Stahlwerk und Strom

WINTERBLICK

Der **3 / Alsumer Berg** – wie viele Revierhalden– lässt sich übrigens auch gut im Winter besuchen. Ohne dichtes Grün an den Bäumen ist der Blick noch besser.

KÄHNE

Duisburg ist der große Standort für die Binnen-schifffahrt, Ausbildung inklusive. Das Binnen-schifffahrtsmuseum zwischen Ruhrort und Laar zeigt wunderbare alte Kähne, die einmal auf der Ruhr pendelten, als sie noch Transport-weg für die Kohle war.

Buckelpiste

Weiter Richtung Knotenpunkt, und du erhältst einen Eindruck von der Weitläufigkeit des größten Binnenhafens Europas. Wenn es der Verkehr und die wechselnden Brückenerneuerungsarbeiten erlauben, kannst Du schon vor der Ruhr auf den Radweg auf der linken Seite wechseln und am Pontwert Richtung Ruhrwehr fahren. Das ist meist hübscher, und dir bleibt der verkehrsreiche Kreisel erspart. Ansonsten: Augen auf, hier ist in der Regel viel los. In jedem Fall müssen wir zum Ruhrdeich, wo vor der „Metro" rechts die Max-Pe-ters-Straße zunächst durchs Gewerbegebiet, dann aber direkt auf die flexible Brücke in den 5 / Innenhafen führt. Wollen große Schiffe durch, macht sie einen Buckel. Vor dir die neue Synagoge, die von oben an ein aufgeschlagenes Buch erinnern soll, hältst du dich links und kannst dem Philosophenweg folgen, oder du schiebst ein Stück den alten Getreidehafen entlang. In der Frühzeit der Industrialisie-rung war er der „Brotkorb" des Ruhrgebiets, heute findet sich hier schicke Gastronomie, und geschmacklich wird hier jeder fündig. Hinter dem Museum Küppersmühle halten wir uns links, fahren un-ter der Autobahnbrücke hindurch und folgen dem Radweg ein klei-nes Stück den Gleisen entlang, hinunter zur Aakerfährstraße. Links halten, dann zwischen Kleingärten und Sportplätzen rechts bis zur Meidericher Straße, die hinter der Ruhr zur Emmericher Straße wird. Wir unterqueren sie am besten den Radschildern folgend, halten uns links und wieder links und gelangen an den Rhein-Herne-Kanal, dem wir zwei Kilometer folgen.

Hochöfen im Park

An der Eisenbahnbrücke nehmen wir den Weg auf die Koopemann-straße und suchen unter dem Bahnhof Meiderich Ost unseren Weg über Bogen-, Gelderbloemstraße und Drakerweg zurück zur Em-mericher Straße. Sie mündet in die Neumühler Straße, die wir links durch die Wasgauer Straße verlassen. An der Neubreisacher Straße fahren wir nach rechts die ehemaligen Arbeiterwohnungen ent-lang, bevor wir nach einem Links-rechts-Haken vor uns das dazu

gehörige Stahlwerk auftauchen sehen, das heute den 6 / Landschafts-park Duisburg-Nord bildet. Wir können hier direkt auf den Grünen Pfad einbiegen oder – nicht versäumen – zwischen Kraftzentrale und Jugendherberge einen Eindruck vom Gelände erhaschen. Hier lässt sich reichlich Zeit verbringen, allein der Blick vom Hochofen 5 ist ein Muss! Das Besucherzentrum ist Mo–Fr 9–18 Uhr, Sa, So und feiertags von 11 bis 18 Uhr geöffnet, das Restaurant daneben bis 20 Uhr, das Gelände selbst rund um die Uhr zugänglich.

Grüner Pfad

Vom Knotenpunkt aus (direkt daneben) folgen wir jetzt schlicht und effektiv dem Grünen Pfad bis zum Knotenpunkt 13 – feins-tes Trassenradeln. Die Emscher entlang zum Knotenpunkt 10, wo wir schon unser Ziel erkennen, den Gasometer am Rhein-Herne-Kanal in der Nähe des Knotenpunkts 9. Von hier aus bleibt eigent-lich nur noch eine Frage: Direkt zurück zum Ausgangspunkt? Oder doch noch den Blick vom 7 / Gasometer Oberhausen genießen, 117,5 Meter hoch, und mit oder ohne Ausstellung, ein Raumerleb-nis, das einzigartig ist.

⌃ **oben / Viel zu entdecken gibt es im Landschaftspark**

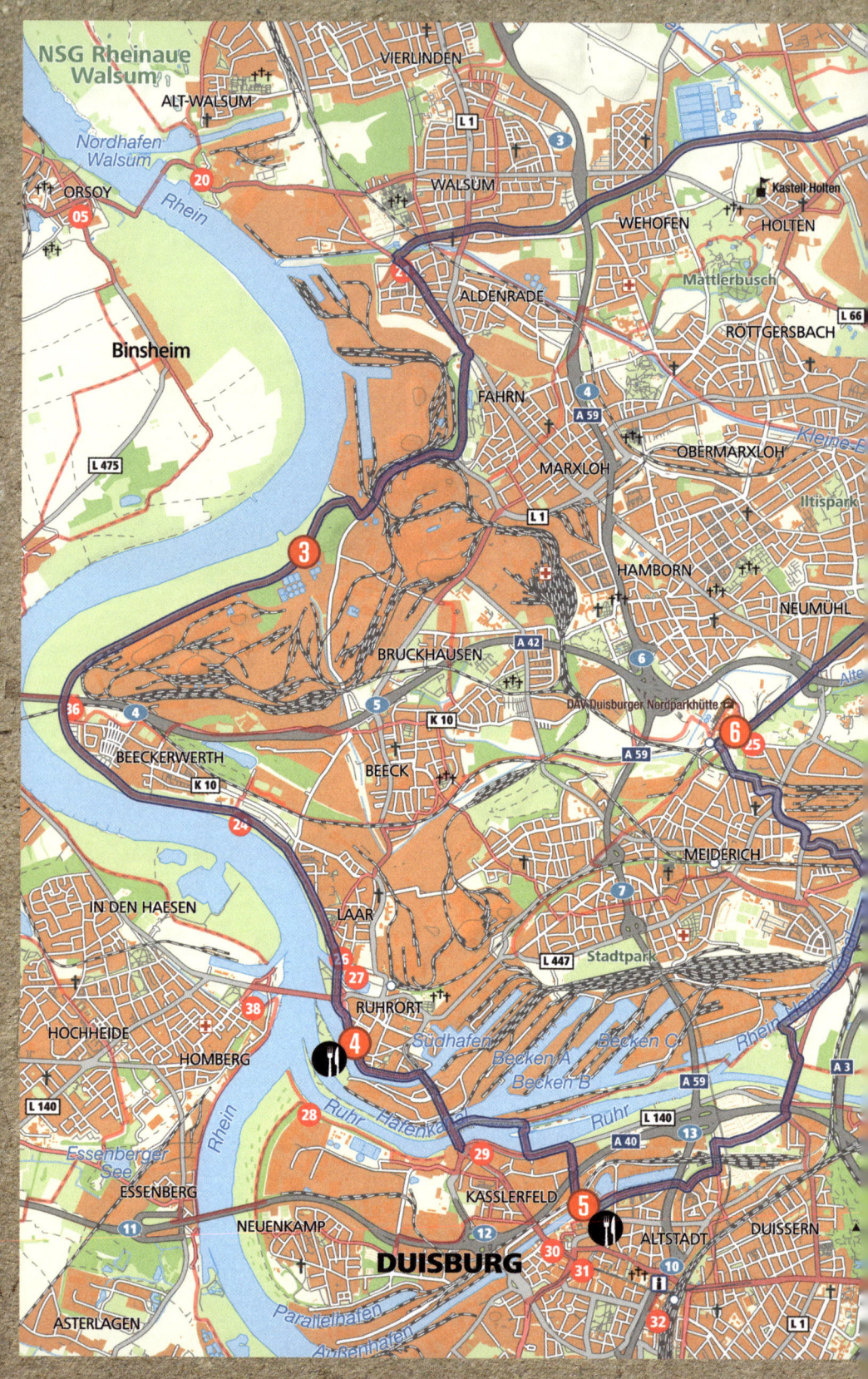

IMACHTENDORF

BOTTROP

FÜHLENBROCK

ALSFELD

Zeche Sterkrade

STERKRADE

KLOSTERHARDT

OSTERFELD

BUSCHHAUSEN

Emscher

BORBECK

Rhein-Herne-Kanal

Schloss
Oberhausen

START-ZIEL

NEUE MITTE

Gleispark Frintrop

GERSCHEDE

Knappenhalde
102

LIRICH

OBERHAUSEN

BEDINGRADE

ALSTADEN

MÜLHEIM AN DER RUHR

Ruhr

Nordhafen

EPPINGHOFEN

2 km

K 13 · K 2 · A 516 · K 9 · L 641
A 2 · A 3 · A 42 · L 447
K 15 · K 3 · K 20 · K 1 · K 6

Tour 14

START / ZIEL

Haltestelle Neue Mitte in Oberhausen

HINKOMMEN

Auto / Die Neue Mitte ist als
beliebtes Shopping- und Event-
Ziel von der A42 aus leicht zu
erreichen und bietet reichlich
kostenfreie Parkplätze **ÖPNV /**
Ab Oberhausen Hbf. mit jeder
Linie, die von Bussteig 1 über die
ÖPNV-Trasse fährt

➤ **1** / Neue Mitte Oberhausen
➤ **2** / Zeche Sterkrade ➤ **3** / Alsumer Berg ➤ **4** / Zum Hübi
➤ **5** / Innenhafen Duisburg
➤ **6** / Landschaftspark Duisburg-
Nord ➤ **7** / Gasometer Oberhausen

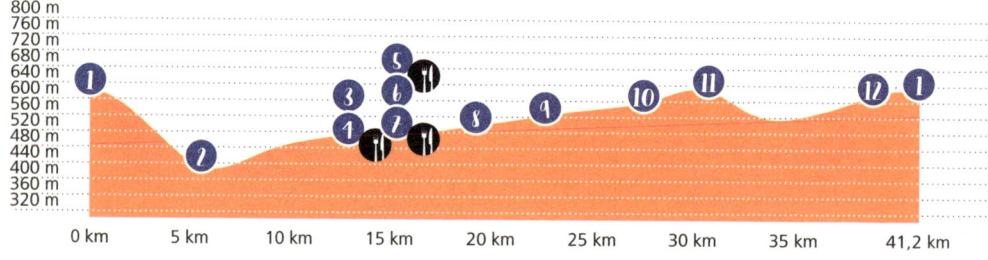

NATUR PUR!

Ich liebe den Vennbahnweg und die anschließende Kombination mit der beeindruckenden Natur des Hohen Venns!

❯ **1 /** Am Parkplatz Fliederhügel in Mützenich startet und endet die Tour

❯ **2 /** Fühl dich wie im Urlaub in der Tuch-macherstadt Monschau

❯ **3 /** Zeit für eine Rast am Bahnhof Kalterherberg

❯ **4 /** In der Taverne A'Lutze scheint die Zeit still zu stehen

❯ **5 /** Stille deinen Durst im Le Café

❯ **6 /** Mit den Railbikes Hohes Venn fährst du nicht nur wie, sondern auch auf Schienen

❯ **7 /** Tolle Brüsseler Waffeln gibt's am Waffel-wagen

❯ **8 /** Am Wachhäuschen Pd25bis seine Vergangen-heit erfahren.

❯ **9 /** Bestaune den alten Bahnhof von Sourbrodt

❯ **10 /** Natur pur bietet das Hohe Venn

❯ **11 /** Genieße das weite Panorama über das Hohe Venn

❯ **12 /** Mach ein paar Schritte auf einem der Holzstege im Venn

EXKLAVEN AM VENN

Vennbahnweg und *Natur pur*
im *Hohen Venn*

Mal Belgien, mal Deutschland, mal Belgien. Gleite entlang deutscher Exklaven und früherer Bahnhöfe über den Vennbahnweg, eine der schönsten Radrouten der Region. Dein Rückweg führt auf unbefestigten Wegen durch die Natur des Hochmoors Hohes Venn.

Start in Mützenich

Unsere Tour startet auf dem 1 / Parkplatz Fliederhügel am Ortsausgang von Mützenich. Wir lassen uns zunächst rechts auf dem Radweg bergab nach Mützenich rollen. Von Knotenpunkt (KP) 28 geht es geradeaus weiter Richtung KP 27, wir radeln immer weiter bergab durch das kleine Ortszentrum an der St.-Bartholomäus-Kirche vorbei. Schließlich verlassen wir den Ort, um an KP 27 auf den Vennbahnweg RAVeL Ligne 48 zu treffen. Wir befinden uns hier am alten Bahnhof von Monschau.

41 Kilometer
390 Höhenmeter ▲
390 Höhenmeter ▼
2:45 Stunden
Rundtour

CHARAKTER
Sportlich ●●●●○
Abkühlung ●●○○○
Schlemmen ●●●●○
Panorama ●●●●●

TOURENINFO / Erste Hälfte glatter und hervorragender Radweg mit leichten Steigungen, zweite Hälfte oft unbefestigte, kurz auch grobe Waldwege mit ein paar ordentlichen Steigungen.
E-Bike-Ladestelle: Am 7 / Waffelwagen Leykaul während der Öffnungszeiten

---

◄ **links / Alter Bahnhof von Sourbrodt, auch Ziel der Railbikes von Leykaul**

Optional kürzere Route

Wenn du im Folgenden etwa 2 km und ganze 100 Höhenmeter mit bis zu 16 % Steigung sparen möchtest, lässt du Monschau aus. In diesem Fall fahren wir von KP 27 Richtung KP 38 immer auf dem Vennbahnweg entlang und lassen alte Bahnhöfe an uns vorüberziehen. Dabei überqueren wir das Viadukt von Reichenstein – wir bemerken beim Befahren kaum, über welch hübsches Bauwerk wir radeln. Kurz darauf erreichen wir den früheren Bahnhof Reichenstein. Die Bahnhöfe der Strecke laden mit Informationstafeln und Sitzgelegenheiten zum Verweilen ein.

Tuchmacherstadt Monschau

Von KP 27 halten wir uns bergab Richtung KP 26 Monschau und verlassen den Kreisverkehr an der ersten Ausfahrt Richtung KP 33. Die Route führt uns unmittelbar ins hübsche 2 / Monschau mit seinen historischen Fachwerkhäusern sowie einladenden Cafés und Restaurants entlang der Rur. Das zum Waschen und Färben optimale weiche Wasser der Vennbäche machte Monschau im 17. Jahrhundert zu einer Tuchmacherhochburg und trieb auch die Walkmühlen an. Von KP 33 folgen wir nun der Rur auf dem Rur Ufer-Radweg flussaufwärts Richtung KP 32 und von dort durchs wildromantische Rurtal zum KP 30 Reichenstein, dem Hinweis „Einstieg Vennbahnradweg" folgend. Diesen erreichen wir knapp 6 km nach Monschau, indem wir zuerst rechts auf die Straße Richtung KP 38 biegen und 400 m weiter scharf links. Wir befinden uns wieder auf dem Vennbahnweg in der Höhe des Bahnhofs Reichenstein.

Entlang deutscher Exklaven

Es geht weiter Richtung KP 38 MO-Kalterherberg. Du wechselst heute mehrfach die Grenzseite, denn die alte Bahnlinie, offiziell belgisches Staatsgebiet, schlängelt sich durch Deutschland und Belgien und schafft dabei deutsche Exklaven wie Ruitzhof, das zu deiner rechten Seite liegt. Am 3 / Bahnhof

Kalterherberg erreichen wir KP 38. Wir machen einen Abstecher zur 4 / Taverne A'Lutze (Mo, Mi–Fr 14–23, Sa–So 11–23 Uhr, Am Schwarzbach 2b, B-4750 Küchelscheid), die bereits rechts ausgeschildert ist und direkt ums Eck liegt. Geschlossen? Etwa 500 m weiter findest du 5 / Le Café (Mai–Okt. Mi–Sa 11–19; Nov.–Apr. Mi–Sa 11–17 Uhr; Auf dem Hau 46, B-4750 Küchelscheid), ein uriges Café mit hübschen Sitzplätzen im Garten, wo man gut die Seele baumeln lassen kann. Wir fahren zurück zum Bahnhof Kalterherberg und rechts weiter auf dem Vennbahnweg.

Railbiking

Lust auf Radfahren im wahrsten Sinne des Wortes wie auf Schienen? Dann kommen dir die 6 / Railbikes Hohes Venn (Juli–Aug. tgl., Apr.–Juni u. Sept.–Okt. Sa–So; Abfahrten 11, 13.30 u. 15.45 Uhr; Am Breitenbach, B-4750 Leykaul-Elsenborn, BE) gerade recht, mit denen du einige Meter weiter am Railbike-Bahnhof von Leykaul

KM 15

Ein Erlebnis der besonderen Art bietet 6 / Railbike Hohes Venn. Hier darfst du eine fahrradbetriebene Draisine fahren! Das ist ein kleines Schienenfahrzeug zur Kontrolle von Eisenbahnstrecken.

➤ oben / Im idyllischen Monschau Pause machen mit Blick auf die Rur

ZEITSPRUNG

In der 4 / Taverne A'Lutze scheint die Zeit stehengeblieben. Längst im Rentenalter betreibt Wirtin Martha die Taverne aus purer Leidenschaft.

AUF SCHIENE

starten kannst. Die Strecke führt 2 Fahrer und bis zu 2 Mitfahrer 7 km von Leykaul nach Sourbrodt und zurück, dafür brauchst du etwa 2 Stunden. An der Bahnstation liegt der Geruch von frischen Lütticher Waffeln in der Luft, denn hier erwartet dich auch ein Waggon aus den 50er Jahren, umgebaut zu einem 7 / Waffelwagen (10–18 Uhr an Railbike-Öffnungstagen). Wir folgen anschließend dem Vennbahnweg auf unserem eigenen Rad nach Sourbrodt. Dabei kommen wir am verfallenen 8 / Wachhäuschen Pd25bis vorbei, das eine bewegte Vergangenheit hat. Als 1940 die Nazis in Belgien einmarschierten, war Korporal Devisser vom Radfahrerbataillon einer der ersten belgischen Soldaten, die starben.

Alter Bahnhof von Sourbrodt

Am 9 / Bahnhof von Sourbrodt radeln wir am Ziel der Railbikes und dem alten Bahnhofsgebäude vorbei. Wir biegen rechts vom Vennbahnweg ab. Hunger und Durst kannst du in der Boucherie Schneider stillen, hier findest du Getränke, Eis und Sandwiches zum Mitnehmen (Mo–Fr 7.30–18, Sa 7.30–16.00 Uhr, Rue de la Station 48, B-4950 Sourbrodt, BE). Wir folgen der Straße Richtung Zebrastreifen und biegen rechts ab auf die Route Spa RAVeL Ligne 44 Botrange. Am Ortsausgang biegen wir rechts ab und gleich wieder links Richtung KP 79. An dieser Stelle erblickst du das Bächlein „La Rour". Es ist die Rur, die nur etwa 500 m westlich von hier entspringt. Wenn du die anderen Touren dieses Tourenguides fährst, wirst du in Tour 21 auch ihre Mündung erradeln! Wir folgen der Straße bergauf bis KP 79 und über KP 80 weiter Richtung KP 83.

Natur pur im Hohen Venn

Wir passieren eine Schranke und befinden uns im Naturschutzgebiet 10 / Hohes Venn. Wir folgen der Asphaltstraße bergauf an einem Nadelwald entlang, der mit seiner Flora aus Heidelbeersträuchern und Heidekraut etwas schwedisch anmutet. An der Weggabelung biegen wir links ab weiter bergauf Richtung Velotour 84, dabei geht die Route in einen unbefestigten, aber gut fahrbaren Weg über. Wir

kommen wieder an einen Abzweig und folgen dem Weg weiter nach rechts. Doch vorher legen wir einen Halt ein, denn wenn du dein Rad ein paar Meter den Wanderweg hinabschiebst, genießt du ein atemberaubendes 11 / Panorama über das Hohe Venn. Jetzt folgt eine lange Abfahrt durch die wunderbare Vennlandschaft, dabei verlässt du den Hauptweg nicht, sondern fährst immer weiter Richtung VeloTour 84. Dieses Wegstück ist unbefestigt, teilweise etwas sandig und im unteren Teil etwas blockig – fahre also entsprechend vorsichtig! Doch es lohnt sich, denn der Blick über diese fantastische Natur ist einfach grandios. Wir überqueren schließlich einen Bach über eine schmale Holzbrücke und folgen VeloTour 84 am Bach entlang links Richtung Ternell. Die hier sehr grobe Wegdecke bessert sich, wenn es bald bergauf geht, merklich. Wir erreichen VeloTour 84 am Ende der Steigung und folgen der Spitzkehre rechts Richtung KP 85 auf ebenem Weg. Von dort geht es an der Weggabelung Richtung KP 69 Hattlich weiter. Es folgt ein kurzes Stück mit bis zu 8 % Steigung, das wir an einer Kreuzung hinter uns lassen und rechts Richtung KP 69 Mützenich abbiegen. Es geht noch einmal ein wenig hinauf und du passierst einen der 12 / Holzstege im Venn, die ins Hochmoor führen. Wir folgen dem Weg weiter und erreichen am Parkplatz Grenzweg KP 69. Von hier folgen wir rechts der Straße, überqueren Belgiens Grenze nach Deutschland und radeln bis zu unserem Zielpunkt 1 / Parkplatz Fliederhügel am Ortseingang von Mützenich – einer deutschen Exklave, wie wir nun wissen.

⌃ oben / Mit dem Railbike von Leykaul nach Sourbrodt

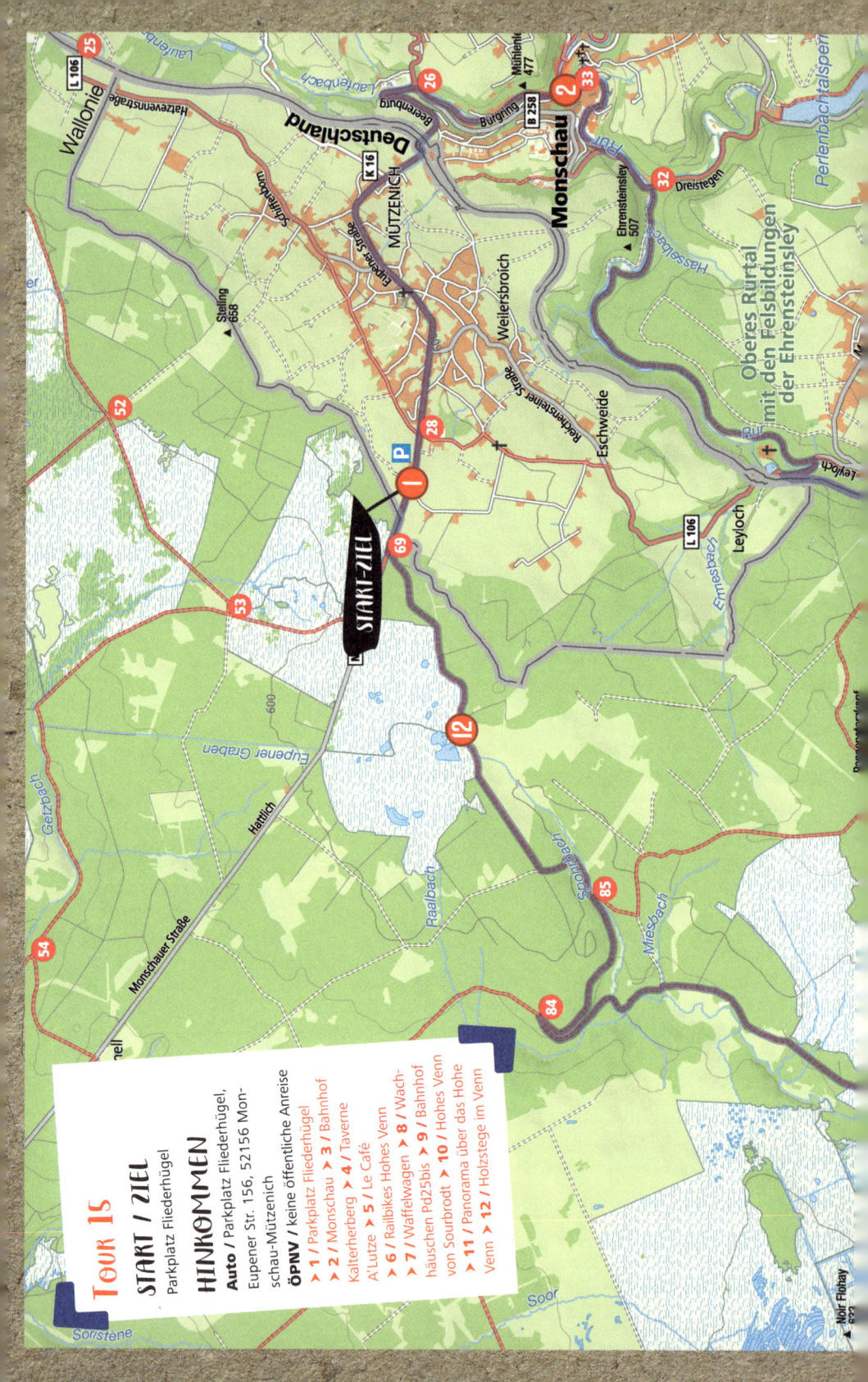

TOUR 15

START / ZIEL
Parkplatz Fliederhügel

HINKOMMEN
Auto / Parkplatz Fliederhügel, Eupener Str. 156, 52156 Monschau-Mützenich

ÖPNV / keine öffentliche Anreise

➤ **1** / Parkplatz Fliederhügel ➤ **2** / Monschau ➤ **3** / Bahnhof Kalterherberg ➤ **4** / Taverne A'Lutze ➤ **5** / Le Café ➤ **6** / Railbikes Hohes Venn ➤ **7** / Waffelwagen ➤ **8** / Wachhäuschen Pd25bis ➤ **9** / Bahnhof von Sourbrodt ➤ **10** / Hohes Venn ➤ **11** / Panorama über das Hohe Venn ➤ **12** / Holzstege im Venn

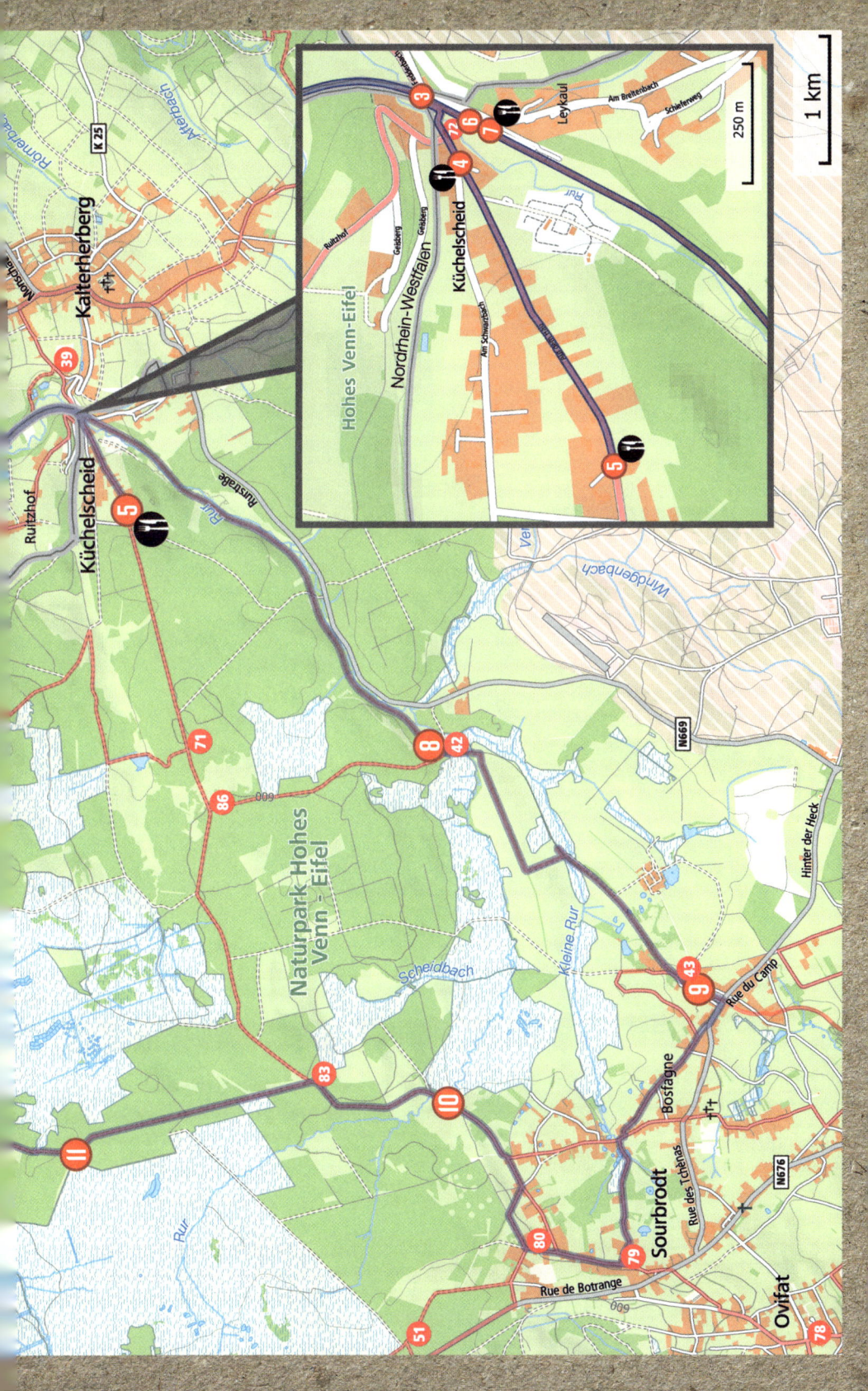

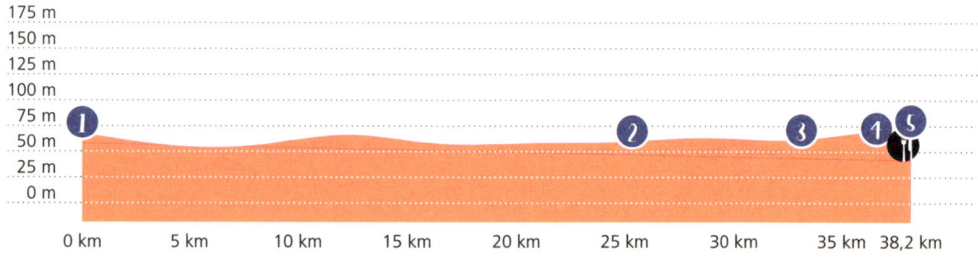

PARADIESISCH SCHÖN

Ich kann diese Tour für alle Altersgruppen und zu allen Jahreszeiten empfehlen.

➤ 1 / Bad Godesberg war einst eine eigenständige unabhängige Stadt

➤ 2 / Die Kurstadt Bad Breisig lockt nicht nur mit ihren Kurangeboten

➤ 3 / Eine Prinzessin lädt zu Essen und Tanz auf die Burg Namedy

➤ 4 / Im koreanischen Restautant YOSO in Andernach essen wir ausgesprochen aromatisch

➤ 5 / Die Stadt Andernach zählt zu den ältesten Städten Deutschlands

175 m								
150 m								
125 m								
100 m								
75 m	①					②	③	④⑤
50 m								
25 m								
0 m								
	0 km	5 km	10 km	15 km	20 km	25 km	30 km	35 km 38,2 km

ROMANTISCHER RHEIN

Entdeckertour von **Bonn** nach **Andernach**

Am Bahnhof Bonn-Bad Godesberg geht's los. Ganz entspannt immer am Rhein entlang können wir schöne Orte und viel Natur entdecken. Unser Ziel ist Andernach, ein idyllisches Städtchen am Mittelrhein mit vielen Sehenswürdigkeiten. Andernach gilt darüber hinaus als eine der ältesten Städte Deutschlands.

38 Kilometer
180 Höhenmeter ▲
180 Höhenmeter ▼
3:30 Stunden
Streckentour

Wir starten in Bad Godesberg

Am Bahnhof Bonn-Bad Godesberg schwingen wir uns in den Sattel. Heute ist 1 / Bad Godesberg (76.000 Einw.) einer der vier Stadtbezirke von Bonn. Einst war Godesberg die Heimat der Ubier, eines germanischen Geschlechts, das mit den Römern gemeinsame Sache machte. 1895 entstand die Wasserheilanstalt im Kurort Bad Godesberg, seit 1969 ist Godesberg ein Teil von Bonn. Trotzdem fühlen sich die meisten Einwohner nach wie vor als Godesberger, die für bestimmte Einkäufe „nach Bonn" fahren. Bekannt wurde Bad Godesberg mit dem Großfeuerwerk

CHARAKTER
Sportlich ●●○○○
Abkühlung ●●●○○
Schlemmen ●●●○○
Panorama ●●●○○

TOURENINFO / Ganz entspannt am gut ausgeschilderten Rheinradweg den Fluss entlang.

◂ links / Andernach

„Rhein in Flammen". Regelmäßige Antik- und Trödelmärkte, ein Französischer Markt, eine Kinder-Rallye, Stadtfeste, Weihnachts-märkte und Streetfood-Festivals machen den Ort zu einem bunten und interessanten Kleinod. Es gibt eine Heilquelle mit frischem Trinkwasser und eine sehr schöne Trinkhalle in einem wunderbaren Park mit altem Baumbestand. Darüber hinaus kann man Konzerte an einem Teich mit Wasserspielen und Fontänen genießen. Eine Besonderheit aus der Tierwelt sind die Godesberger Pfauen, die uns auch schon mal vor's Rad laufen können. Nach der ordentlichen Portion Kultur und Gesundheit in Bad Godesberg radeln wir los und begeben uns vom Bahnhof Bonn-Bad Godesberg aus ans Ufer des Rheins, wo wir auf den Rheinradweg stoßen und ihm in Richtung Süden folgen. Es eröffnen sich schöne Blicke über den Rhein mit Schloss Drachenburg und dem Drachenfels oberhalb von Königs-winter auf der anderen Seite.

VOM ADEL ZUR BOTSCHAFT

Unweit der Strecke befindet sich kurz nach Oberwinter im Gebiet von Remagen zur Rechten Schloss Ernich, ein hübsches neobarockes Herren-haus, das unter anderem bis 1999 Sitz der Französischen Botschaft war.

In die Kurstadt

Auf unserem Weg nach Süden durchqueren wir Rolands-werth, Rolandseck und Oberwinter – alles Ortsteile von Remagen – bevor wir Remagen selbst erreichen. Bei Ro-landswerth radeln wir unterhalb eines der Wahrzeichen der Rheinromantik vorbei: dem Rolandsbogen, der auf einer Anhöhe oberhalb von uns liegt. Der Fensterbogen ist der verbliebene Rest der seinerzeitigen Burg Rolands-eck, die 1122 als Schutzburg für das Frauenkloster auf Nonnenwerth begründet wurde. Rolandseck ist bekannt für seinen Wald- und Wildpark sowie das Arp Museum Bahnhof Rolandseck. Hinter Oberwinter macht der Rhein einen Bogen nach links, wo wir bei Kilometer 15 nach Remagen kommen. Die beiden Brücken-köpfe der im Krieg zerstörten Brücke von Remagen sind immer noch vom Feuer geschwärzt und stehen wie ein Mahnmal in der Landschaft. Von Remagen nach Bad Breisig weitet sich das Rheintal. In der fruchtbaren Ebene links des Rheins werden Wein, Obst und Gemüse angebaut, was ihr den Beinamen „Goldene Meile"

eingebracht hat. Bei Kilometer 25 folgt wieder ein historischer Genesungsort. 2 / Bad Breisig ist als Kurstadt offiziell anerkannt. Der Ort wurde erstmals 1215 als „Brysich" in Zusammenhang mit einer Niederlassung der Tempelritter erwähnt. 1958 erhielt die Stadt den Titel „Bad" und dann in den 1970er-Jahren die Stadtrechte. Dreh- und Angelpunkt der Stadt ist der Kurbetrieb, an dessen Erweiterung zur Wellness- und Fitnessanlage derzeit gearbeitet wird. Sehenswert ist der historische Baumbestand der Kuranlage. Zu den regelmäßigen Veranstaltungen zählen das Brunnenfest, die Krönung der Brunnenkönigin, die Kulinarische Woche, spezielle Angebote der Restaurants mit Spezialitäten aus verschiedenen Ländern, Veranstaltungen im Kurpark sowie der Zwiebelmarkt.

GODESBERGER PFAUEN

In und um 1 / Bad Godesberg können wir auch ein paar komischen Vögeln begegnen, die dort in Parks ihr Zuhause gefunden haben. Auch viele Outdoor-Events kann man hier genießen.

➤ oben / Godesburg in Bad Godesberg

KM 21

Nach einem schönen ersten Abschnitt erreichen wir Bad Breisig und können uns hier eine kleine Rast gönnen oder einen ausgedehnten Spaziergang im Kurpark unternehmen.

Vorbei an der Hohenzollern-Burg

Der nächste Ort, durch den wir radeln, ist Brohl. Auf dem gegenüberliegenden Ufer, in Rheinbrohl, beginnt der Obergermanisch-Rätische Limes, die einstige Außengrenze des Römischen Reiches zwischen Rhein und Donau. Wir verbleiben weiter entlang des Rheins und gelangen rasch zur heute im Privatbesitz der Familie Hohenzollern befindlichen 3 / Burg Namedy, eine zu einem Schloss ausgebaute Wasserburg, die ursprünglich im 14. Jahrhundert erbaut wurde. Sie wird heute auch für kulturelle Veranstaltungen genutzt. Nun ist Andernach nicht mehr weit.

WASSERBURG WIRD SCHLOSS

Am Ziel in Andernach

Die Bahngleise querend gelangen wir in eine der ältesten Städte Deutschlands. 1988 feierte Andernach sein 2000-jähriges Bestehen. In den Jahren 55 und 53 v. d. Z. ließ Gaius Julius Cäsar im Gebiet zwischen Andernach und Neuwied zwei Rheinbrücken bauen und dieser Ort wurde zum Römischen Militärlager Anntunacum, dem

heutigen Andernach. Ein besonders spektakuläres Naturschauspiel bietet sich im Stadtteil Namedy. Hier spuckt der höchste Kaltwassergeysir der Welt regelmäßig Wasser aus der Tiefe. Andernach wird außerdem gerne als „Essbare Stadt" bezeichnet, weil Grünflächen mit Mandeln, Pfirsichen und Mispeln bepflanzt werden, die von der Bevölkerung geerntet werden können. Wir folgen dem Bogen der Agrippastraße vorbei am Runden Turm, queren die Bahngleise noch zwei Mal, um über „Auf der Wick" und „Ochsentor" das 4 / Restaurant YOSO zu erreichen. Die Kreationen in diesem mit einem Michelin Stern ausgezeichneten Restaurant entsprechen alle einem der vier Grundelemente Feuer, Wasser, Erde oder Luft – auf Koreanisch YOSO. Der Kontrast ist Tonis Steinofenpizza gegenüber für den kleinen Geldbeutel. Feinschmecker aufgepasst: Neben dem wunderbaren YOSO hat Andernach drei Spitzenrestaurants, die alle Sterne im Guide Michelin besitzen. Es gibt aber auch jede Menge anderer guter Restaurants hier im Mekka der Spitzengastronomie. Frisch gestärkt geht's durch den ehemaligen Stadtgraben mit Dadenbergturm und Ententeich über die Straße Am Stadtgaben und die Friedrichstraße in die Bahnhofstraße zum 5 / Bahnhof Andernach.

TIERE SUCHEN EIN ZUHAUSE

Die 3 / Burg Namedy bietet vielerlei Veranstaltungen und Events an und eignet sich auch hervorragend als Kulisse für einen Filmdreh oder eine Dokumentation.

◄ **links / Schloss Burg Namedy** ▲ **oben / Blick von Bad Hönningen mit Schloss Arenfels auf Bad Breisig**

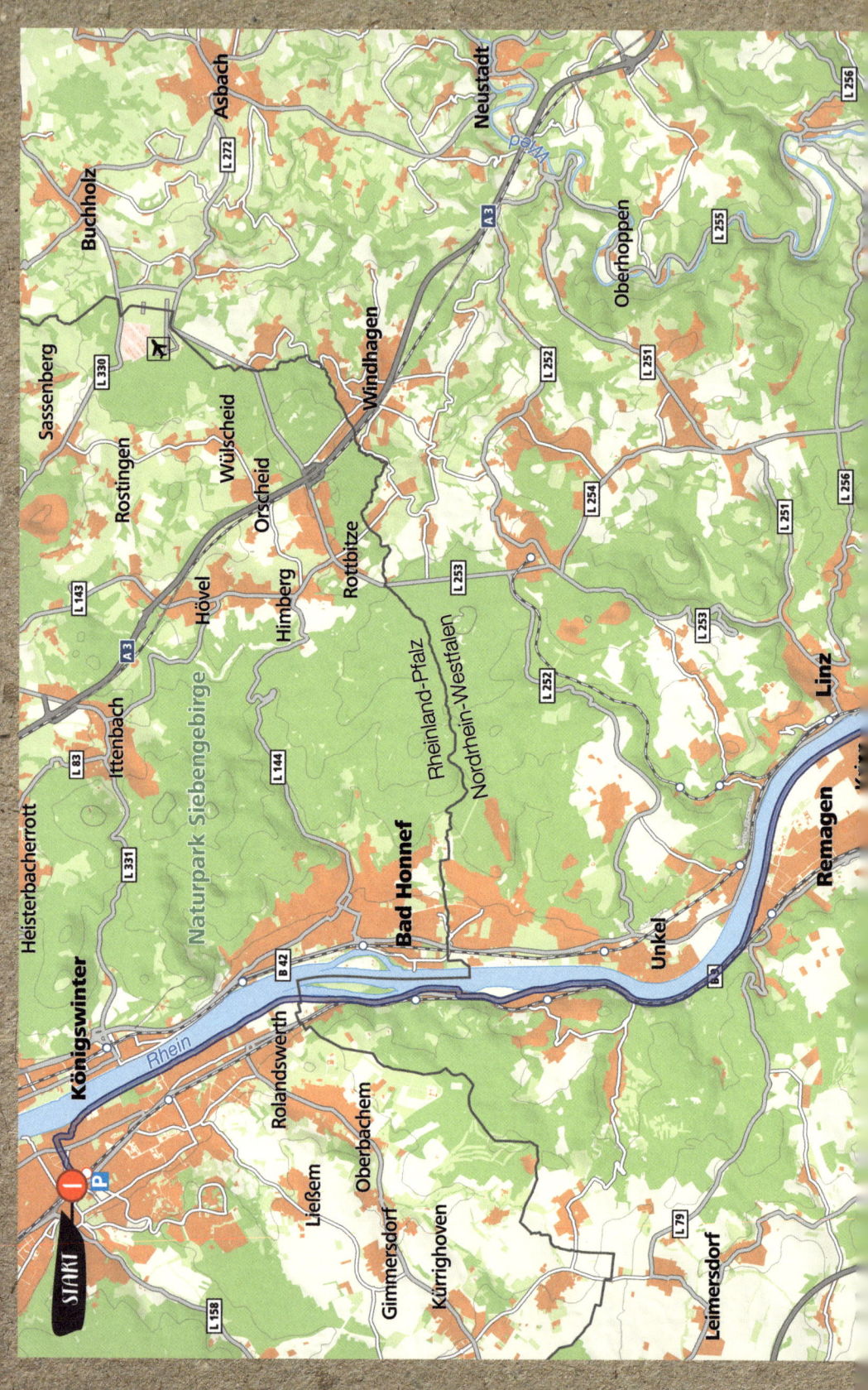

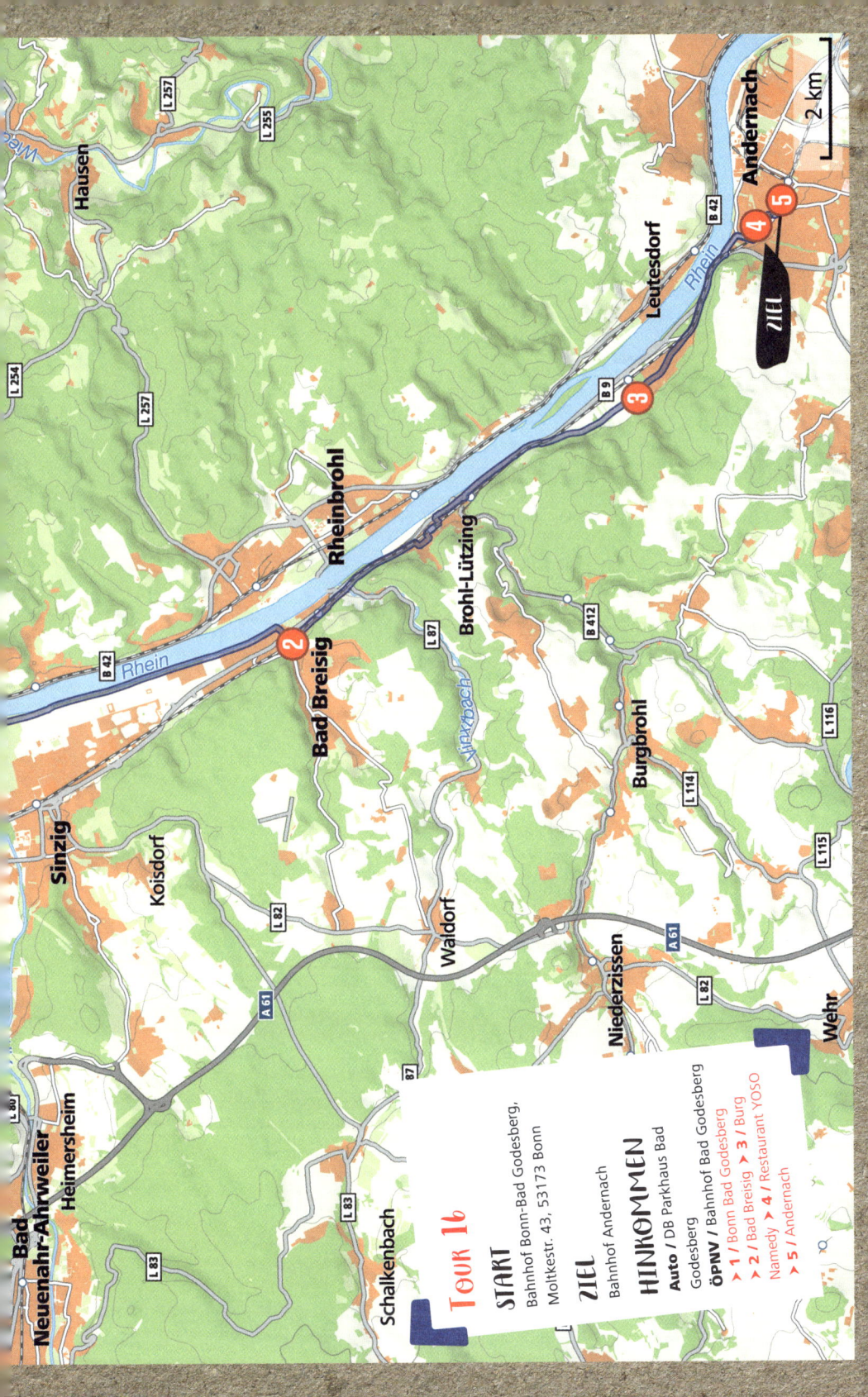

TOUR 1b

START
Bahnhof Bonn-Bad Godesberg,
Moltkestr. 43, 53173 Bonn

ZIEL
Bahnhof Andernach

HINKOMMEN
Auto / DB Parkhaus Bad Godesberg
ÖPNV / Bahnhof Bad Godesberg
▶ 1 / Bonn Bad Godesberg ▶ 3 / Burg
▶ 2 / Bad Breisig ▶ 4 / Restaurant YOSO
Namedy ▶ 5 / Andernach

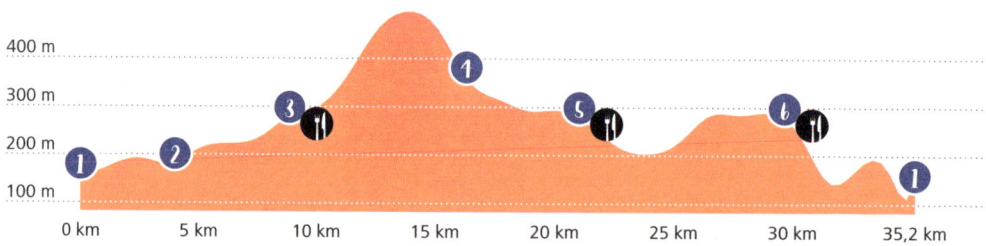

WILLKOMMEN IM WALD!

An der frischen Waldluft kann ich mich bestens auspowern.

➤ **1 /** S-Bahnfahrt ins Grüne: Ausgangspunkt ist der Bahnhof Lorsbach.

➤ **2 /** Ein Abstecher zur Burg Eppstein, dem ältesten Freilufttheater.

➤ **3 /** Fürstlich rasten am Fröhlichen Landmann und Rettershof.

➤ **4 /** Schnecke mit Ausblick.

➤ **5 /** Schattiger Biergarten am Waldrand: Einkehren im Restaurant Rote Mühle.

➤ **6 /** Den Weitblick vom Meisterturm Hofheim auf dem Kapellenberg genießen oder eine Einkehr in der Waldgaststätte

FRISCHE TAUNUSLUFT SCHNUPPERN

Eine Runde um Lorsbach im Taunus

Der gemütliche Ortsteil Lorsbach, der zur Kreisstadt Hofheim am Taunus gehört, ist Ausgangspunkt dieser einigermaßen anspruchsvollen Tour. Auf unserer Runde werden wir vortrefflich bekocht. Und am Ende der Tour führen uns 173 Treppenstufen zum Panoramarundblick.

35 Kilometer
650 Höhenmeter ▲
650 Höhenmeter ▼
3:**30** Stunden
Rundtour

Durch das Lorsbachtal

Von Frankfurts Hochhäusern aus betrachtet, stellt der Taunus immer wieder eine unerwartet schöne Umrahmung der Großstadt dar. Unsere Tour beginnt am 1 / Bahnhof von Lorsbach (Am Bahnhof, 65719 Lorsbach), das in den südlichen Ausläufern des Taunus-Gebirges liegt. Es befindet sich im engen Lorsbachtal, welches Eppstein mit Hofheim verbindet. Durch das Lorsbachtal fahren wir am Schwarzbach entlang zunächst vier Kilometer bis Eppstein. Der Weg führt uns dabei über den Hessischen Radfernweg R8, die „Westerwald-Taunus-Bergstraße".

CHARAKTER

Sportlich ●●●●●
Abkühlung ●●○○○
Schlemmen ●●●●●
Panorama ●●●●○

TOURENINFO / Anspruchsvolle Tour mit einigen Steigungen. Teils Waldwege mit losem Untergrund. Viele schöne Einkehrmöglichkeiten an der Strecke. Verläuft von Lorsbach bis Eppstein über Hessischen Fernradweg R8.

◄ **links / Blick auf den Meisterturm vom Radweg aus**

Fachwerkstädtchen mit Burg

In Eppstein, das wir nach knapp vier Kilometern erreichen, finden wir eine romantische Altstadt mit wunderschönen Fachwerkhäuschen in engen Gassen. Über ihr liegt die 2 / Burg Eppstein mit einem Museum, in dem die 1000-jährige Geschichte dieses bedeutsamen Kulturdenkmals anschaulich aufbereitet ist. Die Eppsteiner Burg ist zudem eine der ältesten Freiluft-Theaterspiel-stätten des Rhein-Main Gebietes. Seit 1913 finden hier in den Monaten Juni und Juli die Burgfestspiele Eppstein statt. Im Ort lohnt außerdem auch ein Abstecher zum Kaisertempel, der am Hang des 451 Meter hohen Staufens liegt. Er ist eine markante Station im Netz der Wanderwege, Aussichtspunkte und Gasthäuser und beliebtes Ausflugsziel mit Restaurant. Alljährlich am ersten Sonntag des Septembers findet hier das Kaisertempelfest statt. Wir folgen einem Radweg an einer vielbefahrenen Straße bis nach Fischbach. Dennoch, der Ausblick in die umliegende Landschaft ist wunderschön. Auf der Strecke liegt auch ein kleines italienisches Restaurant (Ristorante Fischbachtal, Fischbacher Str. 9, 65817 Eppstein), dessen Speisekarte vielversprechend aussieht.

So viele Pausengelegenheiten

Ab Fischbach geht es stetig und gemächlich bergauf. Wir entdecken eine Rastbank, machen einen kurzen Stopp, um unseren Wasserhaushalt aufzufüllen und fahren anschließend noch etwa einen Kilometer bis zum 3 / Rettershof/Zum fröhlichen Landmann. Hier machen wir eine längere Pause. Es gibt viel zu entdecken: Die Geschichte des Rettershofs (Rettershof 5 / 65779 Kelkheim) reicht bis ins Jahr 1146 zurück. Heute ist das ehemalige Kloster ein schickes Hotel mit Restaurant und Beach Bar. Wer zufällig am Sonntag vorbeikommt, kann in vornehmer Szenerie Kaffee und Kuchen einnehmen. Rustikaler geht es im benachbarten Landgasthof Zum fröhlichen Landmann (Rettershof 2, 65779 Kelkheim-Fischbach, mittwochs bis sonntags ab 11:30 Uhr geöffnet) zu. Hier stär-

SUNDOWNER LOUNGE IM VORDERTAUNUS

Am 3 / Rettershof gibt es eine Lounge mit Liegestühlen, Drinks und Musik. Bei schönem Wetter mittwochs bis samstags ab 16 Uhr geöffnet.

ken wir uns auf der Terrasse bei Taunus-Forelle und geschmorten Ochsenbacken.

Das Glück der Erde

Zum Rettershof gehört auch eine Reitanlage, die, eingebettet im einzigartigen, historischen Ambiente des über 860 Jahre alten Hofguts, wie eine Filmkulisse wirkt. Wir schauen uns die edlen Rosse des Pensionsstalls an und begrüßen die Hühner, die sich vor dem Reitstall aufhalten.

Steil bergauf am Zauberberg

Die Stärkung im Landgasthof war wertvoll, wie sich herausstellt, als wir wieder in die Pedale treten. Vom Kelkheimer Stadtteil Ruppertshain geht es ein kurzes Stück auf einer asphaltierten Straße sehr steil bergauf. Wir genießen dabei einen tollen Fernblick auf die Frankfurter Skyline. Wem es zu steil ist, der kann im Ort am Ende vom

EDLE RÖSSER IN HISTORISCHEM AMBIENTE

➤ **oben / Burganlage der Burg Eppstein**

WANDERRUNDE
AM RETTERSHOF

Vom 3 / Rettershof starten sieben
ausgeschilderte Rundwanderwege.
Die Touren sind mit einem R markiert
und zwischen 2,5 und 13 Kilometer
lang.

Gärtnerweg auch der Robert-Koch-Straße bis zur ehemaligen Lungenheilklinik (auch Hustenberg oder Zauberberg, nach dem gleichnamigen Roman von Thomas Mann benannt) folgen und dort über die Eppenhainer Straße weiterfahren. So oder so gelangen wir an eine Weggabelung, an der wir die Markierung der Passhöhe vom Ruppertshainer Berg entdecken – ein weißes Kreuz. Wir biegen auf den Viktoriaweg ab, und passieren einen Parkplatz zu Beginn dieses Wanderwegs. Unsere Tour führt uns auf einem Waldweg zunächst gemächlich bergauf, dann wieder leicht bergab bis zum Rastplatz 4 / Schnecke, von dem wir eine tolle Aussicht auf die Königsteiner Burg haben.

Bergab zum Biergarten

Nach einem kurzen Stopp geht es weiter gemächlich bergab, an Kuhweiden und Wiesen vorbei bis zum Örtchen Schneidhain. Wir queren den Liederbach und fahren an einer Wohnsiedlung entlang, die am Rande von Königstein liegt. Dann wieder durch Wiesen und ein kurzes Stück an der Landstraße entlang. Kurz vor der 5 / Roten Mühle (Rote Mühle 1, 65812 Bad Soden am Taunus) überqueren wir erneut den Liederbach. Die Rote Mühle präsentiert sich als uriger Landgasthof, der direkt am Waldrand liegt. Im schattigen Biergarten lassen wir uns unter den alten Linden ein Eis schmecken. Die Rote Mühle ist auch Austragungsort eines Krimi-Dinners und von hier starten geführte Wanderungen durch das angrenzende Braubach- und Liederbachtal.

Kuchen in Kelkheim

Wir verlassen diesen idyllischen Ort und machen uns auf den Weg nach Kelkheim, wo wir jetzt den Stadtteil Hornau durchfahren. Am Rande Kelkheims kommen wir am Gimbacher Hof (Hof Gimbach 1, 65779 Kelkheim) vorbei, ein beliebtes Ausflugsziel für große und kleine Frankfurter. Wer noch Platz im Magen hat, sollte sich hier ein Stück Kuchen genehmigen. Dieser wird selbst gebacken und schmeckt wirklich vorzüglich. Wenn die Kleinen noch Lust haben,

300

Kilometer umfasst der Hessische Radfernweg R8. Er ist einer von neun Radfernwegen in Hessen und quert den Westerwald, den Taunus und die Bergstraße. Er beginnt in Frankenberg.

dann bietet sich Ponyreiten an (bestenfalls vorher reservieren). Zum Hof gehört auch ein kleiner Campingplatz, den wir vom Rad aus sehen können.

Fernblick

Durch den Stadtwald von Hofheim gelangen wir zum 6 / Meisterturm (Meisterturm 1, 65719 Hofheim am Taunus, nur fußläufig erreichbar). Die Anstrengungen der Tour sind beinahe vergessen und so geht es für uns noch einmal bis nach ganz oben auf den offenen Turm, der selbst auf dem Kapellenberg liegt. Wir haben Glück und genießen einen unverstellten Panoramablick, nach Süden über das Rhein-Main-Gebiet bis zum Odenwald, nach Norden auf die Höhenzüge des Taunus mitsamt dem Großen Feldberg. Rund 30 Kilometer liegen hinter uns und wir sind nun bereit für die letzten fünf Kilometer bis zum Ausgangspunkt. Vom Meisterturm aus geht es zunächst sehr steil bergab, am Wildpark Hofheim. Der Wildpark ist das Zuhause von Damwild und Wildschweinen und sollte eigentlich im Jahr 2015 geschlossen werden. Ein Verein hat sein Bestehen gerettet und über Spendengelder wird der Wildpark seither zunehmend attraktiver gestaltet. Unser Weg führt uns danach über Asphalt- und Waldwege stetig abwärts bis zum 1 / Bahnhof Lorsbach.

AUFSTIEG ZUM GENUSS

Am 6 / Meisterturm befindet sich auch eine Gaststätte, die hessische Küche anbietet. Sie ist donnerstags bis sonntags geöffnet.

⌃ oben / Landgasthof Zum fröhlichen Landmann am Zauberberg in Kelkheim

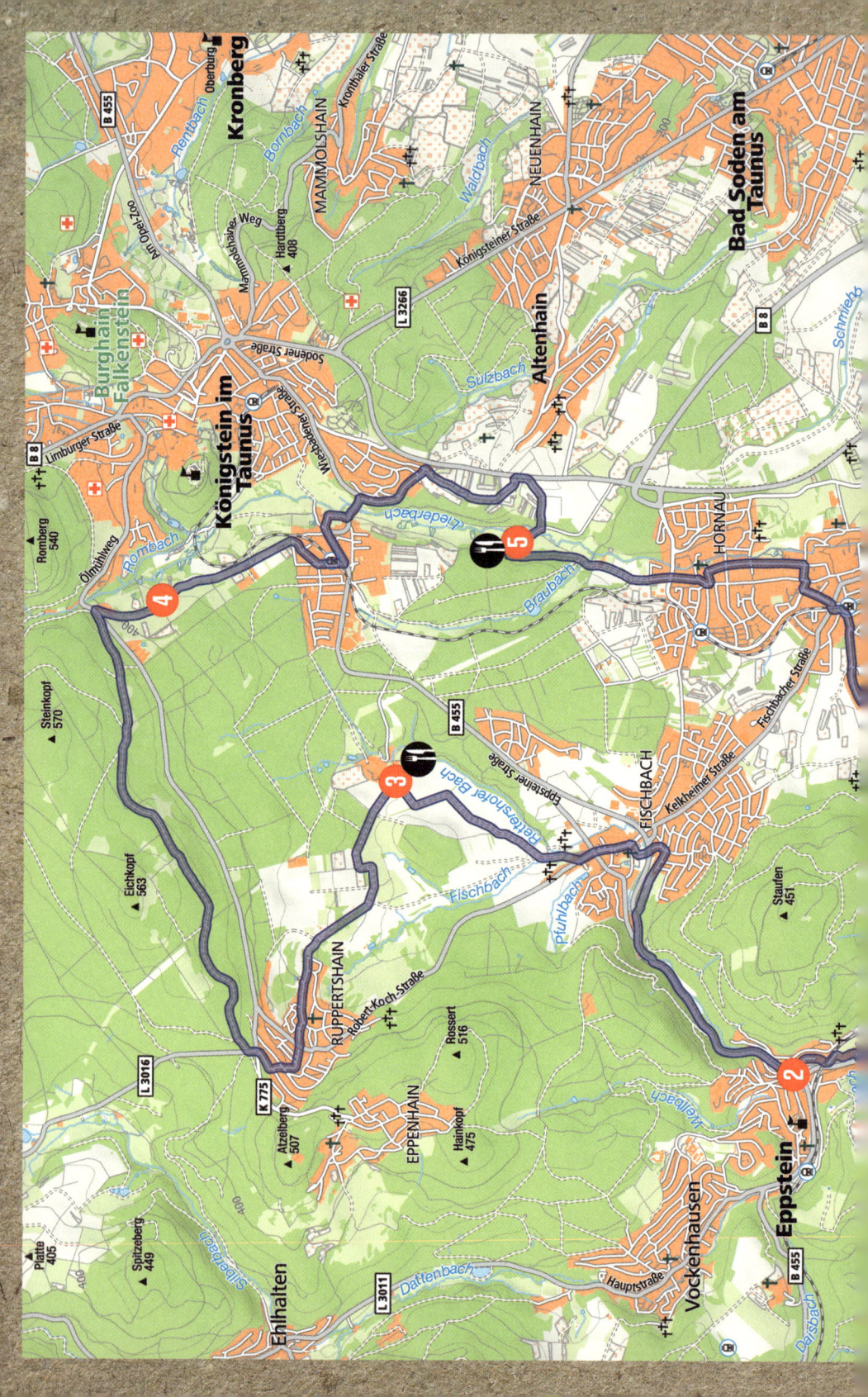

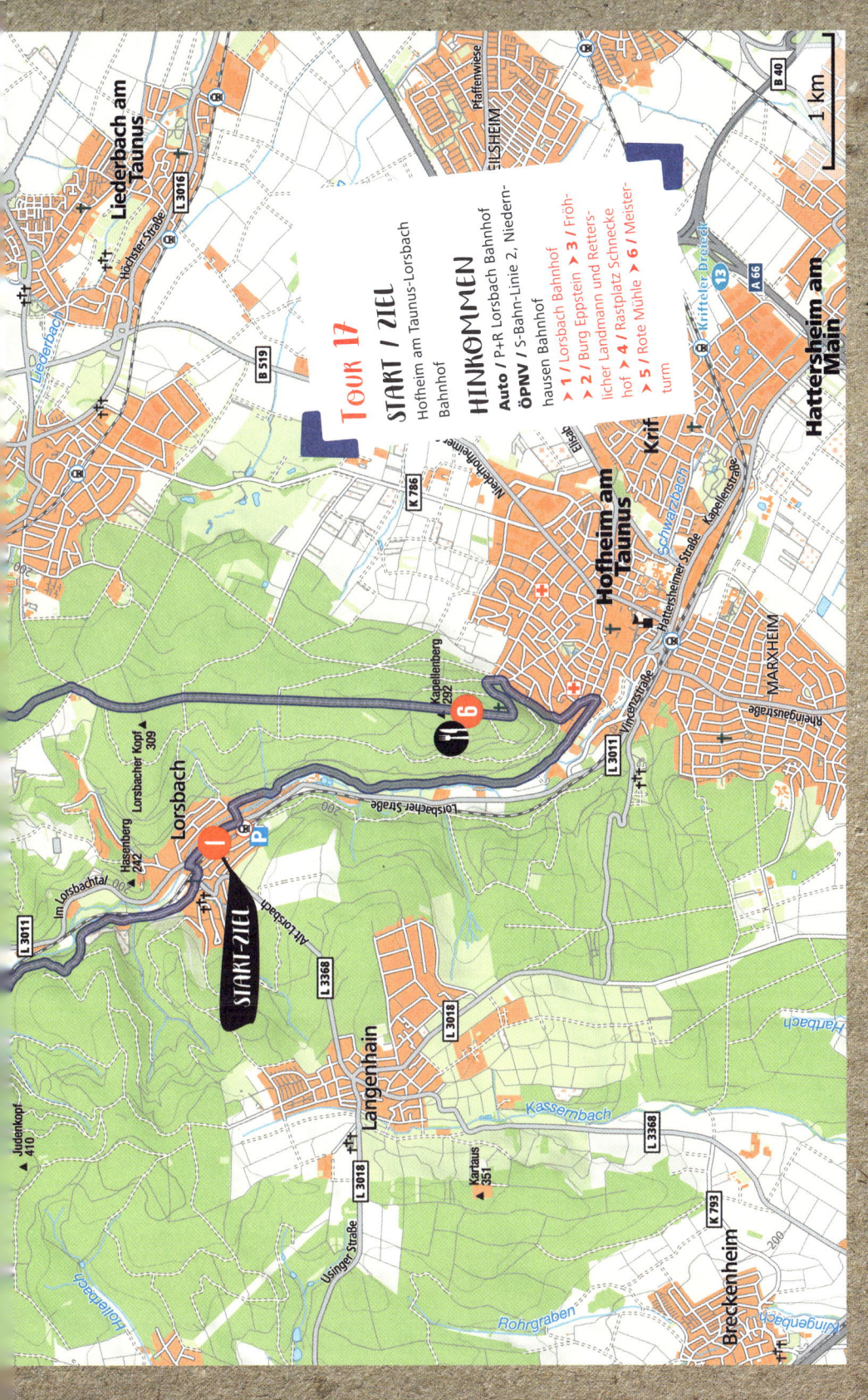

Tour 17

START / ZIEL
Hofheim am Taunus-Lorsbach Bahnhof

HINKOMMEN
Auto / P+R Lorsbach Bahnhof
ÖPNV / S-Bahn-Linie 2, Niedernhausen Bahnhof

▸ 1 / Lorsbach Bahnhof ▸ 3 / Fröhlicher Landmann und Retters ▸ 2 / Burg Eppstein ▸ 4 / Rastplatz Schnecke hof ▸ 5 / Rote Mühle ▸ 6 / Meisterturm

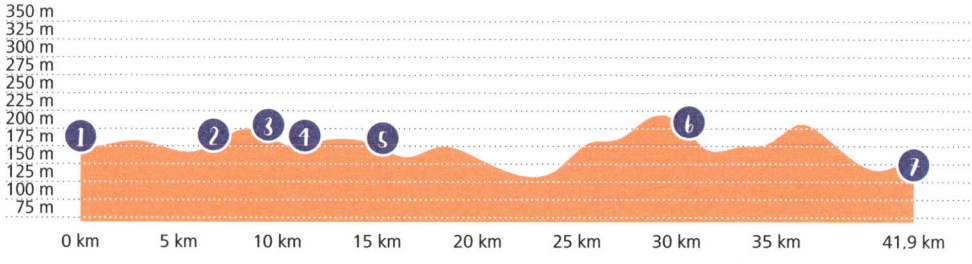

TOUR DER BLICKE

Auf dieser Tour kann ich den Kopf abschalten und einfach drauf los radeln – keine komplizierte Wegführung, kaum Straßenverkehr und enorm gute Aussicht.

➤ 1 / Phänomenaler Ausblick auf die Mainmetropole vom Hausberg, dem Lohrberg.

➤ 2 / An der Sichtachse Große Loh fokussieren wir zwei wichtige Landmarken Hessens.

➤ 3 / Die Seele baumeln lassen in den großen bequemen Hängematten am Lausbaum.

➤ 4 / Hoch hinaus in der Galgenschaukel.

➤ 5 / Auf der Riesenbank fühlen wir uns riesig.

➤ 6 / Wir fühlen uns wie im Märchen bei unserem Ausblick auf die Ronneburg.

➤ 7 / In Büdingen endet unsere Tour am Bahnhof.

ALTE HANDELSROUTE „HOHE STRASSE"

Vom **Frankfurter Lohrberg**
bis **Büdingen**

Ruhesuchende, Sonnenhungrige und Natur-
liebhaber aufgepasst. Hier kommt die perfekte Tour für euch. Vom Frankfurter Lohrberg führt unser Weg nach Bergen-Enkheim,
wo am Ortsausgang die „Hohe Straße" beginnt. Wir genießen die gesamte Fahrt bis
nach Büdingen phänomenale Aussichten auf
schnurgeraden Wegen. Am Wegrand entdecken wir in regelmäßigen Abständen Attraktionen, schaukeln in Hängematten und
machen Rast auf einer Riesenbank.

42 Kilometer
200 Höhenmeter ▲
240 Höhenmeter ▼
3:15 Stunden
Streckentour

Volkspark mit Gaststätte

Wir beginnen unsere Tour an
Frankfurts Hausberg, dem
1 / Lohrberg. Wer von der Innenstadt aus heraufgeradelt
ist, braucht möglicherweise
eine längere Erholungspause

CHARAKTER

Sportlich ●●●●○
Abkühlung ●○○○○
Schlemmen ●○○○○
Panorama ●●●●●

nach dem Anstieg zum Lohrberg. Dafür wird man
schon auf dem letzten Stück bergauf mit wunderschönen Ausblicken auf Frankfurt und die Region

TOURENINFO / Es gibt kaum Einkehrmöglichkeiten
direkt an der Strecke. Kreuzt in Markköbel Limesradweg in
Richtung Altenstadt und in Diebach Ysenburgroute. Teils
Waldwege und kurzer Abschnitt über holprige Schotter-
piste, Anreise aus der Frankfurter Innenstadt mit dem Rad
möglich.

◄ links / Radweg mit eigenem Eingang

belohnt, im Frühling duftet es nach Blumen und man radelt zwischen blühenden Apfelbäumen hindurch. Oben angekommen, lässt es sich auf der großen von Bäumen gerahmten Wiese wunderbar rasten – auch Grillen ist erlaubt. Am sonnenverwöhnten Hang des Lohrbergs finden wir außerdem die letzte Weinanbaufläche Frankfurts. Einkehren lässt es sich sehr gut in oder auf der Terrasse der Lohrberg-Schänke, die täglich ab 11 Uhr geöffnet hat. Hier gibt es die gesamte Palette der hessischen Küche, am Nachmittag Kaffee und Kuchen.

Lounge unter Obstbäumen: Entrée Hohe Straße

Wir machen uns auf den Weg nach Bergen-Enkheim, wo uns das erste Stück auf einer Straße ohne Radweg entlangführt. Am Ortsausgang gelangen wir zum Entrée Hohe Straße: Der Ort ist mit einer Übersichtstafel gestaltet, die den Verlauf der Hohen Straße und der „Via Regia" zeigt. Drumherum blühen Obstbäume und hinter dem Eingang haben wir schon Sicht auf die schnur-gerade alte Handelsstraße. Das Rhein-Main-Gebiet war schon immer Durchgangsland für Händler, Völker, Pilger und Heere in alle Richtungen. Die Hohe Straße war nur eine Teilstrecke in einem ganz Europa überziehenden Straßennetz. Unter anderem war sie Teil der historischen Via Regia von Santiago de Compostela nach Kiew. Sie führte vom heutigen Frankfurt-Bergen via Erfurt nach Leipzig. Als Höhenweg war sie eine bedeutende Handelsroute, über die Bernstein- und nordische Bronzearbeiten in das Fuldaer Land transportiert wurden. Und seit dem frühen Mittelalter war die Hohe Straße der kürzeste und gangbare Verbindungsweg zwischen den geistlichen und politischen Zentren Mainz, Fulda und Erfurt. In gleicher Weise war sie eine der Hauptverbindungen zwischen den Handelsstädten Frankfurt am Main und Leipzig. (Quelle: Regionalpark RheinMain) Der Weg führt immer geradeaus zwischen Feldern und Wiesen hindurch. Da wir weder Verkehr noch Kreuzungen beachten müssen, können wir den grandiosen Ausblick genießen. Nach etwa

HOCH IN DEN HIMMEL

An der Himmelsschaukel Rummelsberg, einer von 18 Stationen der Regionalparkroute Hohe Straße, geht es für uns hoch hinaus. Loslassen und tief durchatmen!

einer halben Stunde Fahrtzeit erreichen wir die 2 / Große Loh am Waldrand: zwei doppelte Stelenreihen, die den Blick auf zwei markante Landmarken, den Taunus-Quarzit-Steinbruch oberhalb des Örtchens Köppern und auf das Kraftwerk Staudinger am Main in Großkrotzenburg, lenken.

Ein schattiges Plätzchen

Wer seine Brotdose gepackt hat, der findet kurz darauf ein lauschiges Pausenplätzchen: Wir halten am 3 / Lausbaum, unter dem große und stabile Hängematten zum Abhängen einladen. Früher war hier vermutlich die letzte Rast auf der Reise von Leipzig nach Frankfurt.

Schaukeln in allen Varianten

Ein Gefühl von Freiheit sollen die zahlreichen großen Schaukeln vermitteln, die an besonders herausragenden Orten der ehemaligen Handelsroute errichtet wurden. Wir machen eine Schaukelpause an der 4 / Galgenschaukel auf Höhe der Ortschaft Kilianstädten,

1600

Der Wartbaum ist eine mächtige Linde, die um 1600 gepflanzt wurde. Sie erlebte die Ereignisse der letzten Jahrhunderte, als die großen Truppenaufmärsche zur Befreiung Frankfurts und Hanaus an ihr vorbeizogen. Installationen, wie Kaisertafel und Fähnleinpyramide erinnern an die Geschehnisse.

➤ **oben / Denkmal am Wartbaum**

SCHAFMILCHEIS

Dieses leckere Eis aus eigener Herstellung am **Kapellenhof** ist einzigartig in Hessen.

kurz darauf finden wir auch noch eine Vogelnestschaukel – beste Gelegenheit, um auch die Kinder einmal schaukeln zu lassen. Ein tolles Fotomotiv bietet die 5 / Riesenbank auf Höhe Ostheim. Kurz dahinter finden wir dann auch noch die Himmelsschaukel Rummelsberg.

Schlemmerpause an einer besonderen Verkaufshütte
Nach 21 Kilometern, etwa in der Hälfte der Strecke, halten wir am Hofgut Kapellenhof (Auf dem alten Hof 1, Schafskäserei, 63546 Hammersbach). Die Verkaufshütte ist sieben Tage die Woche, 24 Stunden geöffnet. Ein Stopp für Radfahrer ist sogar erwünscht: Es gibt Sitzmöglichkeiten und Wasser sowie Bio-Limonaden. An den Kühlschränken und Eistruhen darf man sich selbst bedienen. Gezahlt wird auf Vertrauensbasis ausschließlich mit Bargeld. Zu den angebotenen Produkten zählen Joghurt, Frischkäse, Camembert, Brie, Räucherkäse und handgeschöpfter Schafkäse sowie Bratwurst und Pfefferbeißer – alles in Bio-Qualität und aus direkter Herstellung auf dem Hof oder von kooperierenden Höfen. Wir haben es auf etwas abgesehen, was laut Kapellenhof in Hessen einzigartig sei: In der Eistruhe finden wir hausgemachtes Bio-Schafmilcheis. Und das schmeckt wirklich köstlich!

Weitblick in Richtung Taunus und auf die Ronneburg
Oberhalb der Ortschaft Langen-Bergheim fast auf dem höchsten Punkt glitzern zwei große Stelen im Sonnenlicht. Ein kleiner Rastplatz bietet weite Ausblicke in die Ferne. Die doppelten Glasstelen brechen das Sonnenlicht unterschiedlich und funkeln. Jeweils in der Mitte können der Taunus mit Feldberg sowie die Frankfurter Skyline mit dem Messeturm fokussiert werden. Ein paar Kilometer später kommen wir aus dem Ysenburger Wald, wo wir etwas Schatten finden, der Weg über den kurzen Waldabschnitt hinweg allerdings etwas holprig ist. Dafür werden wir mit einem herrlichen Blick auf die 6 / Ronneburg (Auf der Burg, 63549 Ronneburg, burg-ronneburg.de) belohnt. Die Burg ist eine der wenigen

GRANDIOSER AUSBLICK

im originalen Bauzustand des 16. Jh. erhaltenen Höhenburgen Deutschlands und zählt zu den bedeutendsten Burgen in Hessen.

Abstecher zur Burg

Über die Ysenburgroute, auf die wir in Diebach am Haag treffen, können wir sie nach etwa drei Kilometern per Rad anfahren. Ein Abstecher lohnt sich. Auf der Burg finden, neben den überregional bekannten Mittelalterlichen Burgfestspielen im frühen Herbst, ganzjährig Märkte und Veranstaltungen statt. Es gibt außerdem ein Burgmuseum mit Programm.

Endspurt

Wir setzen unsere Tour auf der Hohen Straße fort. Von Diebach am Haag sind es noch gut 9 Kilometer bis zum Ende unserer Tour. Wir wissen, dass wir bald am Ziel sind, als wir das Industriegebiet von Büdingen erreichen. Auch wenn man es an diesem Ort nicht vermuten würde: Büdingen ist ein sehenswertes Städtchen mit mittelalterlicher Altstadt und Schloss. Wer noch Zeit hat, sollte unbedingt in die Stadt hinein fahren. Die Stadt ist sogar überregional bekannt und zählt zu den besterhaltenen Stadtanlagen Europas. Kurz darauf landen wir am 7 / Bahnhof Büdingen. Von hier geht es zurück nach Frankfurt.

3

Kilometer Umweg sind es von Dieburg am Haag über die Ysenburgroute bis zur 6 / Burg Ronneburg.

▲ **oben / Pause zum Schaukeln**

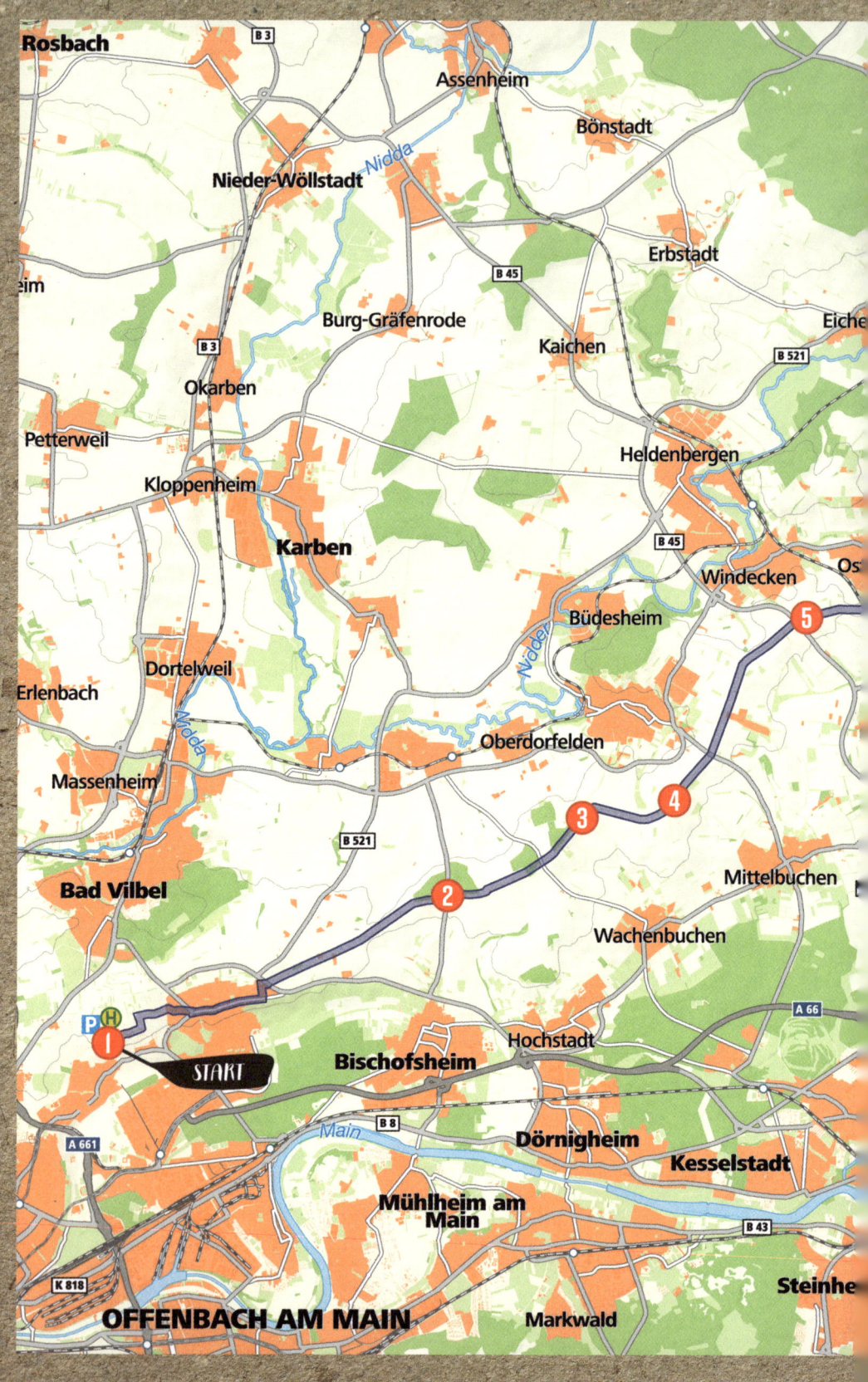

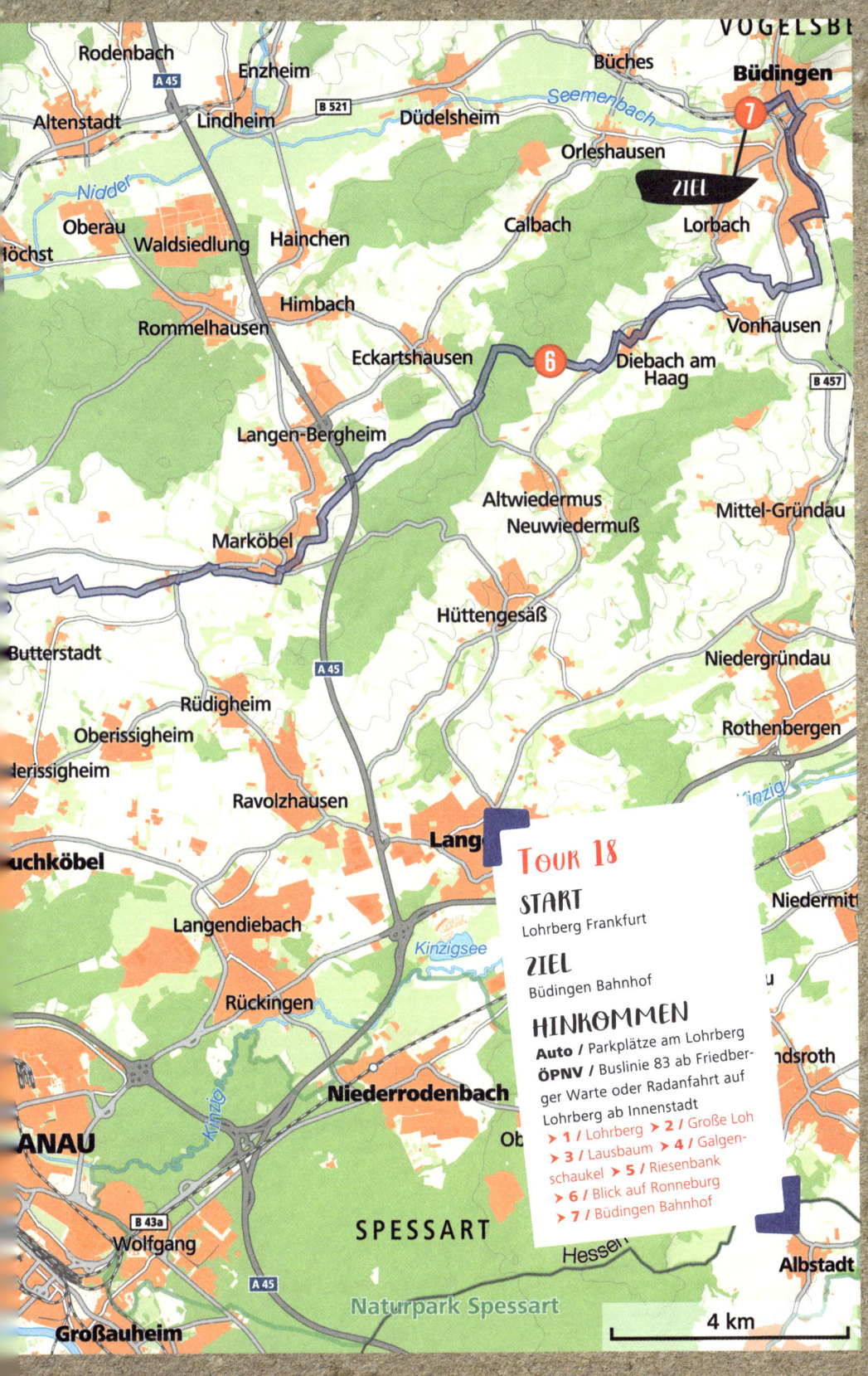

ZIEL

Tour 18

Start
Lohrberg Frankfurt

Ziel
Büdingen Bahnhof

Hinkommen
Auto / Parkplätze am Lohrberg
ÖPNV / Buslinie 83 ab Friedberger Warte oder Radanfahrt auf Lohrberg ab Innenstadt

➤ **1** / Lohrberg ➤ **2** / Große Loh
➤ **3** / Lausbaum ➤ **4** / Galgenschaukel ➤ **5** / Riesenbank
➤ **6** / Blick auf Ronneburg
➤ **7** / Büdingen Bahnhof

4 km

ABKÜHLUNG GEFÄLLIG?

Die Werra bietet sich super zum Raften und Kayaken an. Wieso also nicht einen Tag länger in der Gegend verbringen und an einem heißen Sommertag im Boot den Fluss entern?

➤ **1 /** Wir starten am Bahnhof in Eschwege, dessen Fachwerkaltstadt verzaubert

➤ **2 /** Wanfried ist für das Wanfrieder Abkommen von 1945 bekannt

➤ **3 /** Wir erklimmen Burg Normannstein, wo wir in der Burgschänke einkehren können

➤ **4 /** Noch eine Einkehrmöglichkeit im Biergarten der Burganlage Creuzberg

➤ **5 /** 18-km-Abstecher von Hörschel nach Eisenach mit der Wartburg

➤ **6 /** Wachturm und Zollstelle zeugen von der ehemaligen Grenze Wartha/Herleshausen

➤ **7 /** In Herleshausen sind wir am Ziel angelangt

GRENZERFAHRUNGEN

Entlang der **Werra** *durchs historische*
Grenzland *zwischen* Ost *und* West

Die Grenze zwischen Ost- und Westdeutschland kannte sechs für den Transitverkehr geöffnete Grenzübergänge. Wir passieren die ehemalige Grenze heute mehrmals, ohne es zu bemerken. Zusätzlich besuchen wir zwei Burgen und können einen Abstecher nach Eisenach machen, bekannt für die Wartburg und als Geburtsstadt des Komponisten Johann Sebastian Bach.

Eschwege ist Geschichte

Wir starten unsere Tagestour am 1 / Bahnhof Eschwege. Die Stadt blickt auf eine über 1000-jährige Geschichte zurück. Dies spiegelt sich im Stadtbild in den mehr als 1000 oft imposanten Fachwerkbauten wider, die reich verziert mit Schmuck, Symbolik und interessanten

59 Kilometer
190 Höhenmeter ▲
160 Höhenmeter ▼
4:15 Stunden
Streckentour

CHARAKTER

Sportlich ●●●●○
Abkühlung ●●○○○
Schlemmen ●●●○○
Panorama ●●●●●○

TOURENINFO /
Am deutsch-deutschen Radweg/der EuroVelo-13-Route, die hier gleich mit dem Werratal-Radwanderweg verläuft, geht es fast durchwegs asphaltiert die Werra entlang. Auf dem deutsch-deutschen Radweg werden teilweise die noch bestehenden asphaltierten Patrouillenwege der Grenztruppen genutzt. Ein paar kurze nicht asphaltierte Strecken gibt es in diesem Abschnitt auch. Meistens sind die Radwege vom motorisierten Verkehr getrennt oder verlaufen auf wenig frequentierten Straßen.

◄ **links / Eschwege an der Werra**

Flachschnitzereien sind. Einen Besuch abstatten sollte man unbedingt der direkt an der Werra gelegenen Altstadt mit dem Stadtmuseum, dem einzigartigen Zinnfigurenkabinett, den Kirchen sowie dem Sophien- und dem Botanischen Garten. Historisch gewandete Gästeführer bieten Erlebnis-Stadtführungen an.

Immer die Werra entlang

Über die Friedrich-Wilhelm-Straße machen wir uns auf, die Stadt nach Osten zu verlassen, über den Marktplatz und vorbei an der Sportanlage. Zahlreiche Radwegekilometer führen uns zuerst kurz durch Wald und dann vorbei an Feldern entlang des Verlaufs der Werra. Wir passieren Aue und überqueren den Fluss nach 2 / Wanfried, das für das Wanfrieder Abkommen bekannt wurde: Am 17. September 1945 wurde es in Kalkhof zwischen den Amerikanern und den Sowjets beschlossen. Die Nord-Süd-Eisenbahnlinie von der amerikanischen Exklave Bremerhaven in die im Süden liegende amerikanische Zone führte ursprünglich für eine Strecke von 3 km über die sowjetisch besetzte Zone. Es kam immer wieder zu Störungen, schließlich wurde sogar ein deutscher Lokführer von einem Sowjetsoldaten erschossen. Aus diesem Grund wurde mit dem Wanfrieder Abkommen ein Gebietstausch vereinbart. Wanfried ist aber auch der ehemalige Endhafen der Weser-Werra-Schifffahrt. Noch heute zeugen zahlreiche prächtige und reich verzierte Fachwerkbauten von dieser Zeit. Das barocke Harmes'sche Handelshaus etwa erinnert mit reichen Flachschnitzereien und eigenwilligen figürlichen Darstellungen daran.

ALTES RITTERHAUS
Seit dem frühen 12. Jahrhundert thront die 3 / Burg Normannstein über Treffurt. Damals noch als Ritterhaus, wartet sie heute mit Ausstellung, Restaurant mit Biergarten und zwei Trauzimmern auf.

In der Zeit zurückversetzt

Über das schöne Fachwerkdorf Altenburschla geht es weiter nach Großburschla. Wir radeln die ganze Zeit im ehemaligen Westdeutschland, weil dieses Gebiet einst wie eine Nase in die DDR hineinragte. Es geht durch Heldra und nach Treffurt. Durch die Werra zogen sich an dieser Stelle einst drei Furten, denen Treffurt seinen

Namen verdankt. Über den Dächern der Stadt thront seit dem frühen 12. Jahrhundert die 3 / Burg Normannstein mit ihren markanten drei Türmen. Über die Straße Burgstieg haben wir rasch das Burgareal erreicht, wo uns Wanderwege über 70 hm hinauf zur Burg führen.

Gotik und Biergarten an der Werra

Weitere Stationen des Radwegs entlang der Werra sind Falken, Probsteizella, Frankenroda, Ebenshausen (auf der anderen Flussseite über eine Brücke erreichbar), Mihla, Buchenau, Ebenau und schließlich die 4 / Burganlage Creuzburg. Schon von Weitem ist die mittelalterliche Burganlage zu sehen. Sie ist ähnlich wie Burg Normannstein im 12. Jahrhundert am Ort einer älteren befestigten Klosteranlage entstanden und lag strategisch wichtig zwischen Hessen und Thüringen. Ein Museum beschäftigt sich in Creuzburg mit dem Leben und Wirken der heiligen Elisabeth, eine Töpferwerkstatt, ein gepflegter Burggarten und ein Biergarten erwarten zusätz-

◄ **oben / Blick auf die Werra und den historischen Hafen in Wanfried**

HEILIGE ELISABETH

Zusammen mit der Liboriuskapelle bildet die **Sandsteinbrücke** eines der schönsten Brückenensembles Mitteleuropas. Im Inneren der gotischen Brückenkapelle von 1499 zeigen Fresken Szenen aus dem Leben der heiligen Elisabeth.

lich den Besucher – ein perfekter Zwischenstopp. Eine siebenbögige Sandsteinbrücke aus dem 13. Jh. überspannt hier die Werra auf einer Länge von 86 m.

Abstecher nach Eisenach?

Nach der Überquerung dieser ältesten Steinbogenbrücke nördlich der Donau radeln wir vorbei am Stiftgut Wilhelmsglücksbrunn und Spichra, unterqueren die Autobahn und die Eisenbahnlinie und gelangen nach Hörschel. Von hier aus kann man sich einen 5 / Abstecher nach Eisenach (42.000 Einw.) von ca. 9 km in eine Richtung entlang der gut ausgeschilderten Mittellandroute überlegen. Sehenswert ist das Lutherhaus, hier soll Martin Luther den schönsten und prägendsten Teil seiner Schulzeit bei der Familie Cotta verbracht haben. Das Museum stellt ihn als Schüler, Reformator und Bibelübersetzer vor. Eisenach ist aber auch die Geburtsstadt des Komponisten Johann Sebastian Bachs. Im Bach-Museum geben historische Wohnräume einen Einblick in das Leben bürgerlicher Familien um 1700. Der benachbarte, preisgekrönte Neubau widmet sich Bachs Musik in einer multimedial gestalteten, spannenden Ausstellung. Etwas außerhalb der Stadt thront die Wartburg: Hier lebte vor rund 800 Jahren die heilige Elisabeth von Thüringen und in den Jahren 1521 und 1522 versteckte sich Martin Luther als „Junker Jörg" und übersetzte das Neue Testament aus dem griechischen Urtext in nur elf Wochen. Die Burg gehört zum UNESCO-Welterbe, die opulent verzierten Bauten und Gemächer zeugen eindrucksvoll von mittelalterlicher und spätromanischer Bau- und Lebenskultur.

Über alte Grenzen hinweg

Nach Neuendorf überquert man erneut die Werra nach Wartha und gelangt nach Herleshausen. Der 6 / ehemalige Grenzübergang Wartha/Herleshausen war einer der wenigen, die mit dem Auto passiert werden konnten. Der Wachtturm und die ehemalige Zollstelle sind noch erhalten. An dieser Stelle wurde 1981 Günter Guillaume ausgetauscht, der jahrelang im Kanzleramt Willy Brandt bespitzelt hatte.

6

Grenzübergänge für den Transitverkehr gab es zwischen 1952 und 1989 zwischen Ost- und Westdeutschland. Der 6 / ehemalige Grenzübergang Wartha/Herleshausen war einer davon. Die in der Nähe verlaufende Autobahn kreuzte diese Grenze mehrfach und wurde deshalb über mehrere Kilometer gesperrt. Der Lichtmast sowie der Führungspunkt sind heute noch zu sehen.

Zurück im Westen

Hinter der Grenze befinden wir uns wieder auf ehemaligem west-
deutschem Boden. Das Ziel der heutigen Tour erreichen wir in 7 /
Herleshausen (2.740 Einw.). Die vor allem für ihren ehemaligen
Grenzübergang bekannte Gemeinde grenzt im Süden an
den Geo-Naturpark Frau-Holle-Land. Namensgeber dieses
Naturparks ist die Märchen- und Sagenfigur Frau Holle,
ihre Heimat liegt Gerüchten zu Folge am im Park gelgenen
Hohen Meißner, einem Mittelgebirgsmassiv. Bevor wir uns
von hier wieder auf den Heimweg begeben, können wir
uns noch die frisch renovierte Evangelische Burgkirche St.
Bartholomäus und das Schloss Augustenau, in privatem
Besitz, anschauen. Leckere Stärkung finden wir in der Landbäckerei
Bechthold-Stange, rund fünf Minuten vom Bahnhof entfernt.

BAHNALTERNATIVE

**Wem die Strecke nach Eise-
nach zu weit ist, der kann die
stündliche Bahnverbindung
mit einer Fahrzeit von ca. 10
Minuten ab Hörschel nutzen.**

⌃ oben / Hoch trohnt die Wartburg über Eisenach

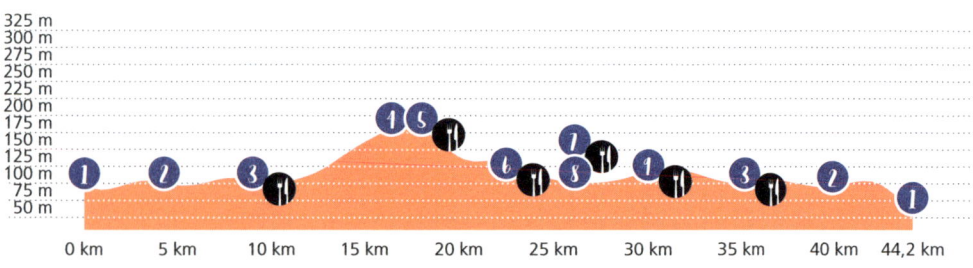

ZAUBERHAFT!

Einmal in Merseburg, unternehme ich meist einen Abstecher zum grandiosen Merseburger Dom. Der Domschatz zeigt auch die weltberühmten Merseburger Zaubersprüche.

➤ **1 /** Vom Bahnhof Merseburg zum Geiseltaler See aufbrechen

➤ **2 /** In Zscherben dem historischen Handelsweg der Salzstraße folgen

➤ **3 /** Am Franklebener Strand das Ostseefeeling genießen

➤ **4 /** Den Aussichtsturm auf der Klobikauer Halde erklimmen

➤ **5 /** Einkehren in der Straußwirtschaft am Weinberg Goldener Steiger

➤ **6 /** Wie wär's mit einer SUP-Tour am Strand Stöbnitz?

➤ **7 /** Die Marina Mücheln erkunden

➤ **8 /** Nach Fossilien Ausschau halten im Labyrinth am Seeufer

➤ **9 /** Über die Seebrücke im Hafen von Braunsbedra flanieren

HAFENHOPPING

Von Merseburg *rund um den* größten
künstlichen See Deutschlands

Vom geschichtsträchtigen Merseburg steuern wir den Geiseltalsee an. Der Rundkurs
um den größten künstlichen See Deutschlands führt uns am Weinberg Goldener Steiger und an idyllisch gelegenen Hafenanla-
gen vorbei. Und Strände gibt's wie Sand am
Meer.

44 Kilometer
110 Höhenmeter ▲
110 Höhenmeter ▼
3:45 Stunden
Rundtour

Auf zum See

Vom 1 / Merseburger Bahnhof orientieren wir uns
zur König-Heinrich-Straße hin und radeln an dieser nach rechts. Am Kreisverkehr schwenken wir
in die Teichstraße, unterqueren die Bahnstrecke
und halten uns gleich links in
die Geusaer Straße. Du radelst
am Rand des Parks um den
Hinteren Gotthardtteich entlang und erreichst eine große
Ampelkreuzung. Wir nutzen
die Ampel, biegen links und
rollen auf dem Radweg zum
Glück nur 500 m neben der verkehrsreichen B 91.
Dann wird's deutlich ruhiger und grüner, denn wir
biegen in den schmalen Feldschlößchenweg ein.

CHARAKTER

Sportlich ●●●●○
Abkühlung ●●●●●
Schlemmen ●●●●○
Panorama ●●●●○

TOURENINFO / Im Stadtgebiet von Merseburg ist auf den
Verkehr zu achten. Sonst verläuft die Route auf Radwegen
und ruhigen Nebenstraßen. Am Seeufer einige steile Auf-
und Abfahrten. Badesachen nicht vergessen.

◄ links / Wer wollte da nicht reinspringen? Geiseltalsee

An der Vorfahrtsstraße hält sich die Route nach wenigen Pedaltritten rechts und schwenkt später bei Haus Nr. 153 ebenfalls rechts in die Naumburger Straße. Neben dem Straßenbahngleis radelst du nun allerdings nur kurz, denn gleich orientiert sich die Tour rechts in Richtung Zscherben. Damit bleibt das Merseburger Stadtgebiet zurück und wir werden nun von der Radwegbeschilderung Salzstraße geleitet. Kurvenreich gelangst du nun ins winzige 2 / Zscherben, in dem eine Zählung im Jahre 2021 die Einwohnerzahl von 42 ergab. Entsprechend schnell liegt das Dorf mit seiner wuchtigen Kirche hinter dir. Die Weiser mit dem Logo der Salzstraße führen uns zunächst ein kleines Stück am Waldrand entlang, bevor sie die Route nach links auf einen befestigten Feldweg dirigieren. Schnurgerade sausen wir durch die aussichtsreiche Feldlandschaft und überqueren die Autobahn. Danach schwenkt der gut beschilderte Radweg hin zum Dorf Reipisch. Im Ort geht es rechts auf dem Sträßchen Salzhohle weiter, das bald nach den letzten Häusern und bei der Kleingartenanlage „Glück Auf" eine Vorfahrtsstraße erreicht. Diese überqueren wir schräg nach rechts versetzt. Die Radweiser führen dich zuverlässig hinab zum 3 / Franklebener Strand am Geiseltalsee.

TIEFGANG

Bis zu 80 m ist der Geiseltalsee tief – mehr als ausreichend für ausgiebige Tauchgänge! Die Tauchbasis am 3 / Franklebener Strand bietet auch Schnupperkurse an.

Ostseefeeling mit Weinberg

Vor allem bei etwas stärkerem Wind stellt sich Ostseefeeling ein – dann gibt es hier richtige Wellen. Der Sandstrand lädt zur Abkühlung im klaren Wasser ein. Bei der Tauchbasis nebenan hat saisonabhängig ein Kiosk geöffnet – einer entspannten Rast steht also nichts im Wege. Wer mag, kann sich auch gleich für einen Schnupperkurs anmelden (www.tauchbasis-geiseltalsee.de). Der Geiseltalsee entstand – wie viele andere Gewässer der Region auch – aus einem ehemaligen Braunkohletagebau. 1993 verließ der letzte Kohlezug die Lagerstätte, 10 Jahre später wurde mit der Flutung des Areals begonnen. Seit deren Abschluss im Jahre 2011 erstreckt sich der See über fast 20 km² und bringt es auf eine Tiefe von fast 80 m – mehr

als genug für ausgiebige Tauchgänge also. Aber auch die Länge des Rundkurses um den See kann sich mit 28 km sehen lassen. Diese Herausforderung nimmst du nun in Angriff und radelst (entgegen dem Uhrzeigersinn) auf dem Uferweg nach rechts. Schnell wird deutlich, dass die Natur das einstige Bergbaugebiet Schritt für Schritt zurückerobert. Renaturierte Tagebauflächen bieten nun Raum für Trockenrasen, wo sich bereits zahlreiche Orchideenarten ansiedeln konnten. Der See selbst ist zum Refugium einer vielfältigen Vogelwelt geworden. Weite Bereiche dieser Habitate stehen heute unter Naturschutz. Auf dem bestens präparierten Asphaltbelag sausen wir dahin. Die Route gewinnt zunehmend an Höhe – umso besser wird die Aussicht, umso mehr müssen wir aber auch in die Pedale treten. Du strampelst bis zum beschilderten Abzweig zum 4 / Aussichtsturm auf der Klobikauer Halde bergan. Zu Fuß machst du dich an den recht steilen Anstieg hinauf auf die Anhöhe. Der Blick vom Turm zeigt dir aber, dass sich die Mühe gelohnt hat. Auf dem Radweg gilt es dann, noch für einen kurzen Abschnitt die Zähne zusammenzubeißen – die Steigungen von 10 % haben es durchaus in sich. Oben kommen wir erst einmal zum Stehen und staunen. Einen Weinberg, der sich bis zum Seeufer hinabzieht, hätten wir hier ganz sicher nicht erwartet. Sogar eine 5 / Straußwirtschaft hat direkt am Radweg ihre Pforten geöffnet, neben Müller-Thurgau, Silvaner und

➤ oben / Weinberge am Geiseltalsee

AUF HOHER SEE

Lust auf einen Schiffsausflug? Im 9 / Hafen von Braunsbedra kannst du die MS Geiseltalsee entern und zu einer Rundtour auf dem See aufbrechen.

Weißburgunder sind auch Zwiebelkuchen, Käseteller und die unverwüstliche Fettbemme im Angebot. Genießen lässt sich dies auf einer Terrasse mitten im Weinberg Goldener Steiger mit grandiosem Panoramablick (www.weinbau-am-geiseltalsee.de). An eine kleine romanische Basilika erinnert die Europäische Begegnungsstätte der Kulturen. In ihr Mauerwerk wurden Steine ehemaliger Kirchen aus dem Geiseltal integriert, die dem Kohleabbau zum Opfer fielen.

Strandhopping

SEEFREUDEN

Wir sausen nun (vorsichtig, weil kurvenreich) bergab. Bänke am Wegesrand laden zum Verweilen ein. Die zahlreichen, kreativ gestalteten Vogelhäuschen und Nistkästen an diesem Uferabschnitt stehen sinnbildlich für den sich entwickelnden Vogelreichtum am Geiseltalsee. Kurz folgen wir nun dem Zufahrtssträßchen zu einem Campingplatz, dann lassen wir uns von der Beschilderung vorbei an einem weiteren Aussichtsturm zum 6 / Strand von Stöbnitz leiten. Zwar verläuft unsere weitere Route oberhalb des Geländes, aber ein Abstecher zum feinsandigen Seeufer ist ganz bestimmt eine gute Idee. Soll's ein erfrischendes Bad oder eine Bootspartie sein? Auch eine SUP-Tour ist

möglich. Schließlich gibt's einen Bootsverleih vor Ort (www.land-gang-event.de). Chillen lässt es sich aber auch wunderbar an der Bar des Beachclubs, die in der Saison geöffnet ist. Nur etwas mehr als einen Kilometer trittst du nun in die Pedale, dann bremst du an der 7 / Marina von Mücheln ab. Überraschend viele Jachten schaukeln hier am Pier. Rund um den markanten Hafenturm haben sich neben der Touristeninformation auch Cafés und ein Restaurant etabliert. Warum also nicht mit einem duftenden Kaffee die Tour und den Blick auf den blauen Geiseltalsee genießen? Über den nächsten Stopp werden sich vor allem kleine Radler freuen: Ein liebevoll angelegtes 8 / Labyrinth präsentiert sich unter dem ungewöhnlichen Namen „Im Urpferd-chen" – aus der Vogelschau lässt sich der Umriss der Anlage nämlich als jenes Urpferdfossil deuten, das bei der Kohleförderung einst freigelegt wurde. Das 50 Mio. Jahre alte Fossil wird heute als Prunkstück der Sammlung im Geiseltalmuseum in Halle der Öffentlichkeit präsentiert. Auch das Städtchen 9 / Braunsbedra kann mit einer Marina punkten. Unterhalb der kleinen Kirche und des Aussichtsturmes Leonhardt er-streckt sich seit 2014 Sachsen-Anhalts erste Seebrücke. Auf beachtlichen 190 m kann hier flaniert und der Blick zurück auf den Hafen genossen werden. Dieser ist übrigens auch der Heimat-hafen der MS Geiseltalsee, die zu Ausfahrten über den (noch) größten künstlichen See Deutschlands einlädt. Nur wenige Kilometer sind nun noch zum 3 / Strand von Frankleben zurückzulegen, wo wir dem Gei-seltalsee den Rücken kehren und zurück nach 1 / Merseburg radeln.

MERSEBURG ENTDECKEN

Die architektonischen Schätze um den Dom St. Johannis, Schloss und Schlossgarten kannst du gut auf eigene Faust erkunden. Infos gibt's unter www.merseburg.de.

◀ **links / Aussichtsturm auf der Klobikauer Halde** ▲ **oben / Der Weinberg Goldener Steiger am Geiseltalsee**

BISCH

KLEINGRAF

K 2159

NIEDERH

NIEDER

Klobikau

Niederwünsch

OBERKLOBIKAU

Schwarzeiche

TOUR 20

START / ZIEL
Bahnhof Merseburg

HINKOMMEN
Auto / Parkplatz beim Bahnhof
ÖPNV / RB20 von Leipzig nach
Großkorbetha, Umstieg und
weiter mit RB25 zum Bahnhof
Merseburg-Hbf.
➤ **1** / Bahnhof Merseburg
➤ **2** / Zscherben ➤ **3** / Franklebener Strand ➤ **4** / Aussichtsturm auf der Klobikauer
Halde ➤ **5** / Straußwirtschaft
➤ **6** / Strand Stöbnitz ➤ **7** / Marina Mücheln ➤ **8** / Labyrinth
➤ **9** / Hafen Braunsbedra

5 🍴

4

K 2162

Stöbnitz

Stöbnitz

L 163

6 🍴

Bergbaufolgelandschaft
Geiseltal

Geiseltalsee

7 🍴

Mücheln
(Geiseltal)

8

Krumpa

Wasserschloss
St. Ulrich

K 2163

St. Micheln

Geisel

▲ Kohlberg
185

9 🍴

Neumark

L 178

Braunsbe

Stadtpark

L 179

Schortau

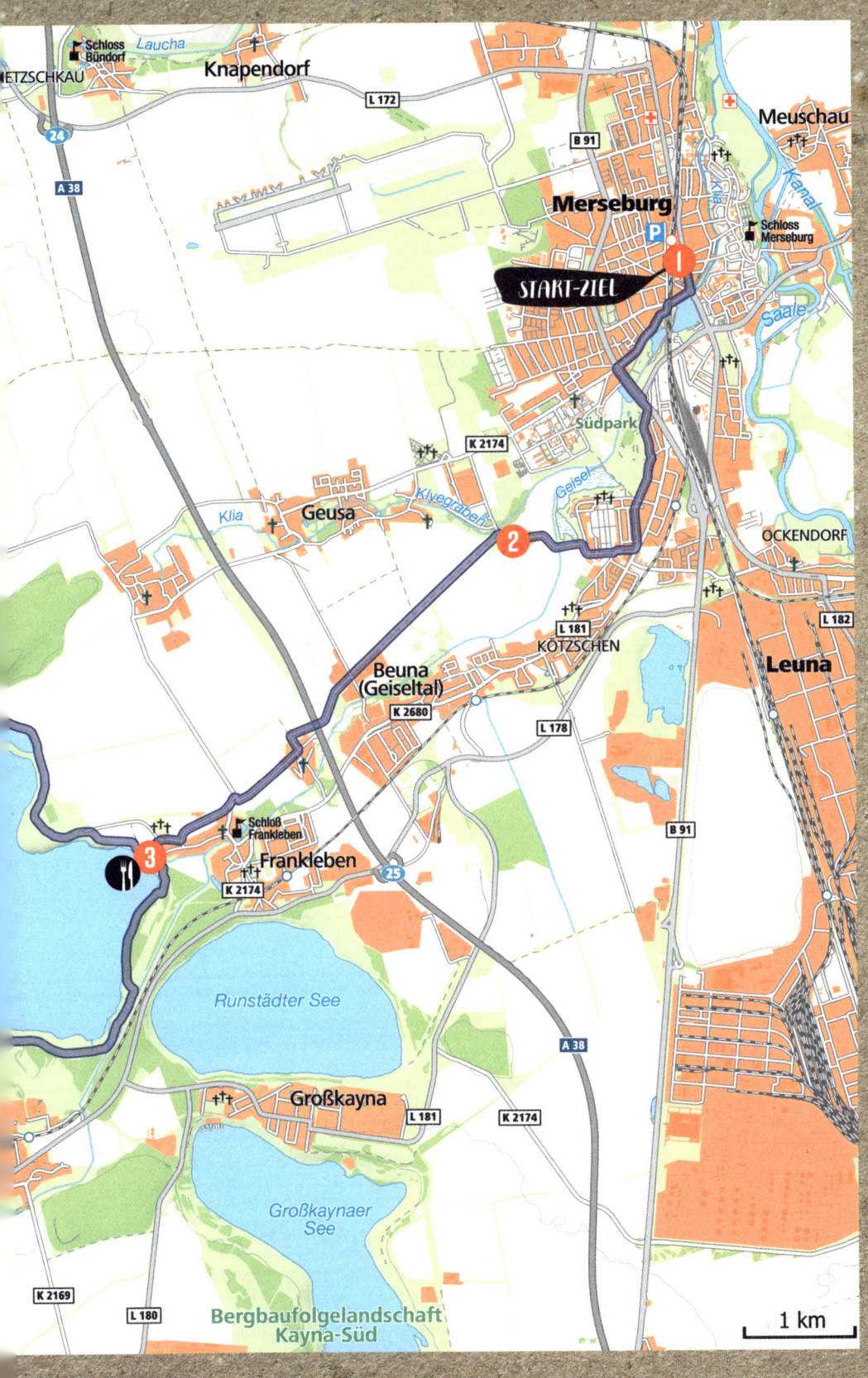

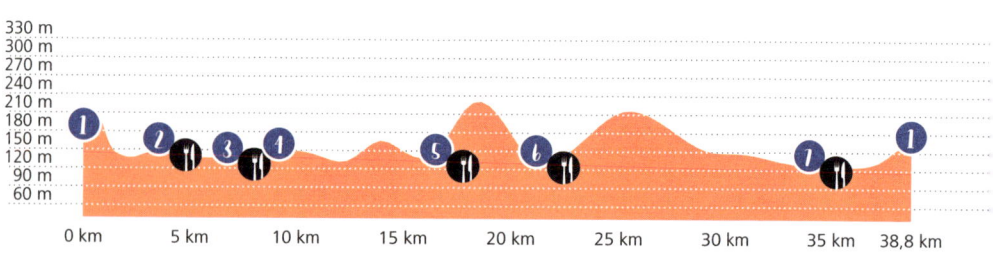

AUENBLICK

In 7 / Höfgen schätze ich in den Biergarten des Gasthauses Zur Wassermühle sehr – schon wegen der traumhaft idyllischen Lage inmitten der Muldeaue.

➤ **1 /** Beim Bahnhof Grimma beginnt und endet die Tour entlang der Mulde

➤ **2 /** Durch die Ruinen des Nonnenklosters Nimbschen streifen

➤ **3 /** Abkühlung suchen im Muldetalbad von Kleinbothen

➤ **4 /** Im Veranstaltungskalender des Jagdhauses Kössern blättern

➤ **5 /** Vom Colditzer Markt zum Schloss hoch über der Stadt aufbrechen

➤ **6 /** Im Park beim Wasserschloss Podelwitz eine Rast einlegen

➤ **7 /** In Höfgen – dem Dorf der Sinne – den Blick über die Muldeaue genießen

SCHLÖSSERTOUR

Architekturperlen
des Muldetals

Der Mulde-Radweg weist uns den Weg am Ufer des Flusses entlang, wobei wir schon bald einen Stopp bei den Ruinen des Klosters Nimbschen einlegen. Auch die mächtige Feste von Colditz und das malerische Wasserschloss Podelwitz liegen am Wege.

Flucht aus dem Kloster

Beim 1 / Grimmaer Bahnhof treten wir in die Pedale und folgen der Radwegbeschilderung in Richtung Colditz auf der Karl-Marx-Straße, der Colditzer Straße und der Kellerhäuser Straße hinab zur Mulde. Am Ufer des träge strömenden Flusses radeln wir auf dem Mulde-Radweg nach rechts und bewundern die historische Hängebrücke von 1924. Du bleibst aber am rechten Muldeufer und passierst gleich das traumhaft gelegene Restaurant Raffinesse. Die Kennzeichnung des Mulde-Radweges leitet dich nun bis nach Col-

39 **Kilometer**
240 **Höhenmeter ▲**
240 **Höhenmeter ▼**
3:15 **Stunden**
Rundtour

CHARAKTER
Sportlich ●●●●●
Abkühlung ●●●○○
Schlemmen ●●●●○
Panorama ●●●●●

TOURENINFO / Die Tour verläuft auf Radwegen und kleinen Landstraßen. Dabei sind einige steile An- und Abstiege zu bewältigen – deshalb ist sie eher nicht für kleine Kinder und Hänger geeignet. Stärkerer Verkehr im Stadtgebiet von Grimma. Baden kann man im Muldentalbad Kleinbothen.

◄ **links / Die Mulde zwischen Grimma und Höfgen**

ditz. Entsprechend rollst du gleich entlang der kleinen Landstraße und querst diese schließlich wieder zum Fluss hin. Auf dem Deichweg steuern wir bald das erste Highlight der Tour an: Nur wenige Meter vom Radweg entfernt stehen die eindrucksvollen Ruinen des 1243 gegründeten 2 / Nonnenklosters Nimbschen. Bekannt ist es vor allem durch eine der einstigen Bewohnerinnen – die Nonne Katharina von Bohra. Gemeinsam mit 11 Gefährtinnen floh sie in der Osternacht des Jahres 1523 nach Wittenberg, wo sie zwei Jahre später die Ehefrau Martin Luthers wurde. Wir lassen uns vom Charme der Ruinen bezaubern, stärken uns vielleicht in der nahen Klosterschänke (www.kloster-nimbschen.de) und treten dann wieder in die Pedale.

GRIMMAS ALTSTADT

Ob vor oder nach der Tour – ein Spaziergang durch Grimma ist ein Muss: Schmale Gassen führen zum Markt oder zur Mulde – du wirst vom Flair begeistert sein.

Zum Zusammenfluss zweier Mulden

Die Route verläuft rechts der Mulde auf einem lauschigen Waldweg zwischen Fluss und steil aufragendem Uferhang. Geradewegs passieren wir die Anlegestelle der Höfgener Fähre und das Künstlerhaus Schaddelmühle. In der ehemaligen Klostermühle werden heute Workshops für Künstlerinnen und Künstler angeboten. Die Radwegbeschilderung führt dich nun aussichtsreich durch die offene Landschaft der Muldeaue. Kleinbothen – unser nächstes Zwischenziel kann mit dem 3 / Muldentalbad punkten. Über die Riesenrutsche oder auch nur ein Eis am Kiosk werden sich vor allem kleine Radler freuen (Badstraße 29). Im Ort solltest du die Weiser des Muldetal-Radweges mit der Destination Colditz im Auge behalten. Wir verlassen Kleinbothen und biegen später vor der Unterführung in Richtung Kössern ein. Auf der Straßenbrücke geht es über die Mulde, dann steigt die Tour zum prachtvollen barocken 4 / Jagdhaus Kössern hin an. Der Entwurf des Gebäudes stammte von Matthäus Daniel Pöppelmann, dem Stararchitekten August des Starken. Auftraggeber war Wolf von Erdmannsdorff, seines Zeichens sächsischer Oberhofjägermeister. Zog es den Dresdner Hof zur Jagd in den nahen Thümmlitzwald, so endete diese in Kössern

meist mit einer – der Lebenswandel August des Starken lässt es vermuten – rauschenden Orgie. Du wendest dem Barockbau den Rücken zu, schwenkst mit dem Radweg bald ins Sträßchen nach Maaschwitz ein und rollst entspannt hinab ins Tal. An der Straßenverzweigung biegt die Tour schließlich rechts in Richtung Sermuth ein. Am nächsten Weiser orientieren wir uns an der Destination Colditz und überqueren gleich die Freiberger Mulde. Wirf von der Straßenbrücke ruhig einen Blick flussabwärts – dort mündet etwa 300 m entfernt die Zwickauer in die Freiberger Mulde. Vereinigt strömen beide dann als Mulde der Elbe entgegen. Wir radeln gerade über eine Straße hinweg und aus Sermuth hinaus.

Schlösserhopping

Steil strampelst du nun bergan, genauso steil surren die Pneus wieder ins Tal und bringen dich zum Ortseingang von Colditz. Hoch über uns thront das berühmte Schloss, entsprechend müssen wir noch einmal kräftig in die Pedale treten, um den 5 / Colditzer Markt

KM 17

Schloss Colditz erlebte seine dunkelsten Stunden in den Jahren des Dritten Reiches, als hier Kommunisten gefoltert und psychisch Kranke ermordet wurden. Ab 1939 diente es als Kriegsgefangenenlager vor allem für alliierte Offiziere. Legendär sind gewagte und erfolgreiche Fluchtversuche, denen ein Museum gewidmet ist.

> ➤ **oben / Einst feierte hier der Dresdner Hof rauschende Feste – das Jagdhaus Kössern**

ABKÜHLUNG ZWISCHENDURCH?

Etwas abseits unserer Tour liegt der Thümmlitzsee, der mit einer Liegewiese am Strand punkten kann: Von **Förstgen** 1 km dem Sträßchen „Zum Thümmlitzsee" folgen!

zu erreichen. Hier haben wir uns eine Pause verdient! Wie wäre es mit einem leckeren Stück Kuchen im Café der Landbäckerei oder einem Eis im Schlosscafé? Auf jeden Fall solltest du den Abstecher hinauf zum Schloss unternehmen. Egal, ob du durch die Höfe schlenderst oder dich im Fluchtmuseum umschaust, das an die Nutzung als Kriegsgefangenenlager im 2. Weltkrieg erinnert – voller Eindrücke setzt du am Markt die Tour fort. Wir radeln nun auf bekanntem Wege 300 m zurück, biegen beim Haus Haingasse 13 rechts ins Sträßchen Am Hainberg ein und schieben bergan. Die Steigung flacht ab. Bald sind die Kliniken Zschadraß erreicht, wo wir (nur leicht links versetzt) geradewegs auf dem Sträßchen Im Park weiterradeln. Bei der Zschadraßer Hauptstraße schwenkt die Route links. Wunderbar aussichtsreich – mit Blick über die Täler beider Mulden – gelangst du nach Collmen. Du rollst durch den kleinen Ort, nimmst wieder Fahrt auf und saust steil bergab bis Podelwitz. Hier muss kurz vor der Muldebrücke der Abstecher auf der Muldengasse zum 6 / Wasserschloss unternommen werden! Dieses liegt traumhaft in einem Park zwischen alten Bäumen und einem Taubenhaus, davor der Biergarten des Restaurants Schlossgewölbe (www.wasserschloss-podelwitz.de) – der perfekte Ort für eine Rast. Schon Friedrich der Große hatte hier einst sein Lager aufgeschlagen.

KM 21

Etwas versteckt und leicht zu übersehen ist es schon, liegt das märchenhafte 6 / Wasserschloss Podelwitz doch in einem verträumten Park umgeben von alten Bäumen. Wie ein i-Tüpfelchen fügt sich ein Taubenhaus in das Idyll. Nicht verpassen!

Durch den Thümmlitzwald ins „Dorf der Sinne"
Du machst dich schließlich wieder auf den Weg, querst die Brücke über die Mulde und hältst dich danach rechts in Richtung Tanndorf. Der Hauptstraßenverlauf führt uns durch den Ort. Nach den Bahngleisen schwenkt die Route links entsprechend der Destination Seidewitz und taucht ansteigend ins dichte Grün des Thümmlitzwaldes ein. Schon nach 500 m hält sich die Tour – dem Weiser nach Kössern folgend – auf das kleine Sträßchen nach links. Auch an der Straßenkreuzung nach weiteren 2 km orientieren wir uns links nach Kössern. Du radelst aus dem Wald hinaus und überquerst gleich nach dem Ortseingang von Kössern die Vorfahrtsstraße etwas nach links versetzt ins Sträßchen Feldseite. An der Stoppstraße geht es

gleich rechts auf der Förstgener Straße weiter. In Förstgen biegst du beim Gasthaus links in die Gasse Vierhäuserweg ein. Schnell bleibt der namensgebende Weiler zurück. Auf einem Radweg nimmt uns nun wieder die aussichtsreiche Muldeaue auf. Bald ist hier das malerische 7 / Höfgen erreicht. Auf einem Pflastersträßchen holpern wir hinab zum Gasthaus Zur Wassermühle, das verlockend an unserer Route liegt. Vom Biergarten reicht der Blick bis zur Mulde, gleich nebenan kann die mehr als 300 Jahre alte Wassermühle besichtigt werden. Auf einer kleinen Anhöhe wacht die Wehrkirche über das Idyll. Höfgen trägt sein Prädikat „Dorf der Sinne" zweifellos zu recht! Zwischen Mühle und Gasthaus führt ein Weg hinab zum Fähranleger. Kurz vor dem historischen Fährhaus biegen wir auf den Radweg in Richtung Grimma nach rechts ein. Am nahen Erlebnishotel Zur Schiffsmühle solltest du unbedingt auch einen Blick auf die Schiffsmühle werfen, die dort schwimmend am Ufer vertäut ist. Entlang der Mulde radeln wir nun zurück zur Grimmaer Hängebrücke, überqueren diese und kehren zum 1 / Bahnhof zurück.

▲ oben / Wasserschloss Podelwitz

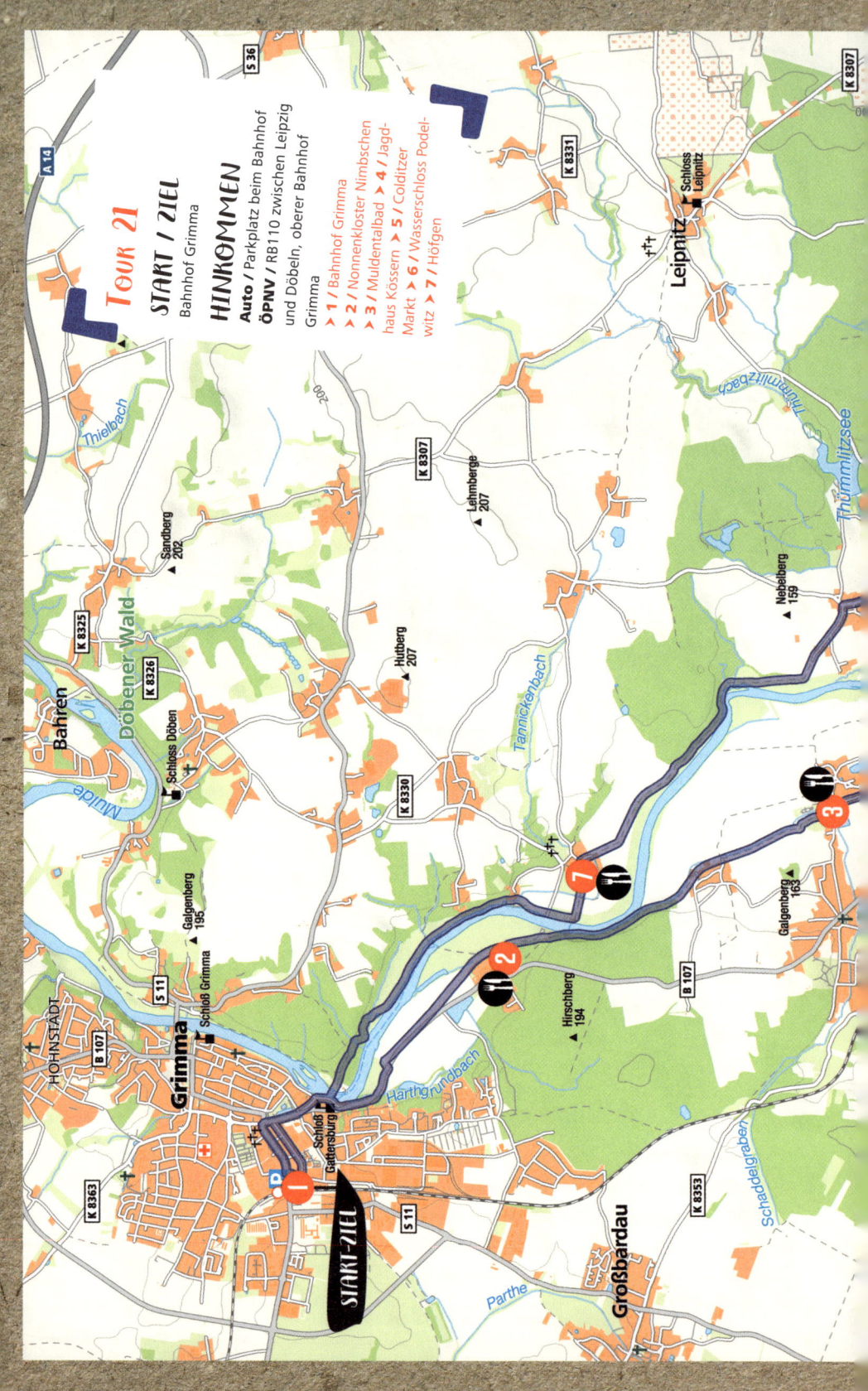

TOUR 21

START / ZIEL
Bahnhof Grimma

HINKOMMEN
Auto / Parkplatz beim Bahnhof
ÖPNV / RB110 zwischen Leipzig
und Döbeln, oberer Bahnhof
Grimma

➤ **1** / Bahnhof Grimma
➤ **2** / Nonnenkloster Nimbschen
➤ **3** / Muldentalbad ➤ **4** / Jagdhaus Kössern ➤ **5** / Colditzer
Markt ➤ **6** / Wasserschloss Podelwitz ➤ **7** / Höfgen

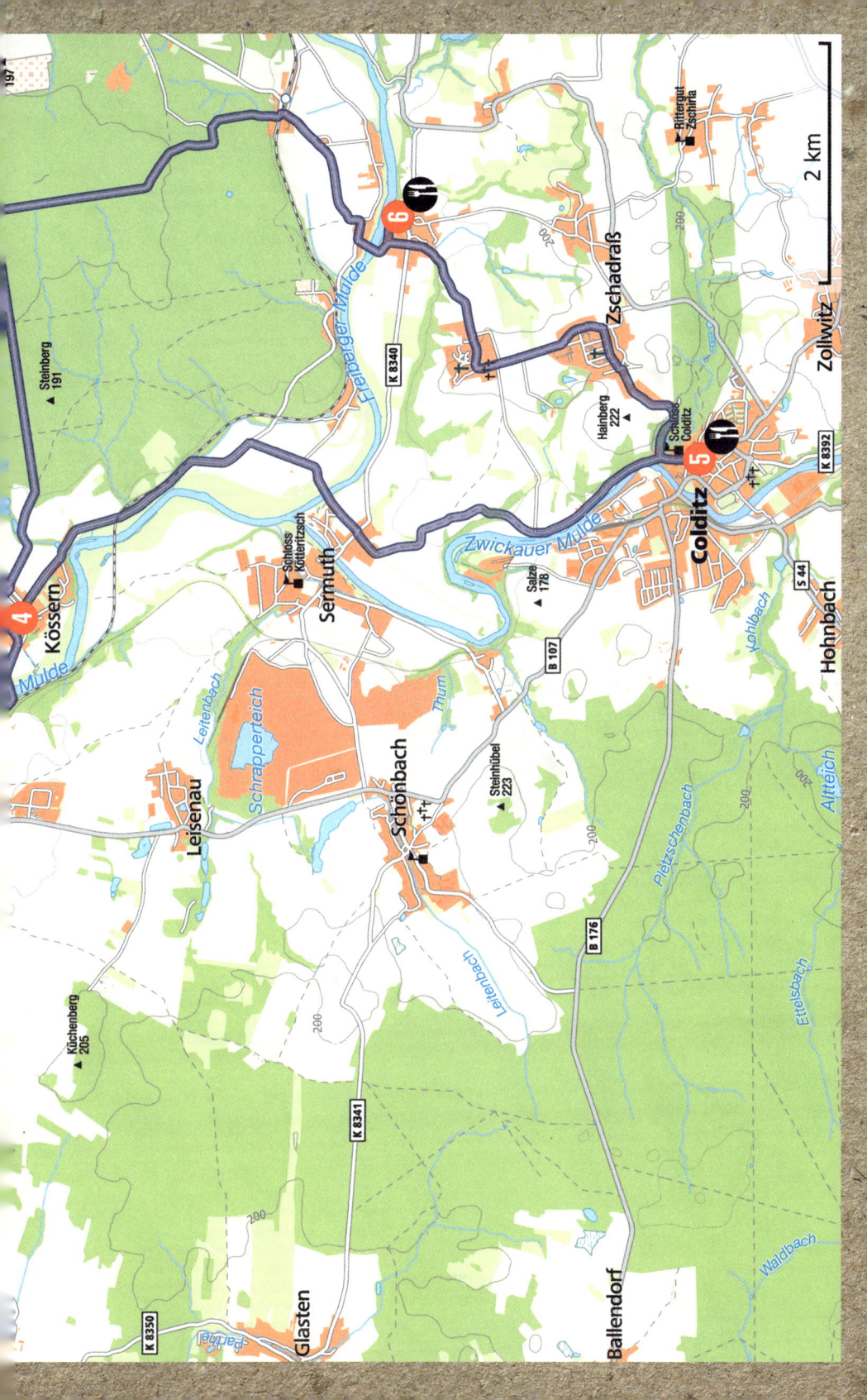

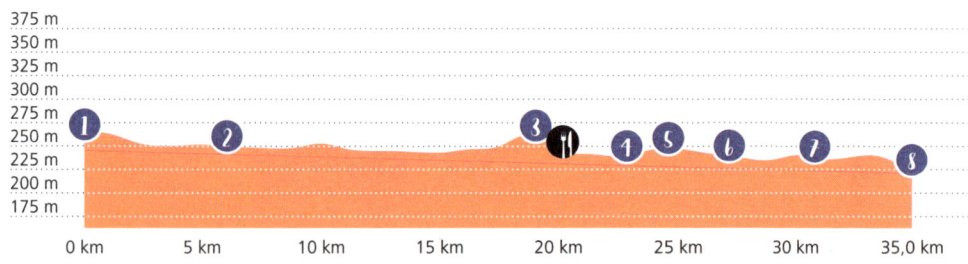

INS KÜHLE NASS

Nicht nur führt die Tour am Main entlang. An warmen Tagen ist es besonders toll, in einem – oder mehreren – der vielen Seen zu schwimmen.

➤ 1 / Wir starten am Bahnhof Bad Staffelstein

➤ 2 / Der Ebensfelder See wartet mit einem kleinen Strand auf

➤ 3 / Durch die hübsche Fachwerk-Altstadt von Rattelsdorf

➤ 4 / Paradies nicht nur für Angler, Surfer und Segler: Baggersee Breitengüßbach

➤ 5 / Kurzer Stopp in Breitengüßbach mit modern erweiterter Kirche

➤ 6 / Wir radeln durch Kemmern, das nur mehr 7 km vor Bamberg liegt

➤ 7 / Kurz vor der Mündung der Regnitz in den Main liegt Hallstadt

➤ 8 / Die Weltkulturerbe- und Bierstadt Bamberg hat viel zu bieten

IN DIE DOMSTADT

Von **Bad Staffelstein**
nach **Bamberg**

Zwischen Bad Staffelstein und Bamberg radeln wir die Flusschleifen des Mains entlang
durch eine schöne Auenlandschaft und ein
seenreiches Gebiet, das zur Abkühlung einlädt. Wir kommen durch viele kleine Städtchen, in denen sich eine Rast anbietet, und
zuletzt in die bekannte Bierstadt Bamberg.

35 Kilometer
40 Höhenmeter ▲
60 Höhenmeter ▼
2:30 Stunden
Streckentour

Durch die Auenlandschaft

Vom 1 / Bahnhof Bad Staffelstein geht es nach Südwesten auf der Straße Am Kurpark, von der wir an
der Querstraße links in die Auwaldstraße biegen und
bahnbegleitend Bad Staffelstein verlassen. Bei Unter-
zettlitz führt uns der Weg nach
rechts durch Felder zum Main.
Wir radeln stets in der Nähe des
Flusses über Niederau vorbei am
2 / Ebensfelder See mit Mini-
strand bis Ebensfeld. Am Bahnhof vorbei, dann führt uns die
Straße Gries zurück zum Main,
den wir an der St 2987 über-

CHARAKTER

Sportlich ●●○○○
Abkühlung ●●●●●
Schlemmen ●●●○○
Panorama ●●●●○

queren. In Oberbrunn wenden wir uns links in die
Straßen Ziegelanger und Wiesenweg. Auf straßen-
begleitendem Radweg radeln wir bis Unterbrunn.

TOURENINFO / Am MainRadweg führt hier hauptsäch-
lich über asphaltierte Radwege, Nebensträßchen und einige
gekieste Strecken. Fast völlig flach.

◄ links / Rathaus Bad Staffelstein

Durch Seen und Felder nach Rattelsdorf

Am Ortsanfang biegen wir in den Angerweg und radeln vorbei am Großen Angersee und zwischen weiteren kleinen Gewässern nach Süden bis in die Nähe von Zapfendorf, das auf der anderen Mainseite liegt. Vor dem Ortsgebiet wenden wir uns rechts in die Mainstraße und gelangen entlang von Feldern bis zu einem linkerhand einzeln stehenden Haus. Davor müssen wir uns links halten, immer geradeaus durch die Felder bis Ebing, einem Gemeindeteil des Markts Rattelsdorf, unserem nächsten Ziel. Am Friedhof nehmen wir rechts den straßenbegleitenden Radweg der Ebinger Hauptstraße, biegen bei der Bushaltestelle noch einmal rechts ab und gleich wieder links in die zweite Straße. So gelangen wir auf den Markt- und Kirchplatz von 3 / Rattelsdorf, das rund 4.600 Einwohner hat. Rund um den Platz lassen sich ein historisches und schön renoviertes Fachwerkensemble bewundern sowie der spätmittelalterliche Torturm mit seiner barocken Kuppel. Der berühmte Bildhauer Ferdinand Tietz schuf 1765 die Marienstatue, die auf dem Rattelsdorfer Marktplatz steht. Auch einige Gasthäuser laden zur Einkehr. Entlang der Hauptstraße und Bamberger Straße verlassen wir im Anschluss die Marktgemeinde.

RADFERNWEG

Wer durch diese Tour auf den Geschmack gekommen ist, kann sich den gesamten MainRadweg mit 500–550 km vornehmen. Man beginnt entweder am Weißen oder Roten Main – oder deren Zusammenfluss bei Kulmbach – und endet, wo der Main in den Rhein mündet.

Noch mehr Baggerseen

Am Ortsende wenden wir uns rechts und auch gleich darauf vor der B4 rechts auf den straßenbegleitenden Radweg. Stets entlang der Felder geht es knapp 3 Kilometer an den 4 / Breitengüßbacher See. Hier im Nordwesten von Breitengüßbach ist durch den Kiesabbau eine ausgedehnte Seenlandschaft entstanden, heute ein Naherholungsgebiet. Im „Großen See", der eine neu gestaltete Badeinsel hat, lässt sich wunderbar baden, paddeln und angeln. An zwei kostenfreien Sandstränden kann man es sich am Wasser bequem machen. Mobile Toiletten stehen zur Verfügung. Bei unserer Weiterfahrt queren wir kurz darauf mit der B4 die A73, und fahren entlang der Lichtenfelser Straße hinein nach 5 / Breitengüß-

bach. An der großen Kreuzung biegen wir rechts in die Baunacher Straße und gleich links auf den Kirchplatz. Hier befindet sich die Pfarrkirche Sankt Leonhard, die einen modernen Erweiterungsbau in Form eines zeltförmigen Daches („Gottes Zelt auf Erden") über dem Langhaus hat.

Durch Kemmern und Hallstadt

Rechts in die Austraße und links in die Bühlstraße sind wir nun wieder nach Süden unterwegs. Wir folgen dem Straßenverlauf, queren die A 73 erneut und kommen durch Felder und Wiesen an den Ortsrand von Kemmern, das nur mehr sieben Kilometer von Bamberg entfernt liegt. Die Frankenstraße leitet uns in den Ort, wo wir an der Kreuzung mit der Apotheke rechts auf die Breitengüßer Straße biegen, die uns in einem Bogen ins Zentrum von 6 / Kemmern führt. Die Gemeinde liegt eingebettet zwischen dem Main und den Ausläufern der Haßberge. Vorbei an der Kirche St. Peter und Paul verlassen wir immer geradeaus den Ort. Der Radweg verläuft ein kurzes Stück parallel zum Fluss, bevor er nach links Richtung Süden eine Flussbiegung abschneidet. Durch Felder erreichen wir den Ortsrand von Hallstadt. Der Gründleinsbach versperrt uns den Weg

⌃ oben / Kirche St. Peter und Paul

DOM

Er ist das beherrschende Bauwerk des Weltkulturerbes Bamberg. Im Inneren findet man den mysteriösen „Bamberger Reiter", den Marien- oder Weihnachtsaltar von Veit Stoß, das Papstgrab von Clemens II. sowie das Hochgrab des Kaiserpaares Kunigunde und Heinrich II.

HEXEN-BRENNER

Im 16. und 17. Jh. war das ehemalige Hochstift Bamberg eines der Hauptzentren der Hexen- und Zaubererverfolgung in Süddeutschland. Bis 1631 wurden in drei Wellen über 880 Personen der Hexerei oder Zauberei angeklagt und hingerichtet. Maßgeblich dafür verantwortlich war etwa der Bamberger Fürstbischof Johann Georg II. Fuchs von Dornheim, genannt der „Hexenbrenner", der auch 1627 das Drudenhaus erbauen ließ..

und so folgen wir diesem ein kurzes Stück nach rechts, bis uns die Brücke in die Mühlhofstraße leitet. Wir umrunden so 7 / Hallstadt, dessen Besiedlungsursprung durch Ausgrabungen bis 5.000 Jahre v. Chr. belegt werden kann. Links in die St 2281 Mainstraße, gleich rechts in Straße Tiergarten kreuzen wir die Valentinstraße. Hier hat man nun zwei Optionen. Entweder wir biegen hier nach Westen auf die Valentinstraße ab, folgen dem Main ein kurzes Stück länger, unterqueren die Bahngleise und die A 70 und wechseln auf das andere Ufer des MainDonau-Kanals, um diesem und gleich darauf der Regnitz ins Zentrum zu folgen. Den großen Bogen abschließend, geht es im Anschluss über die Regnitz und den Main-Donau-Kanal hinüber zum Bahnhof. Oder wir folgen dem MainRadweg weiter auf direktem Weg zum Bahnhof von Bamberg, der nordöstlich des Zentrums auf der rechten Seite des Main-Donau-Kanals liegt.

Bier- und Domstadt

Hallstadt geht jedenfalls nahtlos in 8 / Bamberg über, das weit mehr als nur die bekannte Bierstadt ist. Bamberg liegt am nordöstlichen Ausläufer des Steigerwalds nahe der Mündung der Regnitz in den Main. Zwischen den beiden Flussarmen – der rechte wurde zum Main-Donau-Kanal ausgebaut – liegt die sogenannte Inselstadt. Die Stadt wurde auf sieben Hügeln erbaut, Vorbild der mittelalterlichen Städteplaner war Rom. Diese geografischen Besonderheiten trugen dazu bei, dass Bamberg heute auch als „Klein-Venedig" bezeichnet wird. Seit 1993 trägt die Universitätsstadt das Prädikat „UNESCO-Weltkulturerbe" und sieht man sich die Liste der Sehenswürdigkeiten an, durchaus zu recht. Der viertürmige Dom, mehr als zehn Theater, eine Vielzahl an Museen und der größte unversehrt erhaltene historische Stadtkern Deutschlands sind nur eine kleine Auswahl dieser Auflistung. Die mit rund 78.000 Einwohnern größte Stadt Oberfrankens hat mit den 1946 von ehemaligen Mitgliedern der Deutschen Philharmonie in Prag und Musikern aus Karlsbad und Schlesien gegründeten Bamberger Symphonikern ein Orchester von Weltruf und ist bekannt für das E.T.A.-Hoffmann-Theater und das

Internationale Künstlerhaus Villa Concordia. Die Neue Residenz, das Erzbischöfliche Palais, das Alte Rathaus und die ehemalige Kaiserpfalz sind nur einige der rund 1.200 Baudenkmäler der Stadt. Aus wirtschaftlicher Sicht bedeutend ist für Bamberg seit Langem der Anbau von Gemüse und von Samen der Süßholzwurzel. Von ehemals 400 Gärtnereibetrieben sind circa zwanzig verblieben, mit nach wie vor großen Anbauflächen inmitten der Stadt. Die Bamberger tragen nebenbei bemerkt noch immer den Spitznamen „Dswiebldreedä", was für „Zwiebeltreten" steht. In den Bamberger Sandböden gedeihen Speisezwiebeln besonders gut, zur gegebenen Zeit werden seit alters her die jungen Zwiebeltriebe umgetreten, um damit das Knollenwachstum zu fördern. Sehenswert zu diesem Thema ist das Gärtner- und Häckermuseum. Natürlich trugen seit dem Mittelalter auch die vielen Bierbrauereien zum wirtschaftlichen Aufschwung Bambergs bei, die ältesten von ihnen führen ihre Geschichte bis in das 13. und 14. Jh. zurück. Erhalten sind heute noch neun völlig eigenständige Brauereigaststätten, in denen vierzig unterschiedliche Biersorten gebraut werden, so etwa das bekannte „Schlenkerla Rauchbier" im Schlenkerla. So finden wir auf alle Fälle genügend Möglichkeiten, um die Tour entspannt ausklingen zu lassen.

SÜSSHOLZWURZEL

Der Anbau von Süßholzwurzel ist bereits für das Jahr 1536 belegt. Im 16. und 17. Jh. wurden jährlich rund 30 Tonnen der Wurzeln geerntet. Das enthaltene Glycyrrhizin hat eine 150-mal stärkere Süßkraft als Zucker, es wird heute noch in der Herstellung von Lakritze eingesetzt.

▲ oben / Dom in Bamberg

START
Bahnhof Bad Staffelstein

ZIEL
Bahnhof Bamberg

HINKOMMEN

Auto / Bahnhofstr. 101, 96231 Bad Staffelstein, P+R-Parkplätze am Bhf. ÖPNV / von Würzburg 1 Std. 10 Min., von Nürnberg und Erfurt 1 Std.; Bamberg-Bad Staffelstein 12 Min.

▶ 1 / Bahnhof Bad Staffelstein ▶ 2 / SEbensfelder See ▶ 3 / Rattelsdorf ▶ 4 / Breitengüß-bacher See ▶ 5 / Breitengüßbach ▶ 6 / Nelsons Kajüte ▶ 7 / Find-ling Alter Schwede ▶ 8 / Bamberg

TOUR 22

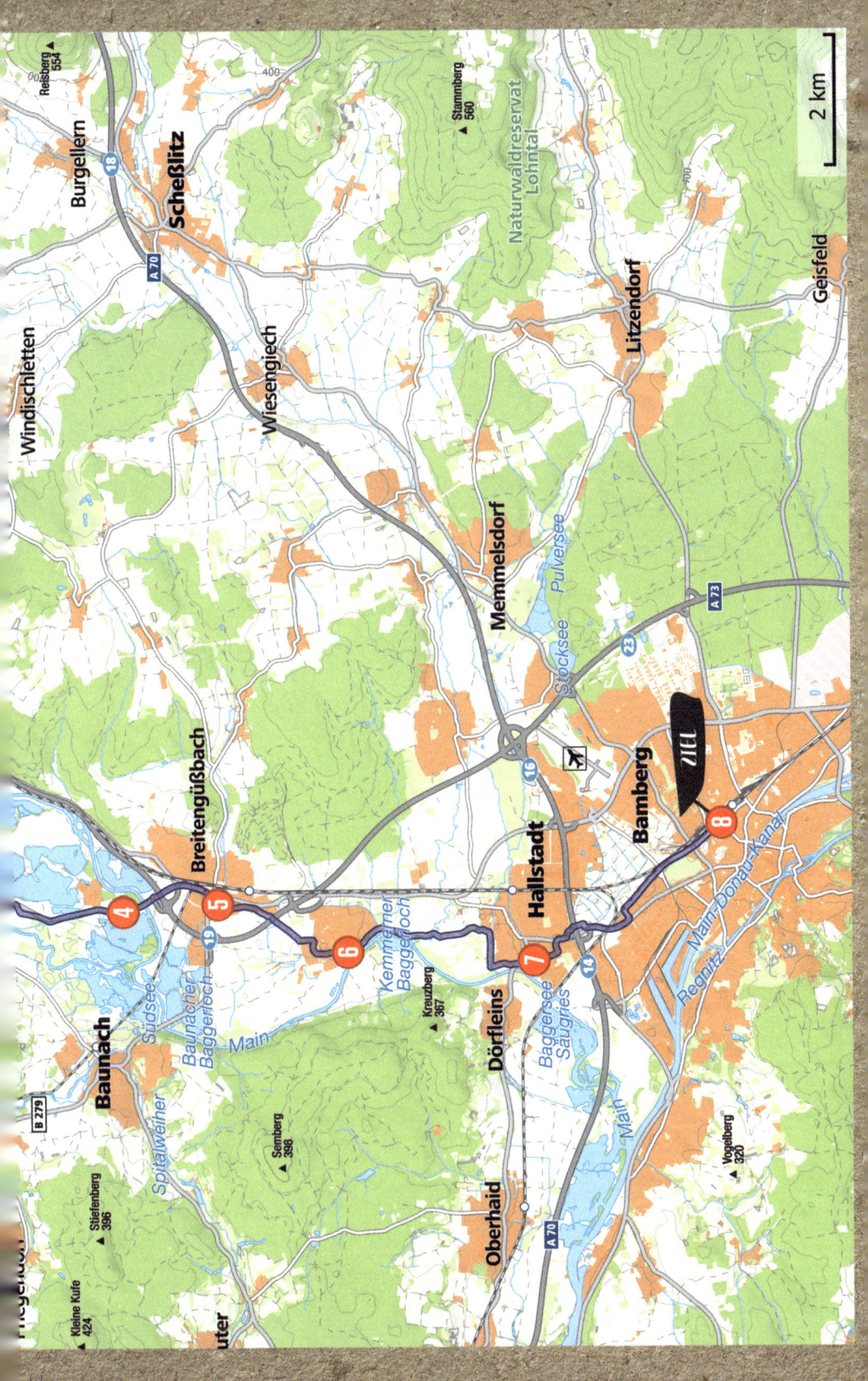

2 km

Reisberg ▲ 554

Burgellern

Scheßlitz

18

A 70

Windischletten

Wiesengiech

Stammberg ▲ 560

Naturwaldreservat Lohntal

Litzendorf

Geisfeld

Memmelsdorf

Pulversee

Stocksee

A 73

23

16

Bamberg

ZIEL

8

Hallstadt

Breitengüßbach

19

4

5

6

Kemmerner Baggerloch

Kreuzberg 367

Dörfleins

7

10

Baggersee Saugries

Main-Donau-Kanal

Regnitz

Baunach

Südsee

Baunacher Baggerloch

Main

Spitalweiher

Semberg 398

Oberhaid

A 70

Main

Vogelberg 320

B 279

Stiefenberg 396

Kleine Kufe 424

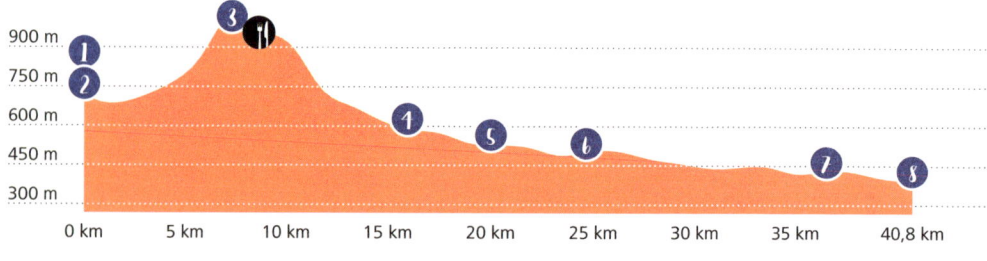

DACHSTEIGEN

Mein Puls schlägt höher, wenn es steil bergauf nach Brennes geht und mir in der Arber-Alm ein herzliches „Grüß Gott" zugerufen wird.

➤ **1 /** Am Grenzbahnhof Bayerisch Eisenstein erwartet uns die Geschichte der Bayerischen Localbahnen

➤ **2 /** Die Modelleisenbahnwelt im Museum NaturparkWelten ist genial

➤ **3 /** An der Arber-Alm haben wir den Anstieg geschafft

➤ **4 /** Gemütlich spazieren wir durch den Bayerwald-Tierpark

➤ **5 /** Im Osserbad ziehen wir einige Bahnen

➤ **6 /** Einzigartig, wie viele Handwerke uns im Bayerwald Handwerksmuseum vorgestellt werden

➤ **7 /** Zur Flugshow im Greifvogelpark Grafenwiesen nehmen wir Platz

➤ **8 /** Am Bahnhof Bad Kötzting haben wir das Ziel erreicht

DEM HIMMEL NAH

Lamer Winkel _{zwischen den}
Tausendern _{am} *Großen*
Arber _{und} *Großen Osser*

Von der bayerisch-böhmischen Grenze am Bahnhof Bayerisch Eisenstein starten wir zur Tour übers grüne Dach des Bayerischen Waldes. Von fast 700 m ausgehend knacken wir die Tausender-Höhenmarke unterhalb des Großen Arbers. Talwärts führt der „Grüne Dach Radweg" durch den Lamer Winkel. Rechts wie links erheben sich die Tausender-Berge, deren Bäche den Weißen Regen auf die Spur bringen. Wir folgen ihm bis nach Bad Kötzting.

41 Kilometer
470 Höhenmeter ▲
790 Höhenmeter ▼
3:15 Stunden
Streckentour

Der geteilte Bahnhof

Am 1 / Grenzbahnhof Bayerisch Eisenstein schlägt das Herz der Eisenbahnfreunde im Dreivierteltakt. Im historischen Lokschuppen des Localbahn-

CHARAKTER
Sportlich ●●●●○
Abkühlung ●●●○○
Schlemmen ●●●○○
Panorama ●●●●●

museums erwarten uns Dampf- und Diessellokomotiven sowie historische Wagen und im 2 / Museum NaturparkWelten gleich im Bahnhofsgebäude

TOURENINFO / Auf breiten Waldwegen radeln wir steil bergauf zum Skigebiet unterhalb des Großen Arber und steil hinab in den Lamer Winkel. Im Tal des Weißen Regen geht's ständig, aber mäßig auf asphaltierten Wegen und Straßen talwärts. Die ersten Kilometer erfordern reichlich Kondition. E-Bike-Ladestationen: Bad Kötzting, Gasthof „Zur Post", Herrenstraße 10; Lam, Tourist-Info Lam, Marktplatz1; Bayerisch Eisenstein, Tourist-Info Bayerisch Eisenstein, Schulbergstr. 1

◄ links / Am Gipfel des Großer Arber

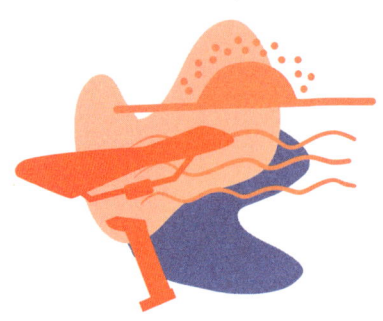

stimmen wir uns auf die Tagestour ein. Unterm Dach entdecken wir eine riesige Modelleisenbahnwelt, die das Grüne Dach widerspiegelt, im Maßstab 1:87. Im Erdgeschoss erfahren wir viel über den König des Bayerwaldes, den Großen Arber.

Arber-Alm

Nun geht's los, auf dem ausgeschilderten Radweg „Grünes Dach Radweg" vom Parkplatz an der Bahnhofstraße entlang zur Hauptstraße. Bei den Sportanlagen queren wir sie und radeln rechts über die Brücke des Großen Regen zur Eisensteinermühle. Wir folgen dem Ufer bis zum Asphaltsträßchen bei der Kläranlage. Rechts führt der Weg unterm Großen Arber über die Arberhütte, ist ein schönes, uriges Café, in den Talkessel des Teufelsbaches hinauf. Auf einem breiten Waldweg erklimmen wir den Anstieg zur Grafhütte. Vor der Hütte biegen wir links nach Brennes ab. Gut 100 Höhenmeter geht's bergwärts ins Arber-Skizentrum zur 3 / Arber-Alm (Tel. 09925 902048, Brennes 18–20, 94252 Bayerisch Eisenstein). Endlich einkehren!

AUF DEM GRÜNEN DACH

Von Brennes führen zahlreiche Wanderwege zum Kleinen Arbersee und auf den Gipfel des Großen Arber. Wir fahren mit der Gondelbahn zum Gipfel.

Wo der Weiße Regen seinen Weg beginnt

In Brennes wenden wir uns zur großen Straßeneinmündung und biegen links ab. Nach wenigen Metern zweigt links ein Waldweg ab, der uns talwärts durch eine Serpentine zur Mooshütte am Talkessel des Weidenbaches bringt. Auf dem breiten Waldweg kommen wir zu einer Wegeverzweigung, an der wir nach rechts ziemlich schnell viele Höhenmeter talwärts hinter uns bringen. Unten vereinigen sich die Hangbäche zum Weißen Regen. Das Asphaltsträßchen bringt uns nach Sommerau, auf eine Lichtung über dem Weißen Regen. Wir erreichen Zackermühle, wo die toll restaurierte Mühle mit buntem Türmchen einen super Eindruck macht.

Lamer Winkel

Wenige Radumdrehungen trennen uns nur noch von Lohberghütte. Wir radeln zur Hauptstraße, der Lamer Straße, und wenden uns

nach links zum 4 / Bayerwald-Tierpark in der Schwarzenbacher Straße. Ein Rundweg führt uns zum Streichelzoo, den Elchen, Reh, Rothirsch und Wisent. Wir satteln wieder auf, kommen in Schwarzenbach an der kleinen Dorfkapelle vorbei und rollen nach Neuschrenkenthal ans Ufer des Weißen Regen. Auf dem Aubachweg radeln wir über die Brücke an die Staatsstraße. Links und sofort rechts geht's nach Schrenkenthal hinein. Die Lohberger Straße bringt uns zur Arberstraße in Lam. Der Markt gab seinen Namen der Tallandschaft zwischen den Tausender-Bergen Schwarzriegel, Großer Osser, Großer Arber und Großem Riedelstein.

Kopfsprung

In Lam könnten wir im 5 / Osserbad einen Sprung ins kühle Nass machen. Das Frei- und Hallenbad liegt am Ginglmühler Weg gleich am Ufer des Weißen Regen. An der Arberstraße biegen wir links ein, queren die Staatsstraße und kommen zum Bahnhof Lam. Auf der Gaberlsägstraße fahren wir erst an den Gleisen entlang und dann hinüber zur Staatsstraße. Vor der Einmündung nehmen wir nun den Radweg entlang der Straße nach Arrach. Vor dem Ort erreichen wir das Arracher Moor, eines der letzten Hochmoore Bayerns. Ein Bohlenpfad führt uns zu Fuß ab der Blockhütte durchs Moor an informativen Stationen vorbei. Zurück an der Hütte radeln wir nach Arrach hinein bis zur Eckstraße und biegen links ein.

DURCH EINES DER LETZTEN HOCHMOORE BAYERNS

⌃ oben / Gipfelblick zum Großen Arber

WILDNIS ERLEBEN

Im 4 / Bayerwald-Tierpark Lohberg können wir den Tieren „in die Augen schauen". Ganz nah sind wir den heimischen Tieren wie Luchs, Elch, Rentier und der Wisentherde.

Bärwurzerei

Hinterm Bahnübergang zweigt die Lamer Straße ab, auf der wir gleich die Häuser des 6 / Bayerwald Handwerksmuseum erreichen. Hier gibt's „geistreiches" und kulturelles. Die Familie Drexler möchte die Zeit des alten Handwerks in den Häusern des Drexler-Hofs (Tel. 09943 903703, Hausfelder Str. 1, 93474 Arrach) unvergessen machen. Auf dem Anwesen erwarten uns ein Destillen-, Holzkunst-, Mineralien- und das Handwerksmuseum. Sonn- und Feiertage geschlossen.

Unterm Kaitersberg-Massiv

Wir kommen in Arrach am zentral gelegenen Gasthaus Aschenbrenner vorbei, bevor wir die Staatstraße erreichen. An der Einmündung biegen wir auf den parallel geführten Radweg ein und radeln unter dem bewaldeten Kaitersberg-Massiv, alles Tausendergipfel mit dem überragenden Großen Riedelstein, entlang Richtung Hohenwarth. Im Ortsteil Simpering verlassen wir die Staatsstraße und folgen erst der Lamer Straße, die dann bald Hauptstraße heißt, an den Bahnhof Hohenwarth. Rechts biegen wir in die Bahnhofstraße ein und queren die Bahn zur Brücke am Weißen Regen. Gegenüber radeln wir nach links, queren die große Straße und folgen der schmalen Rimbacher Straße zum Weiler Oberzettling.

Flugshow

Geradeaus geht's hindurch und bei den letzten Häusern links auf den unbefestigten Weg an die Staatsstraße. Erst immer an ihr entlang macht unser Weg vor Matheshof doch eine Kurve und bringt uns ins Dorf und wieder an die Staatsstraße. Erneut fahren wir an ihr entlang jetzt nach Englmühle. Dort queren wir die Straße zum Hauserweg und lenken unser Rad links ans Ufer des Weißen Regen. Eine schöne Kapelle erwartet uns, geduckt unter einer großen Linde, beim Zittenhof. Den Weißen Regen zur Linken radeln wir zum 7 / Greifvogelpark Grafenwiesen (Tel. 09941 400507, Feßmannsdorf 31, 93479 Grafenwiesen). Hier bekommen wir einen Einblick

70

Eine Besonderheit des Bayerischen Waldes ist der Bärwurz, eine hochprozentige Spezialität. Die Quelle dieser begehrten Köstlichkeit „sprudelt" in Arrach, in der Schnapsbrennerei Drexler-Hof. Dort werden über 70 Schnaps- und Likörsorten destilliert.

in die faszinierende Welt der Greifvögel und erleben den Seeadler
während der Flugshow.

Wellenspiel wie am Meer

Wir fliegen zwar nicht weiter, sind aber bereits unserem
Ziel recht nah. Feßmannsdorf passieren wir und halten
uns am nächsten Abzweig links zu den Kliniken des
Landkreises Cham. Dahinter erreichen wir verschiedene
Schulen und kommen zur Straßenbrücke am Weißen Regen. Direkt am Ufer führt unser Weg unter der Brücke hindurch
am Rande der Altstadt entlang zur überdachten Fußgängerbrü-
cke, die die Aquacur Badewelt Bad Kötzting mit der Altstadt verbindet. Unterhalb der Kirchenburg Bad Kötzting queren wir die
Ludwigstraße, radeln über den Parkplatz und durch die Bahnun-
terführung in den Kurpark. Wir folgen dem Radweg um das Sta-
dion herum und geradeaus zur Reithalle. Hinterm Bahnübergang
biegen wir rechts ab zum 8 / Bahnhof Bad Kötzting. Ziel erreicht.

KREISE IM HIMMEL

Highlight im 7 / Greifvogelpark Grafenwiesen sind die
Flugvorführungen der mäch-
tigen Seeadler und Geier. Mit
ausgewählten Vögeln gibt's
nach der Flugshow ein Foto.

⌃ oben / Kirchenburg Bad Kötzting Kirchenburg Bad Kötzting

TOUR 23

START
Bahnhof Bayerisch Eisenstein

ZIEL
Bahnhof Bad Kötzting. Von dort verkehren die Züge der RB28 nach Cham. Dort Umstieg in den RE25 zum Hbf Regensburg mit Ziel München Hbf.

HINKOMMEN

Auto / Auf der BAB A92 von München nach Deggendorf zur Ausfahrt 29 Deggendorf-Mitte, weiter auf der B11 über Regen und Zwiesel zum Start.

ÖPNV / Von München nach Plattling. Dort in die Waldbahn RB35 umsteigen und über Zwiesel zum Bahnhof Bayerisch Eisenstein.

➤ **1** / Grenzbahnhof Bayerisch Eisenstein ➤ **2** / Museum Natur-parkWelten ➤ **3** / Arber-Alm ➤ **4** / Bayerwald-Tierpark ➤ **5** / Osserbad ➤ **6** / Bayerwald Handwerksmuseum ➤ **7** / Greif-vogelpark Grafenwiesen ➤ **8** / Bahnhof Bad Kötzting

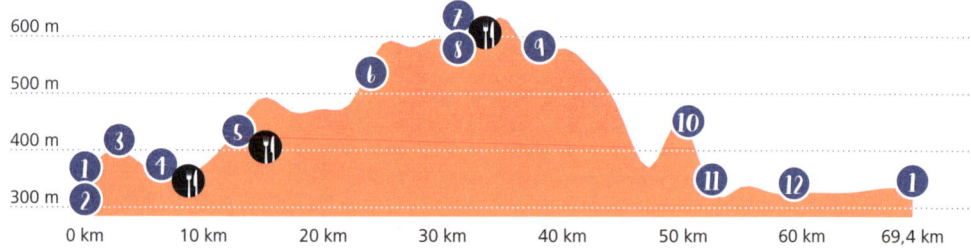

ÜBERRASCHENDE ERLEBNISSE

Jeder Kilometer, der mich zwischen Burgen und Schlössern durch die Natur der Bayerwaldberge führt, ist ein Erlebnis besonderer Art.

➤ **1 /** Am Parkplatz beim Festplatz satteln wir auf und starten zur Tour

➤ **2 /** Gleich zu Beginn geht's zur Ruine Burg Donaustauf

➤ **3 /** Im Inneren der Walhalla sehen wir Büsten bedeutender Deutscher

➤ **4 /** Vom Gasthaus Hammermühle sind es 300 m zum Jagdschloss

➤ **5 /** Mitten im Otterbachtal stoßen wir auf den „Koreawirt"

➤ **6 /** In Schillertswiesen wechseln wir auf die Bahntrasse

➤ **7 /** Der Gasthof Zur Post war Poststation des Fürstenhauses Thurn und Taxis

➤ **8 /** In der Burg Falkenstein erleben wir Theaterabende

➤ **9 /** Wilde Natur sehen wir am Höllbach

➤ **10 /** Am Nepal Himalaya Pavillon sind wir dem Dach der Welt gefühlt ganz nah

➤ **11 /** Am Schloss Wiesent setzen wir uns ins Café

➤ **12 /** In Bach probieren wir vom Landwein

HELDENTEMPEL

Bayerische Akropolis, Burgen *und* Schlösser: *Zwischen* Donaustauf *und* Falkenstein

In Donaustauf genießen wir den Blick von der Walhalla über den Gäuboden, radeln anschließend durch das Tal des Otterbaches und machen beim Koreawirt Rast. Auf ruhigen Kreisstraßen erreichen wir Schillertswiesen und rollen auf einer Bahntrasse zur Burg Falkenstein. Retour geht's ins Wiesenttal und hinauf zum Nepal-Himalaya-Pavillon, hinab zur Donau und an ihr entlang zurück nach Donaustauf.

Burgenblick

Wir starten zu unserer Tour auf dem 1 / Parkplatz beim Festplatz in Donaustauf. Hoch über uns sehen wir die Mauerreste der Burg Donaustauf. Sie werden wir am Ende der Radrundtour

CHARAKTER

Sportlich ●●●●●
Abkühlung ●●○○○
Schlemmen ●●●○○
Panorama ●●●●○

69 Kilometer
850 Höhenmeter ▲
850 Höhenmeter ▼
4:45 Stunden
Rundtour

TOURENINFO / Bergauf geht's zur Walhalla und dann auf schmalem Waldweg am Ottersbach entlang. Auf ruhigen Kreisstraßen immer leicht bergauf, erreichen wir die Schillertswiesen. Auf einer Bahntrasse geht's fast eben nach Falkenstein. Zum Tannerl fahren wir auf breitem Waldweg und anschließend auf Asphaltsträßchen nach Donaustauf. E-Bike-Ladestationen: Donaustauf, Die Kupferpfanne Hotel und Landgasthof, Lessingstraße 46–48; Donaustauf, Weingarten Flori-Der Brotzeithof, Walhallastraße 8; Markt Falkenstein, Rathausparkplatz Falkenstein, Marktplatz 1; Wiesent, Bahnhofstraße 15, beim Kinderhaus Nähe Rathaus; Wiesent, Gaststätte Liebl, Schlossplatz 7

◄ links / Die Walhalla – Heldentempel überm Donautal

wieder sehen. Bevor wir in die Bayerwaldberge aufbrechen richten wir unser Augenmerk auf die ehrwürdige 2 / Burg. Wir radeln durch die Kolpingstraße zur Taxisstraße und gehen links durch das Burgtor zur Ruine. Die Mauerreste geben einen herrlichen Blick auf die Auwälder an der Donau, die Walhalla und den Höhenzug des Scheuchenberges frei.

Darf's ein wenig Exotik sein?

Auf der Burgenstraße geht's zurück an die Wörther Straße und links zum Chinesischen Turm. Schon um 1800 gab es in Donaustauf etwas Exotik, ein bemaltes, chinesisches Sommerhaus des Fürstenhauses Thurn und Taxis. Anlässlich der Einweihung der Walhalla wurde aus dem Sommerhaus ein zweistöckiger Turm mit Laternendach. Super schönes Fotomotiv.

Monument überm Gäuboden

Links führt die Walhallastraße bergauf zur 3 / Walhalla, zur „bayerischen Akropolis". Die Walhalla innen ist prunkvoll, ein gigantischer Saal. Die monumentale Größe soll die Wichtigkeit der Personen zeigen, die verewigt sind. König Ludwig I. ließ sie anfertigen. Nun rollen wir zurück an den Abzweig und rechts die Weinbergstraße hinab. Kurz vor der Staatsstraße biegen wir auf den Waldweg nach Dachsberg ein. Linker Hand sehen wir das 4 / Gasthaus Hammermühle (Tel. 09403 96840, Thiergartenstraße 1, 93093 Donaustauf) und fahren darauf zu. Ein Sträßchen dort führt zum fürstlichen Jagdschloss des Hauses Thurn und Taxis.

JAGDLUST

Im stilvollen Jagdschloss zeugen noch heute über 2000 Geweihe von der Jagdlust der Fürsten zu Thurn und Taxis. In den holzgetäfelten Clubräumen erwarten uns wertvolle Fayencekamine.

Zum Koreawirt

Ein schmaler Weg, auf dem auch der Donaustaufer Burgensteig markiert ist, führt uns am Rande des Ottersbacher Talgrundes nach Oberlichtenwald, sehen wir gegenüber. Von links kommt ein breiter Weg durchs Tal und führt uns zum Wanderparkplatz Eichelmühle. Hier verlassen wir den Burgensteig-Wanderweg und erreichen auf unserer

Talseite Bruckhäusl und die Waldgaststätte Ottersbachtal (Tel. 09408 555, Bruckhaus 1, 93177 Altenthann), bekannt als 5 / „Koreawirt".

Die alte Bahntrasse

Der Ottersbach ist weiterhin unser Begleiter. An der Lichtung mit der Brücke überm Karlswiesbach steigt unser Weg bergan und biegt auf der Kuppe links nach Forstmühle ab. Die Staatsstraße führt uns kurz nach rechts zur Einmündung der Straße nach Siegenstein. Sie schlängelt sich durchs Ottersbachtal bis nach Süssenbach. Mitten im Dorf kommen wir zur Expositurkirche St. Jakob Maior und fahren auf der Falkensteiner Straße nach 6 / Schillertswiesen. Hier hielten einmal die Züge, die von Regensburg nach Falkenstein heraufschnauften. 1984 kam das Ende des Schienenverkehrs und aus der Bahntrasse wurde ein feiner Bahnradweg, der Falkenstein-Radweg. Wir sorgen dann mal für Radverkehr, zweigen beim Ortsende von Schillertswiesen links ab und erreichen nach wenigen Radumdrehungen den Falkenstein-Radweg. Rechts radeln wir nach Falkenstein. An der „Bahnstation"

⌃ **oben / Der Chinesische Turm in Donaustauf**

CHILL AREA

Beim 5 / „Koreawirt", ist die Waldgaststätte im idyllischen Otterbachtal, schlägt der Pfau für uns ein Rad. Im Sommer gibt's hier Musikevents auf der Freilichtbühne oder im Stadl.

Gfäll erreichen wir die Staatstraße und ab hier schlängelt sich die Bahntrasse an der Straße entlang nach Falkenstein.

Burghofspiele

Sie geht in die Regensburger Straße über, auf der wir den Marktplatz und den 7 / Gasthof Zur Post (Tel. 09462 213, Marktpl. 8, 93167 Falkenstein) erreichen. Das Haus war einst Poststation des Fürstlichen Hauses von Thurn und Taxis. Dann lassen wir uns einmal „fürstlich" bewirten. Von hier aus sind es nur 300 Meter zum Wahrzeichen des Vorderen Bayerischen Walds, 8 / Burg Falkenstein. Trutzig auf einem Granitkegel steht die Veste inmitten eines der größten und schönsten Natur- und Felsenparks Bayerns. Also radeln wir mal hinauf, vom Marktplatz aus links durch die Burgenstraße zum Burgtor. Der romantische Burghof ist jeden Sommer Kulisse für unterhaltsame Theaterabende.

Gruß aus Nepal

Dann machen wir uns mal auf den Rückweg, zuerst zum Marktplatz und am Gasthof Zur Post vorbei in die Regensburger Straße. Kurz hinterm Marktplatz zweigt gleich die Tannerlstraße ab.

Sie geht in die Arracher Höhe über und führt uns zur Straubinger Straße. Rechts gelangen wir zum Wanderparkplatz und biegen zum Wald ein. Der breite Waldweg bringt uns zum Tannerl, an die kleine Wallfahrtskirche mitten im Wald. Am anderen Ende des Waldes liegt das Dorf Ruderszell. Wir radeln geradewegs hindurch nach Postfelden zum Hofcafé „Zur Hölle", hat leider nur an Wochenenden geöffnet. Ein Stück weiter erreichen wir den Wanderparkplatz am Weg zu den Felsenmeeren am

HÖLLE UND PARADIES

Von Postfelden führt uns der 9 / Höllbach in eine urwüchsige Landschaft. Bizarre Granitfelsen ragen aus dem Bach und an den Hängen sehen wir ein Meer mächtiger Granitblöcke.

9 / Höllbach. Wir radeln kurz am Ufer des Stausees entlang und biegen dann rechts auf das Sträßchen zum Dorf Zumhof ab. Wir stoßen auf die Kreisstraße und radeln geradeaus an die Straßenkreuzung mit der Staatsstraße. Gegenüber geht's nach Aumbach und am Dorfende links talwärts. Bald zweigt ein schmales Sträß-

chen nach Hintergrub ab und bringt uns zur Staatsstraße vor Kirnberg. Wir queren die Straße und biegen bei den ersten Häusern von Kirnberg links nach Dietersweg ab. Wir radeln durchs Dorf ins Tal der Wiesent. Kurz vor der Neumühle zweigt ein breiter Waldweg ab, der uns steil bergwärts durch eine Serpentine an die Staatsstraße führt. Links radeln wir zum imposanten 10 / Nepal Himalaya Pavillon mit herrlichem Japan- und Himalayagarten. Ein Muss!.

Baierwein

Wir rollen nach Wiesent hinab und auf der Frauenzeller Straße in die Ortsmitte zum 11 / Schloss Wiesent am Schlossplatz. Gelb getüncht, mit den grünen Fensterläden, beherbergt es ein Café. Vom Schlossplatz biegen wir in die Regensburger Straße ein. Am Kreisverkehr geht's geradeaus auf der Staatsstraße nach Kruckenberg. Hier radeln wir nun mit der Wegemarkierung des Donau-Radweges links ans Ufer der Donau. Richtung Regensburg folgen wir der Donau an Frengkofen und 12 / Bach vorbei, hier wird übrigens Wein angebaut, nach Demling. Unterhalb des Scheuchenberges fahren wir parallel zur Staatsstraße und sehen über uns bereits die Walhalla. Das Ziel ist nahe, noch einmal unter der Straßenbrücke hindurch und wenig später rechts auf der Brücke über die Straße nach Donaustauf abbiegen und wieder rechts zum 1 / Parkplatz beim Festplatz.

KM 59

In 12 / Bach wird seit dem 8. Jahrhundert Wein angebaut. Baierwein galt damals als Volksgetränk. Der Adel hingegen bevorzugte Weine aus Österreich und Italien. In der Weinstube Eibl kosten wir den Baierwein (Tel. 09403 606, Hauptstraße 70, 93090 Bach an der Donau).

⌃ oben / Der Nepal-Himalaya-Pavillon bei Wiesent

Tour 24

START / ZIEL
Festplatz Donaustauf neben der
Ausfahrt an der Staatsstraße

HINKOMMEN
Auto / Auf der BAB A3 Regensburg–Passau zur Ausfahrt 102
Neutraubing, dort Richtung
Barbing und Donaustauf. Von der
Donaubrücke rechts zur Maxstraße
in Donaustauf abfahren und links
zum Festplatz. **ÖPNV /** keine
öffentliche Anfahrt
➤ **1 /** Parkplatz beim Festplatz
➤ **2 /** Burg ➤ **3 /** Walhalla
➤ **4 /** Gasthaus Hammermühle
➤ **5 /** „Koreawirt" ➤ **6 /** Schillertswiesen ➤ **7 /** Gasthof Zur Post
➤ **8 /** Burg Falkenstein ➤ **9 /** Höllbach ➤ **10 /** Nepal Himalaya
Pavillon ➤ **11 /** Schloss Wiesent
➤ **12 /** Bach

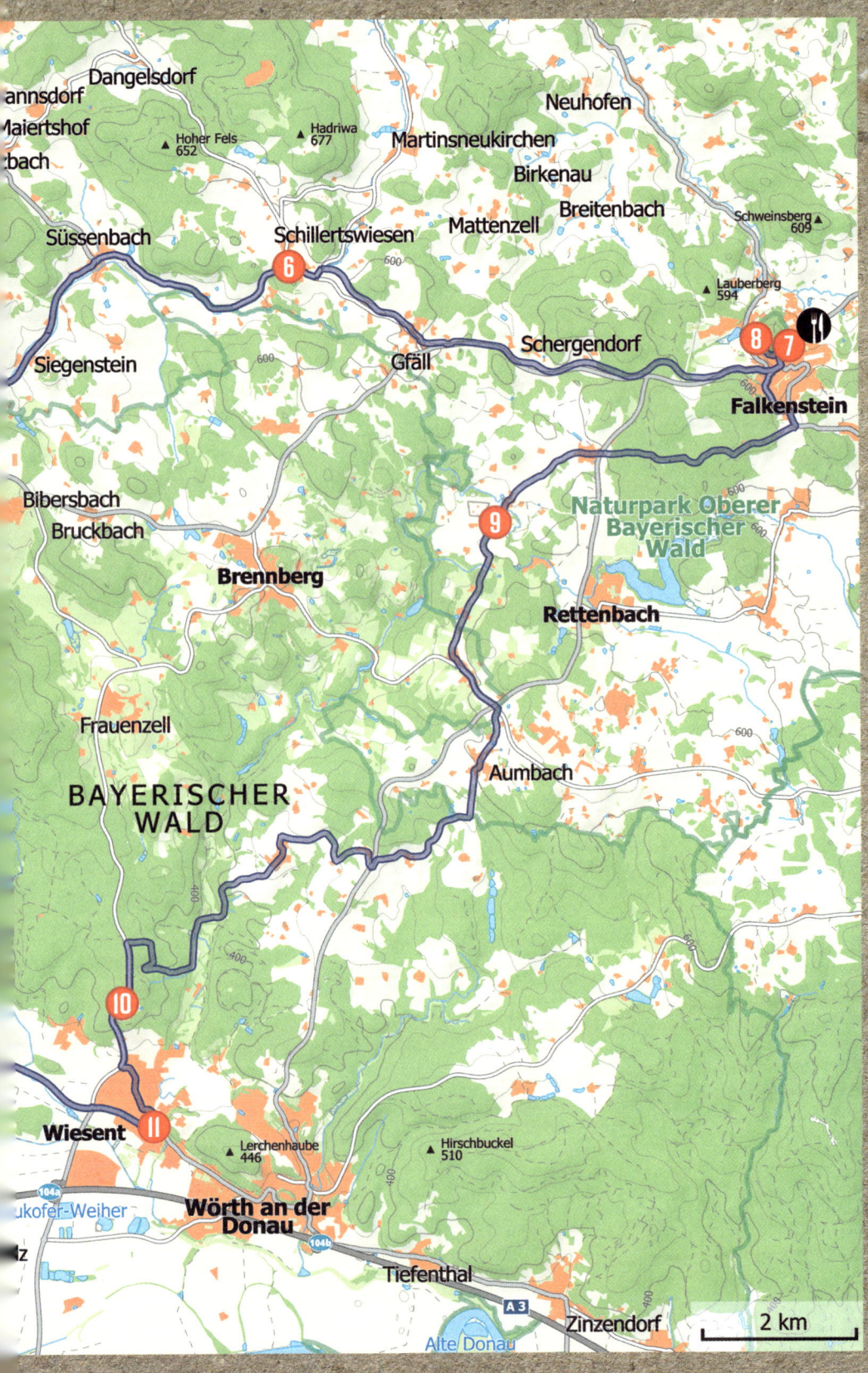

Ich radle die Tour am liebsten im Spätsommer, wenn die duftenden grünen Blüten des Hopfens kurz vor der Ernte stehen und die Sonnenblumen ihre Köpfe zur Sonne strecken.

➤ **1 /** Treffpunkt Marktplatz Au i.d.Hallertau neben dem Rathaus

➤ **2 /** Im Schloss Au zeigt der Schlossherr seine Jagdtrophäen

➤ **3 /** Im Biergarten des Schlossbräukellers noch ein Weißwurstfrühstück nehmen

➤ **4 /** Mit den Hopfenland Cowboys durchs Hopfenland reiten

➤ **5 /** Von der Terrasse des Holledauer Wirtshauses blicken wir ins Hopfenland

➤ **6 /** Im Deutschen Hopfenmuseum erfahren wir alles zum „Grünen Gold"

➤ **7 /** Der Koch von der Nepomuk Stub'n bereitet zur Saison leckeren Hopfenspargel

➤ **8 /** Im Erlebnisbad von Wolnzach ins kühle Nass springen

➤ **9 /** Einkehrstopp im Wirtshaus Spitzer

➤ **10 /** Der Biergarten im Gasthaus Bergsteffl gehört zu den Top Ten in der Hallertau

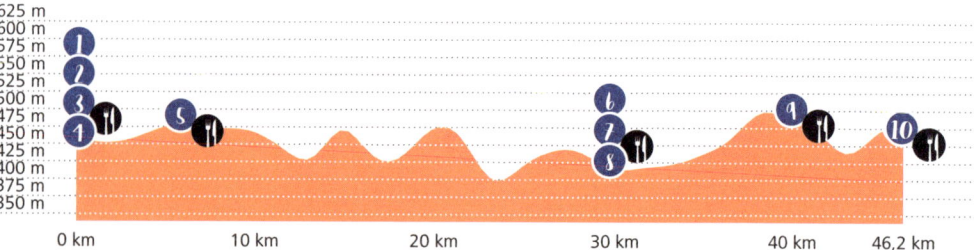

GRÜNES GOLD

Durchs Hopfenland Hallertau

Von Ende Juli bis in den September, wenn die Hopfenreben meterhoch in den Himmel ragen, stehen die Hopfengärten in voller Pracht. Unsere Tagestour führt durch das sehr hügelige Hopfenland Hallertau zum großen Teil auf asphaltierten Sträßchen von Au i.d.Hallertau nach Wolnzach und zurück zum Auer Schloss.

46 Kilometer
440 Höhenmeter ▲
440 Höhenmeter ▼
3:30 Stunden
Rundtour

Jagdtrophäen

Treffpunkt 1 / Marktplatz Au i.d.Hallertau neben dem Rathaus. Hier werden wir unsere Rundtour auch beenden. Bevor wir nun durch das Hopfenland radeln, sollten wir mal kurz zur Schlossbrauerei und Schloss Au vorbeischauen. Im Jagdsaal von 2 / Schloss Au (Tel. +49 8752 86320, Schlossbräugasse 2, 84072 Au-Hallertau, www.auerbier.de) gibt es eine riesige Sammlung von Jagdtrophäen zu sehen. Besichtigung nur nach

CHARAKTER

Sportlich ●●●●○
Abkühlung ●●○○○
Schlemmen ●●●○○
Panorama ●●●●○

TOURENINFO / Die Tour führt durch eine wunderschöne aber sehr hügelige Landschaft mit oft wechselnden Straßen und Wegebeschaffenheiten. Neben einer guten Kondition ist die Mitnahme einer Badehose von Vorteil. E-Bike-Ladestation am 6 / Deutschen Hopfenmuseum.

◄ links / Auer Schloss

ZUM „GRÜNEN GOLD"

Das Hopfenland wartet. Bevor wir durchs Hopfenland radeln nehmen wir im 3 / Schlossbräukeller der Auer Schlossbrauerei noch ein Radler zu uns.

Anmeldung. Im alten Sudhaus sind dank der Sammelleidenschaft des Schlossherrn Eugen Beck von Peccoz alle Wände mit emaillierten Werbeschildern aus früheren Zeiten dekoriert. Besichtigung zu den Öffnungszeiten des 3 / Schlossbräukellers (Mo 16–22 Uhr, Di–So 11–22 Uhr, Tel. +49 8752 9822, Schloßbräugasse 2, 84072 Au in der Hallertau, www.schlossbraeukeller.de).

Drahtesel oder Pferdesattel?

Gegenüber dem Rathaus starten wir durch die Schlesische Straße zur Hochfeldstraße. Über die Richard-Strauß-Straße und Schießstattstraße gelangen wir zur Pfaffenhofer Straße. Wir biegen links ein und radeln gleich rechts auf der schmalen Straße Richtung Osseltshausen. Rechts im Haus wird Wanderreiten durch die Hallertau angeboten. 4 / Hopfenland Cowboy (Mo–So 9–19 Uhr, Tel. +49 171 8053276, Pfaffenhofer Str. 50, 84072 Au in der Hallertau, www.wanderreiten-hopfenlandcowboy. de). Vielleicht sollten wir das Sportgerät tauschen.

DIE HOPFENLAND COWBOYS

Wir steigen in den Sattel und probieren mal 4 / Wanderreiten aus durch eine der schönsten Gegenden Bayerns. Im Rhythmus der Pferde lassen wir den Alltag hinter uns.

Brandkatastrophe in Eschelbach

Also mit dem Radfahren kenne ich mich aus und komme gewiss nach Osseltshausen. Vor dem Dorf strebt der Hopfen in die Höhe. Im Dorf nehmen wir auf der Terrasse des 5 / Holledauer Wirtshauses (So + Feiertags, 11.30–14 Uhr, Tel. +49 8752 7405, Schäfflerstr. 29a, 84072 Osseltshausen, www.holledauer-wirtshaus.de) Platz und genießen den Blick über die Hopfengärten. Der kurze Weg dorthin lohnt sich allemal. Sonst biegen wir aber bereits am Dorfanfang links ab und folgen der Talstraße über Gschwend nach Geroldshausen. Auf der Gschwendner Straße kommen wir zur Hauptstraße, biegen rechts ein und radeln durch das Dorf bis zum Abzweig zur Kirche. Den Kirchberg hoch zur Kirche St. Martin und hinunter an die Kreisstraße. Dort rechts einbiegen und gleich links auf den Fahrweg über Abeltshausen nach Kemnathen radeln. An der Wegkapelle schwenken wir links ein auf die Straße nach Eschelbach an

der Ilm. Die Dorfstraße führt bis zur Turmstraße. Rechts oben erhebt sich die Brandkapelle.

Gosseltshausen hieß mal Gozilhusa; hat aber nichts mit Godzilla zu tun

Die Turmstraße führt hinauf nach Schermbach. Dort schwenken wir links ein und radeln am Waldrand entlang über Edenthal auf den Schlickerberg. Dort stoßen wir auf den Hallertauer Lehrpfad. Auf Schautafeln wird die Hallertauer Kulturlandschaft beschrieben. An der Staatsstraße kurz nach links einbiegen und dann rechts zur Kompostieranlage. Dahinter fahren wir rechts hinab nach Gosseltshausen. Wir steuern auf die Pfarrkirche Mariä Heimsuchung zu. Die fantastischen Deckenfresken der Saalkirche und die prächtigen Altäre schauen wir uns einmal an.

Von der Geschichte des Hopfens

Vor der Bahnlinie halten wir uns links, am Bahnübergang rechts durch Sterzhausen bis zur Hofmarkstraße. Wir radeln nach rechts

HOPFEN-BLÜTEN

Das 5 / Holledauer Wirtshaus hat eine tolle Terrasse mit super Aussicht auf die Hopfengärten. Wir besuchen es im Frühjahr, da finde ich es besonders schön. Die ersten Wurzeltriebe des Hopfens, der Hopfenspargel, gelten als regionale Delikatesse, die es nur von Mitte März bis Mitte April gibt.

▲ oben / Panorama von Au in der Hallertau

HIER WÄCHST DAS BIER AM WEGESRAND

bis links der Fahrweg nach Niederlauterbach abzweigt. Er führt uns auf den Kastanienberg. Oben im Wald wird der Weg schmal und unbefestigt. Dann rollen wir zur Kreisstraße hinunter und biegen rechts ein, Richtung Wolnzach. An der Staatsstraße kurz rechts einbiegen und hinter der Baumreihe links. Von rechts kommt ein Fahrweg, dem wir zur Wegekreuzung folgen. Nun rechts den Weg zur Straße Sieglberg in die Stadtmitte von Wolnzach zum 6 / Deutschen Hopfenmuseum (Di–So 10–17 Uhr, Tel. +49 8442 7574, Elsenheimerstraße 2, 85283 Wolnzach, www.hopfenmuseum.de, E-Bike-Ladestation). Im Haus, das aussieht wie ein Hopfengarten, schauen wir uns die wohl größte Spezialsammlung der Welt zum Thema „Hopfen" an. Damit die Sache nicht zu trocken wird, gibt es im Museum auch Bierseminare. Na dann Prost.

Sprung in kühle Nass

Am historischen Marktplatz erheben sich Rathaus und Pfarrkirche St. Laurentius. Sie ist das Glanzstück von Wolnzach, 55 Meter lang mit markanter Doppelkuppel auf dem 55 Meter hohen Turm.

KÜHLES NASS
Einmal noch eintauchen im 8 / Erlebnisbad Wolnzach, dazu eine Runde Minigolf oder ein Match mit Freunden auf dem Beachvolleyballfeld.

Wir radeln mal weiter, die Schlossstraße hinunter an die Wolnzach zur 7 / Nepomuk Stub'n (Mi–Sa 18–22 Uhr, So 11–14 Uhr + 17.30–22 Uhr, Tel. +49 8442 3223, Schloßstr. 15, 85283 Wolnzach, www.nepomuk-stubn. de). Hinter dem Restaurant führt der Radweg an der Wolnzach entlang zum 8 / Erlebnisbad (tgl. 9 – 19:30 Uhr, Tel. +498442 916873, Hanslmühlweg 8, 85283 Wolnzach, www.wolnzach.de/schwimm-erlebnisbad).

Es gab sie mal, die Hallertauer Bockerlbahn

Am Parkplatz biegen wir links ein zum Hanslmühlweg und radeln zur Auenstraße. Rechts zur Preysingstraße und hinter der Autobahn erneut rechts zur Mühlfeldstraße. Wir biegen links ein und radeln nach Jebertshausen. Hier fuhr einst die Hallertauer Bockerlbahn. Die ehemalige Bahntrasse ist jetzt ein Radweg. An der Auerbergstraße biegen wir rechts ab und gleich

links auf den Bockerlbahn-Radweg. Der führt uns über Gebrontshausen nach Hüll zum Hopfenforschungszentrum. An der „Busch-Farm" geht's rechts auf der Kreisstraße zum Abzweig nach Hagertshausen. Nach dem Weiler gelangen wir an ein asphaltiertes Sträßchen. Rechts geht's nun nach Osterwaal und wir kehren dort im 9 / Wirtshaus Spitzer (Do–So 11–23 Uhr, Tel. +49 8752 7455, Lohweg 10, 84072 Au in der Hallertau, www.gasthaus-spitzer.de) ein. Zum Wirtshaus geht's Richtung Kirche, in der scharfen Linkskurve rechts in den Lohweg.

Endspurt

Nächstes Dorf ist Enzelhausen. An der B 301 biegen wir links ein und nach der Rechtskurve rechts auf die ehemalige Bahntrasse der Bockerlbahn Richtung Au. Wo der Bockerlbahn-Radweg die Maria-Eich-Straße in Au kreuzt, biegen wir rechts ab zur Straße Klosterberg. Rechts zur Kirche St. Vitus einbiegen und wir sind zurück am 1 / Marktplatz in Au i.d.Hallertau. Zum Abschluss kehren wir nochmal ein im Gasthaus Bergsteffl in der Bürgergasse neben dem Rathaus. Der urige Biergarten gehört zu den Top Ten in der Hallertau. 10 / Gasthaus Bergsteffl (Di–Sa 10–14 Uhr + ab 16.30 Uhr, So 10–14 Uhr, + ab 17.30 Uhr, Tel. +49 8752 207, Bürgergasse 1, 84072 Au i.d.Hallertau).

BIER

Als Bierfreund muss ich ins 6 / Deutsche Hopfenmuseum gehen. Das Haus sieht aus wie ein Hopfengarten, modern mit einer Ausstellung, die alle Facetten der Hopfenwelt zeigt, die Pflanze, die Geschichte, die Personen, der Handel, die Berufe. Zum Schluss nehmen wir noch eine Bierverkostung mit.

⌃ oben / Hopfen am Weg

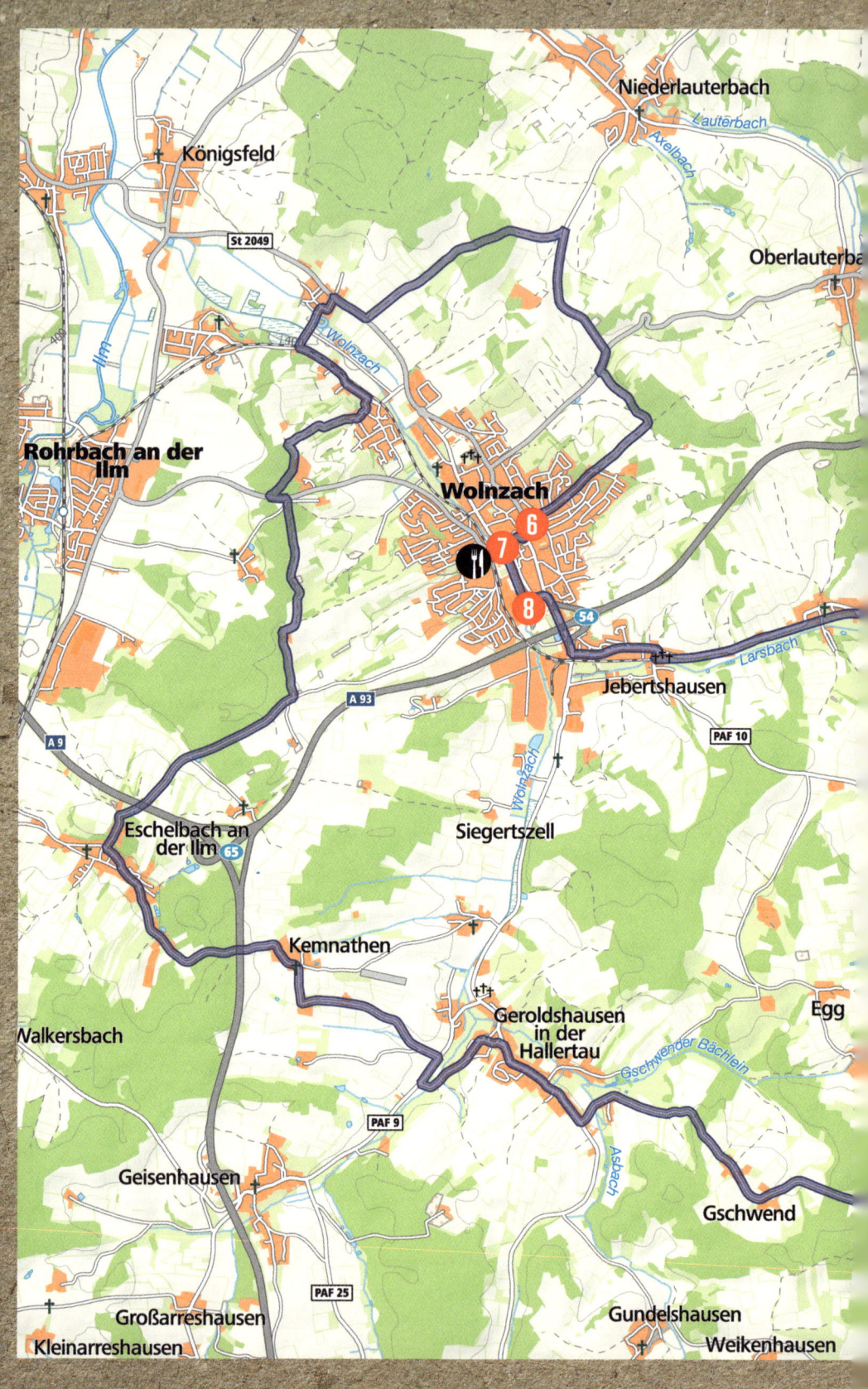

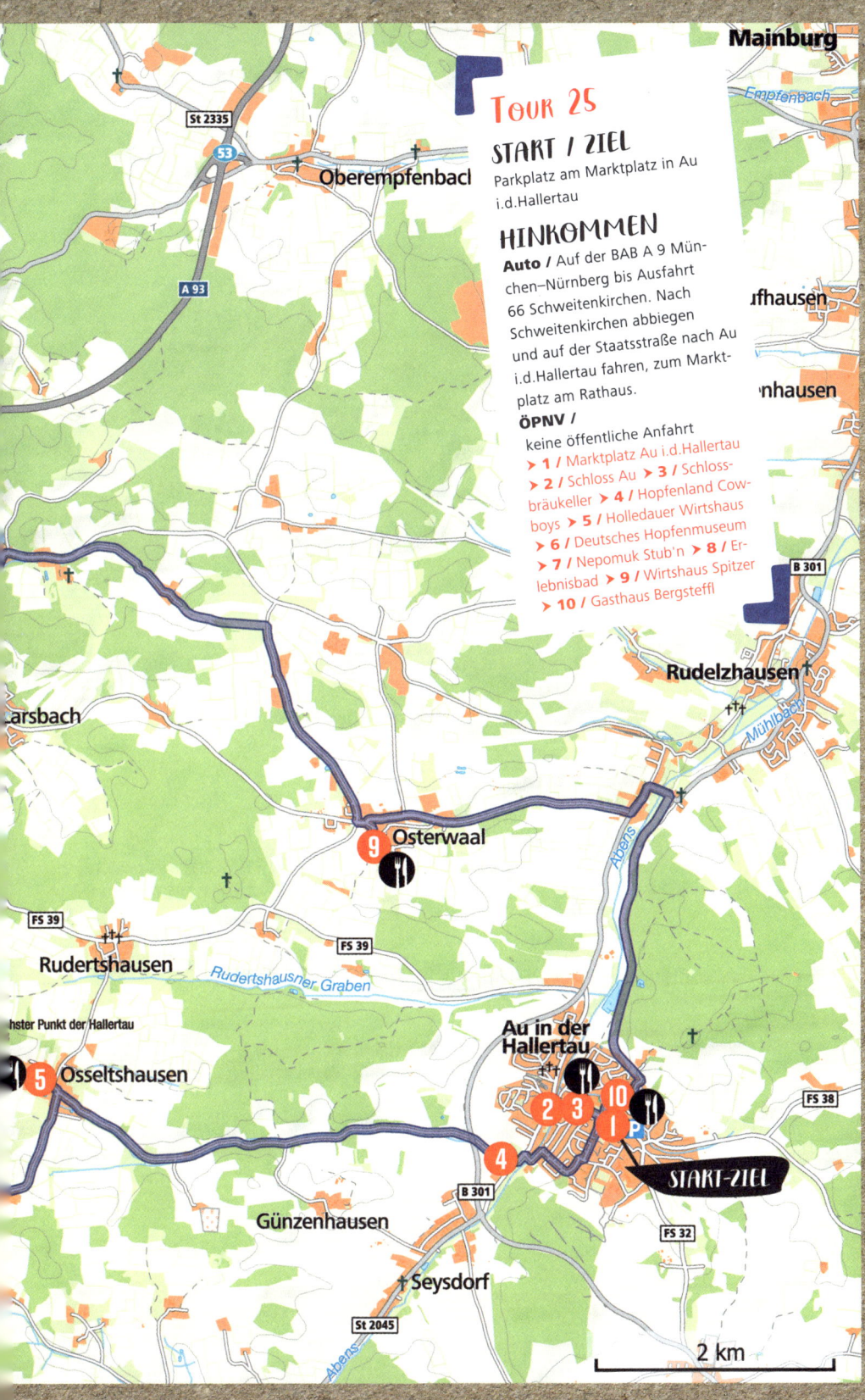

Mainburg

St 2335

Oberempfenbach

A 93

St 2335

TOUR 25

START / ZIEL
Parkplatz am Marktplatz in Au
i.d.Hallertau

HINKOMMEN
Auto / Auf der BAB A 9 München–Nürnberg bis Ausfahrt
66 Schweitenkirchen. Nach
Schweitenkirchen abbiegen
und auf der Staatsstraße nach Au
i.d.Hallertau fahren, zum Marktplatz am Rathaus.

ÖPNV /
keine öffentliche Anfahrt
➤ **1 /** Marktplatz Au i.d.Hallertau
➤ **2 /** Schloss Au ➤ **3 /** Schlossbräukeller ➤ **4 /** Hopfenland Cowboys ➤ **5 /** Holledauer Wirtshaus
➤ **6 /** Deutsches Hopfenmuseum
➤ **7 /** Nepomuk Stub'n ➤ **8 /** Erlebnisbad ➤ **9 /** Wirtshaus Spitzer
➤ **10 /** Gasthaus Bergsteffl

B 301

Rudelzhausen

...arsbach

9 Osterwaal

FS 39

Rudertshausen

FS 39

Rudertshausner Graben

...hster Punkt der Hallertau

5 **Osseltshausen**

Au in der Hallertau

2 **3** **10**

FS 38

4

START-ZIEL

B 301

Günzenhausen

FS 32

Seysdorf

St 2045

2 km

AUSSICHTEN

Die Drei-Seen-Tour führt mich zu den schönsten Aussichten hinunter auf die Seen und in die Berge, verbunden mit genialen Einkehrstopps.

➤ **1 /** Parkplatz unterhalb von Schloss Seefeld mit tollem Blick zum Schloss

➤ **2 /** Ich bin gern im Kloster Andechs auf dem „Heiligen Berg"

➤ **3 /** Den Alpenblick im Biergarten des Andechser Bräustüberl genießen

➤ **4 /** Die Kuriositäten im Kupfermuseum anschauen

➤ **5 /** In der Andechser Kaffeerösterei wird der Kaffee selbst geröstet

➤ **6 /** Kunst-Pavillon, das Schaufenster Dießener Künstler und Handwerker

➤ **7 /** Vor dem Restaurant Seehaus weht die Tricolore Français

➤ **8 /** Ein herrlicher Bauernpark umgibt das Künstlerhaus Gasteiger

➤ **9 /** Mit den nostalgischen Raddampfern der Bayerischen Seenschifffahrt fahren

➤ **10 /** Vom Seehaus Schreyegg das Anlegen der Raddampfer beobachten

➤ **1 /** Wir sind zurück am Parkplatz unterhalb von Schloss Seefeld

➤ **11 /** Im Bräustüberl Schloss Seefeld den tollen Tag ausklingen lassen

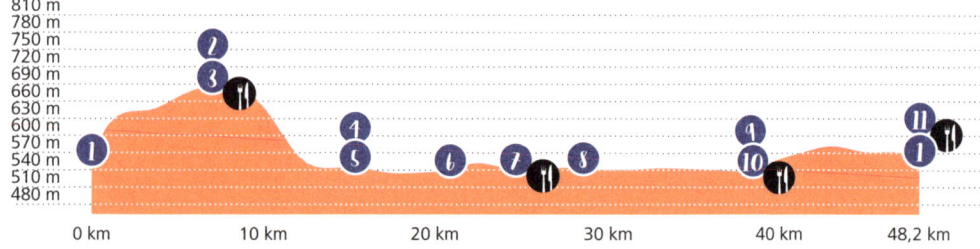

NOSTALGIE AM AMMERSEE

Drei **Seen,** *ein* **Ziel:** *Schloss Seefeld*

Start und gleich geht's 100 Meter hinauf zur Ebene über Pilsensee und Ammersee zum „Heiligen Berg" Andechs. Dort steil hinunter nach Aidenried und am Westufer des Ammersees entlang über Utting zum Hafen der Raddampfer in Stegen. Der Anstieg über den Stegener Berg führt uns nach Inning und über Bachern an den Wörthsee zurück an den Pilsensee.

48 Kilometer
280 Höhenmeter ▲
280 Höhenmeter ▼
3:30 Stunden
Rundtour

Über dem Herrschinger Moos

Am 1 / Parkplatz unterhalb von Schloss Seefeld rüsten wir uns für den „day ride". Hier werden wir nach rund 48 Kilometern auch wieder zurück sein. Helm auf und los geht's Richtung Herrsching. Schon nach wenigen Metern führt die Tour steil bergauf nach Widdersberg, aber mit herrlichem Ausblick über den Pilsensee. Am Weiher fahren wir links zur Kirche. Der Dorfstraße folgen wir nach rechts und biegen dann nach

CHARAKTER

Sportlich ●●●●○
Abkühlung ●●○○○
Schlemmen ●●●●●
Panorama ●●●●○

TOURENINFO / Sportlich geht's zu auf der Tour mit einer steilen Auffahrt und einer steilen Abfahrt auf Wegen und Sträßchen, die zum großen Teil asphaltiert sind. Die Badehose brauchen wir nur bedingt, denn die Tour ist super interessant und abwechslungsreich. E-Bike-Ladestation am 3 / Andechser Bräustüberl.

◀ links / Andechs, „Heiliger Berg"

ROTES GOLD

Absteigen und die Kunstwerke der Kupferschmiede im **4 / Kupfermuseum** besichtigen, kunstvoll ausgearbeitete Backmodeln und hochwertiges Küchengeschirr aus Hof- und Klosterküchen.

Andechs ab. Hoch über dem Herrschinger Moos radeln wir zum „Heiligen Berg".

Der „Heilige Berg"

Wer Andechs sagt, meint das 2 / Kloster Andechs und die Wallfahrtskirche mit ihrem charakteristischen Zwiebelturm. Wir fahren die Bergstraße hinauf. Gleich links erscheint der Klostergasthof Andechs und danach das 3 / Andechser Bräustüberl (Mo–Fr 11–20 Uhr, Sa + So 10–20 Uhr, Tel. +49 8152 376261, Bergstraße 2, 82346 Andechs, www.andechs.de/gastronomie/braeustueberl) mit großem Biergarten und E-Bike-Ladestation. Ich kehre gerne hier ein. Essen und Trinken hält zwar Leib und Seele zusammen, aber wir sollten doch einen Blick in die Wallfahrtskirche St. Nikolaus werfen. Der Innenraum ist überwältigend, ein Rokokojuwel bis ins Detail.

HIER SPIELT DIE MUSIK
Nirgendwo sind wir der Andechser Brautradition näher als im 3 / Andechser Bräustüberl mit Biergarten und Alpenblick. Die Blasmusik spielt dazu von 12–15 Uhr.

Das „Rote Gold" von Fischen

Wir rollen ins Dorf Andechs hinunter. An der Herrschinger Straße wenden wir uns nach rechts, um dann in der scharfen Rechtskurve auf den schmalen Weg einzubiegen. Wir folgen ihm hinunter zum Wald nach Wartaweil an den Ammersee. Weiter geht's parallel zur Straße nach Aidenried. Rechter Hand erstrecken sich die Seewiesen. Links oberhalb erblicken wir die Kirche St. Pankratius in Mitterfischen. Gleich am Ortsanfang von Vorderfischen radeln wir auf das 4 / Kupfermuseum (Mi–Sa 10– 16 Uhr, Tel. +498808 921721, Herrschinger Str. 1, 82396 Pähl, www.kupfermuseumfischen.de) im denkmalgeschützten Gutshof zu. Wir steigen ab und besichtigen die Kunstwerke. Siegfried Kuhnke hat Werke namhafter Künstler und Kuriositäten aus „Rotem Gold" zusammengetragen. Gleich daneben duftet es aus der 5 / Andechser Kaffeerösterei (Mo–Fr 10–18 Uhr, Sa 10–14 Uhr, Tel. +49 8808 9246104, Herrschinger Straße 1, 82396 Pähl-Fischen, www.andechser-kaffeeroesterei.de). Wir sind im Paradies der Bohnenbrüher.

Künstlerkolonie Dießen

Rechts geht's über die Ammer entlang der Staatsstraße nach Dießen. Das letzte Stück vor Dießen begleitet uns die Bahnlinie entlang der Jägerallee bis an den Ammersee. Von der Jahnstraße geht's
durch den Park zur Seestraße. Rechts liegt der Dampfersteg, links
der Bahnhof und vor uns der 6 / Kunst Pavillon (April bis Oktober,
tgl. 11–18 Uhr, www.diessener-kunst.de), das Schaufenster Dießener Künstler und Handwerker. Schöne Dinge sind dort ausgestellt.

Hier weht die Tricolore Français

Wir folgen noch ein Stück der Seestraße, radeln links über den
Bahnübergang und rechts zur Lachener Straße. Sie bringt uns nach
Lachen. An der Lachen-Birkenallee geht's hinunter zum Kloster
St. Alban der Benediktinerinnen an den Ammersee. Am Seeweg-
Süd biegen wir ein und radeln an der Bahnlinie entlang Richtung
Riederau. Beim Campingplatz liegt das Seerestaurant St. Alban
mit schöner Aussicht von der Terrasse auf den Ammersee. Kurz

⌃ **oben / Kupfermuseum**

vor Riederau könnten wir überlegen, noch im 7 / Seehaus (Mi–So 12–22 Uhr, Tel. +49 88 07 7300, Seeweg-Süd 22, 86911 Dießen-Riederau, www.seehaus.de) einzukehren. Hier weht die französische Trikolore. Der Patron im Seehaus ist Monsieur Houillot. Jahrzehnte prägte der Bretone die feine, kreative Küche. Heute führt Florian Kiening den Kochlöffel mit asiatisch, indischen Einflüssen.

Ein Münchner Künstler

Am Bahnhof Riederau bleiben wir auf der Seeseite und radeln nach Holzhausen. Ab hier heißt der Weg nach Utting Eduard-Thöny-Straße. Schon bald liegt rechts das Jugendstil-Museum im 8 / Künstlerhaus Gasteiger (Mo 10.30–13 Uhr, Di–So 10–17.30 Uhr, Tel. +49 8143 93040, Eduard-Thöny-Straße 43, 86919 Utting), einst Wohnsitz des Bildhauers Mathias Gasteiger inmitten eines herrlichen Bauernparks. Am Bahnhof Utting wenden wir uns zum Schiffsanleger und biegen links in die Seestraße zum Campingplatz ab. Dort im Freizeitgelände gibt es das Restaurant Pavillon am See. Mit Blick zum See steuern wir auf Schondorf zu. An der Kirche führt unser Weg zum Restaurant Seepost und der Anlegesteg in den See.

Die Juwelen des Ammersees

Hinterm Anlegesteg macht die Seestraße eine Linkskurve, nach der wir in den Weingartenweg rechts abbiegen. Er führt am Ufer entlang nach Eching. Am Ende des Waldes beginnt Eching. Wir radeln auf der Kaagangerstraße bis zum Kreisverkehr. Dort wenden wir uns nach rechts und fahren parallel zur Straße, biegen dann rechts nach Stegen ab zum Parkplatz am Hafen der 9 / Bayerischen Seenschifffahrt (Tel. +49 8143 94021, Landsberger Straße 81, 82266 Inning, www.seenschifffahrt.de). Hier liegen die Juwelen des Ammersees vor Anker. Die Raddampfer Herrsching und Dießen mit stilvollem Ambiente versetzen wohl alle in die gute alte Zeit zurück. Hier starten die Rundfahrten über den See. Wir gönnen uns einen Einkehrstopp, entweder im Restaurant Fischer oder im 10 / Seehaus

Schreyegg (tgl. 11.30–22 Uhr, Tel. +49 8143 992537, Landsberger Straße 78, 82266 Stegen, www.seehaus-schreyegg.com).

Zwei blaue Augen am Ammersee

Wir radeln nun über die Landsberger Straße nach Inning zur Kirche am Marktplatz. Rechts geht's zur Walchstadter Straße. Wir biegen links ein und rollen geradeaus hinunter an den Wörthsee nach Bachern. Unten angekommen wenden wir uns nach rechts in die Fischerstraße und radeln zur Liegewiese. Die Wörthseestraße führt um das Erholungsgebiet herum zum Campingplatz in Schlagenhofen. Wir radeln nach Hechendorf zur Unterführung beim Bahnhof und weiter entlang der Seefelder Straße nach Seefeld, das Schloss schon fest im Blick. Nochmal die Staatsstraße queren und der 1 / Parkplatz unterhalb von Schloss Seefeld liegt rechts. Rad abstellen und zum Endspurt die Treppe hinauf zum 11 / Bräustüberl Schloss Seefeld (tgl. 10–24 Uhr, Tel. +49 8152 99120, Schlosshof 4c, 82229 Seefeld, www. braeustueberl-seefeld.de) im Wirtschaftshof. Hier gibt es noch mehr zu entdecken. Künstler-Ateliers und exklusive Boutiquen mit einzigartigen Dingen laden zum Stöbern und Shoppen ein.

GASTRAUM MIT SUDKESSEL

Im Wirtschaftshof von Schloss Seefeld gibt es neben dem 11 / Bräustüberl Schloss Seefeld auch Künstler-Ateliers und exklusive Boutiquen mit einzigartigen Dingen.

⌃ oben / Bräustüberl mit Terrasse, Schloss Seefeld

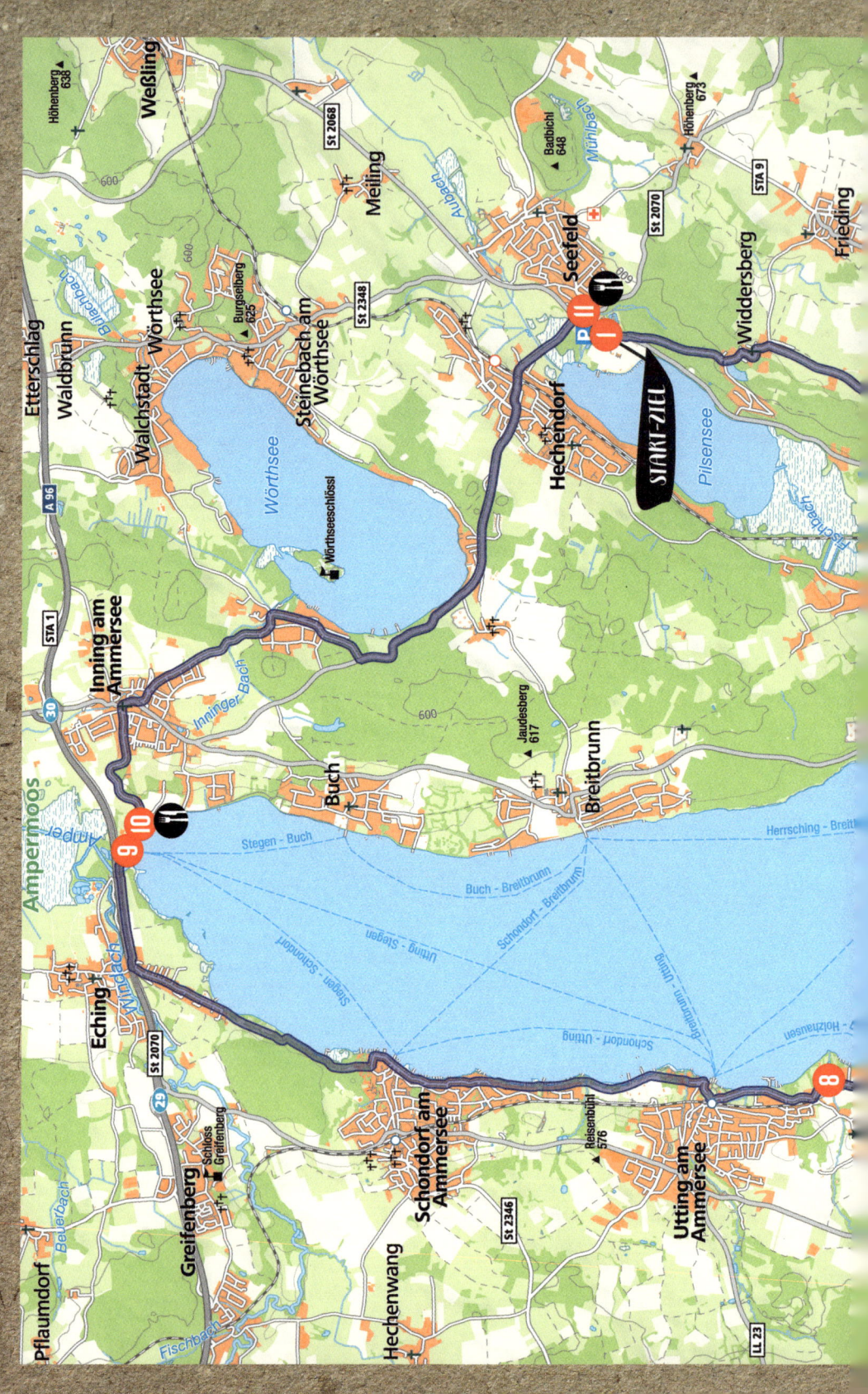

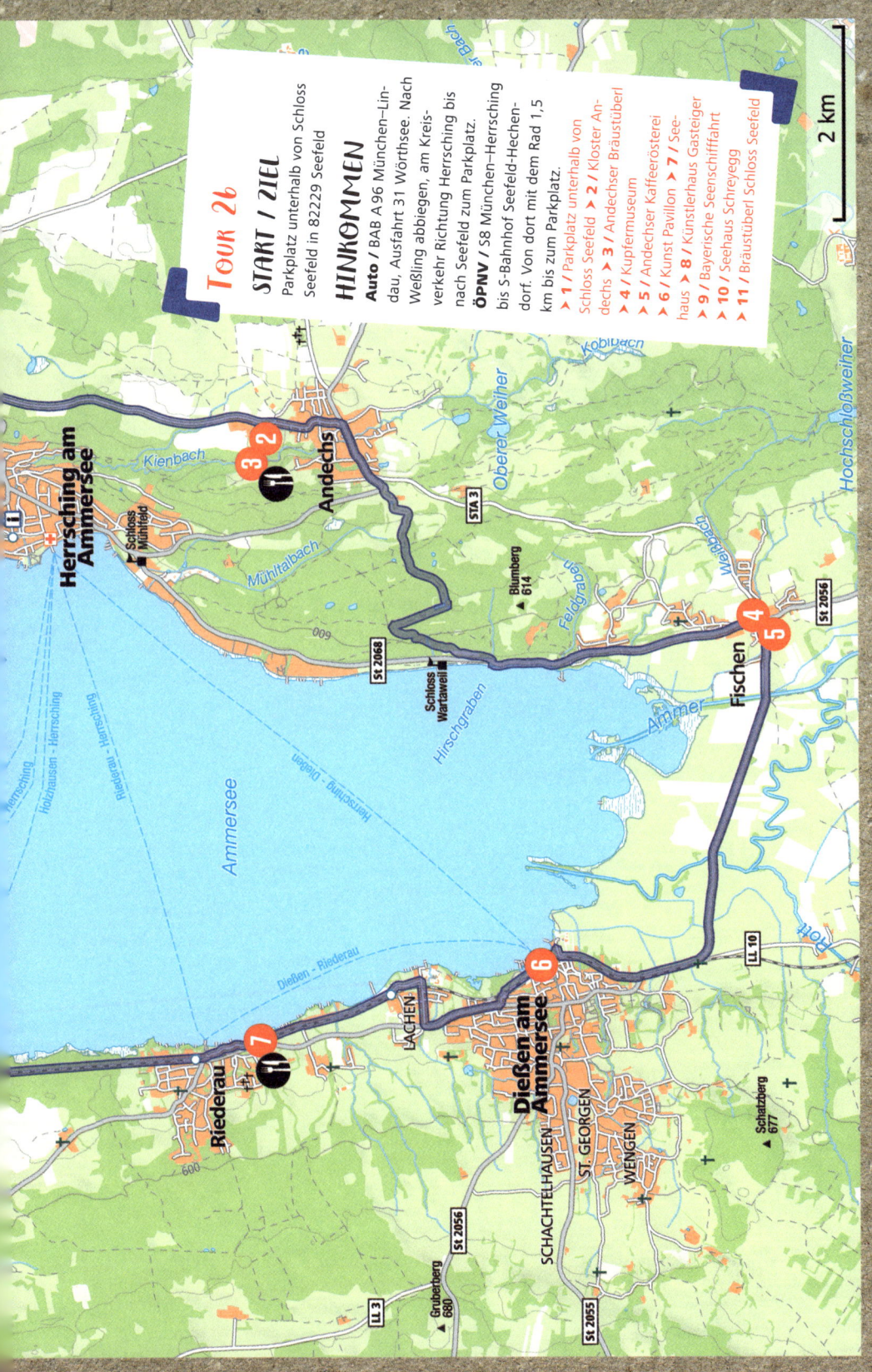

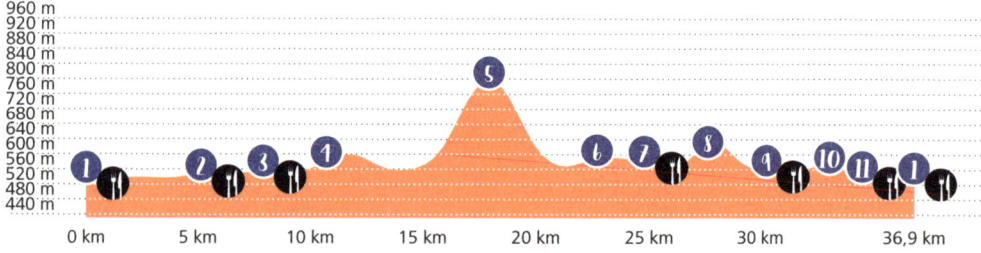

BAYERISCHES BILDERBUCH

Herausgeputzte Dörfer, traditionelle Gasthöfe, prunkvolle Kirchen – und die Berge! Diese Tour ist Chiemgau pur. Ich könnte es mir nicht besser vorstellen.

> **1 /** Start und Ziel: der belebte Urlaubsort Grassau mit vielen Einkehrmöglichkeiten

> **2 /** Abstecher ins hübsche kleine Ortszentrum von Marquartstein

> **3 /** Die Alpen-Segelflugschule machte Unterwössen bekannt

> **4 /** Die Mettenhamer Filze sind eines der wenigen intakten Hochmoorgebiete in Bayern

> **5 /** Der Anstieg lohnt sich: Die bedeutende Streichenkirche in Traumlage

> **6 /** Halt an der Kapelle Ettenhausen mit traditioneller Holzdeckung

> **7 /** Im kleinen Urlaubsort Schleching gibt es einige Einkehrmöglichkeiten

> **8 /** Vom Filzenblick den Ausblick auf die Mettenhamer Filze bestaunen

> **9 /** Wallfahrtskirche Raiten, eines der Wahrzeichen des Achentals

> **10 /** Wo angeblich die Grassauer Kirche gebaut werden sollte: Hofkapelle

> **11 /** Auf ins griechische Restaurant mitten im bayerischen Dorf Piesenhausen

ACH, WIE SCHÖN!

Die schönsten Plätze *des* Achentals:
Von Grassau *zur* Streichenkirche

Die Tiroler Achen versorgt den Chiemsee mit frischem Wasser aus den Alpen. Zwischen der bayerisch-tirolerischen Landesgrenze und den nördlichsten Alpengipfeln formte der Fluss ein malerisches Tal, in dem es sich bequem radeln lässt. Sportlich ist dagegen die Auffahrt zur Streichenkirche.

Eine Tour, mehrere Varianten

Die Rundfahrt im Tiroler Achental verläuft ohne nennenswerte Höhenunterschiede und eignet sich deshalb auch für Familien mit Kindern oder als Feierabendtour. Wer nicht zur Streichenkirche hinauffährt, spart 5,6 km Strecke und 240 Höhenmeter. Die Anstrengung lohnt sich jedoch: Oben wartet der Berggasthof auf hungrige Biker (Wiedereröffnung voraussichtlich Sommer 2022). Die Streichenkirche gehört zu den sehenswertesten Gotteshäusern im Chiemgau und vom Ruheplatz vor der Kirche

37 Kilometer
510 Höhenmeter ▲
510 Höhenmeter ▼
3:45 Stunden
Rundtour

CHARAKTER
Sportlich ●●●●○
Abkühlung ●●○○○
Schlemmen ●●●●○
Panorama ●●●●●

TOUERNINFO / Ohne die Bergetappe zur Streichenkirche und den Abstecher zum Filzenblick eine leichte Rundfahrt, ansonsten eine MuskulaTour. Für die meisten Kinder dürfte jedoch auch die Talstrecke zu lang sein. Sportfreunde verlängern die Tour noch um die Wanderung zum Taubenseehaus.

◄ **links / Wallfahrtsziel: Stift Herrenchiemsee auf gleichnamiger Insel**

SEGELFLUGDORF

In **3 / Unterwössen** gibt es einen großen Segelflugplatz. In der Alpen-Segelflugschule finden Flugausbildungen statt. Die Segler ziehen oft überm Achental ihre Runden.

bietet sich ein einzigartiger Ausblick auf das Achental. Sportliche Radler, die auch gut zu Fuß sind, stellen ihr Bike beim Berggasthof ab und folgen unserer Zusatztour ab Seite 122: Sie wandern zum Taubenseehaus und zurück, bevor sie die Radrundfahrt fortsetzen.

Los geht's in Grassau

Unsere Radtour beginnt in der Ortsmitte von 1 / Grassau bei der ursprünglich gotischen und später barockisierten Pfarrkirche Mariä Himmelfahrt. Auf dem Kirchplatz befand sich früher ein Richtplatz, heute ziert ihn ein interessanter Brunnen mit einer Statue von König Ludwig II. von Bayern. In der Rechtskurve der Hauptstraße vor der Kirche halten wir uns links in den Birkenweg (keine Radwegzeichen). Hinterm Kindergarten fahren wir geradeaus in einen kombinierten Fuß- und Radweg. Wir folgen dem Schild „Wanderwege" und fahren erneut auf einem Fuß- und Radweg. Bei einer Bushaltestelle nutzen wir die Unterführung. Wir nehmen die Kramerstraße bis zum Ende, biegen links ab und fahren bei fünf Garagen gleich wieder rechts. Damit befinden wir uns auf dem markierten Salinen-Radweg. An der Hauptstraße folgen wir dem Radweg nach links zum Kreisverkehr und überqueren gleich anschließend die Tiroler Achen. Unmittelbar nach der Brücke biegen wir rechts ab und vertrauen den Radwegweisern nach „Unterwössen 5,5 km" und „Marquartstein 2,8 km". Bis 2 / Marquartstein rollen wir eben auf dem Hochwasserschutzdamm der Tiroler Achen dahin. Wenn du das kleine Zentrum des hübschen Orts erkunden willst, musst du über die Achenbrücke fahren und sofort rechts in die Staudacher Straße abzweigen.

BURG MARQUARTSTEIN

Die vom Grafen Marquart von Marquartstein errichtete Höhenburg überwacht seit dem Jahr 1075 das Achental. Heute ist sie in Privatbesitz und kann nicht besichtigt werden.

Von Marquartstein Richtung Schleching

Unsere Route verläuft vorerst weiter östlich der Tiroler Achen: Wir folgen der Alten Dorfstraße südwärts. Wenige Meter vor der B 305. weist uns die Radwegbeschilderung „Unterwössen 1,4 km" den Weg. Der Achentalradweg führt unter der Bundesstraße hindurch und begleitet dann den Fluss, bevor er entlang einer Baumreihe

Richtung 3 / Unterwössen zieht. Kurz vor der Pfarrkirche St. Martin, die spätbarocke und klassizistische Baustilmerkmale vereint, erreichen wir erneut die B 305. Direkt gegenüber der Kirche fahren wir rechts in die Alte Dorfstraße – an der Ecke gibt es eine Eisdiele. Wir orientieren uns an der Radwegbeschilderung Richtung Schleching und überqueren am Ortsausgang Unterwössen die Tiroler Achen. Am Ende der Brücke geht es links nach „Schleching 4,4 km".

Das Naturschutzgebiet Mettenhamer Filze
Bald führt der Achentalradweg entlang der 4 / Mettenhamer Filze. Versteckt hinter einem dichten Gürtel aus Latschenkiefern befindet sich ein echtes Naturparadies, das zurecht Naturschutzgebiet ist. Im Gegensatz zu vielen anderen Hochmooren blieben die Mettenhamer Filze von menschlichen Eingriffen weitestgehend verschont und sind bis heute Lebensraum für eine speziell angepasste Gemeinschaft von Pflanzen und Tieren. Im nährstoffarmen Hochmoor gibt es zum Beispiel den Rundblättrigen Sonnentau, eine fleischfressende Pflanze. Sie verdaut Insekten, die an ihren Fangblättern kleben bleiben.

Über den Achendamm Richtung Ettenhausen
Bei einem Parkplatz kommen wir erstmals der B 307 nahe. Dort folgen wir dem Schild „Ettenhausen über Achendamm 4,5 km". Neben uns plätschert zuerst der Mühlbach und dann die Tiroler Achen. Nach mehr als 2 km Fahrt auf dem Achendamm erreichen wir die Brücke der B 307 über die Tiroler Achen. Wer nicht zur Streichenkirche hinauf will, kann nun gleich Richtung Ettenhausen weiterfahren.

KM 27,6

Im Vorbeifahren sieht man nicht viel vom Hochmoor 4 / Mettenhamer Filze. Deshalb lohnt sich der Abstecher zum 8 / Filzenblick, auch wenn man das Rad die letzten paar Meter stehen lassen muss.

⌃ oben / Auf dem ebenen Achendamm ist kaum Anstrengung notwendig

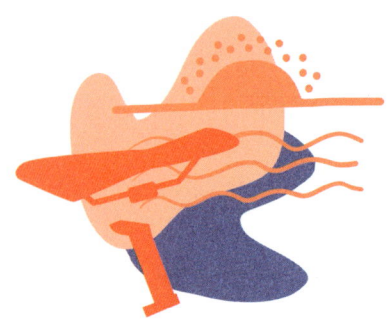

NATUR-
PARADIES

Die Bergetappe: Hinauf zur Streichenkirche

Wir überqueren mit der Bundesstraße die Tiroler Achen und folgen der viel befahrenen B 307 noch ein Stück, bevor wir links abbiegen. Die Auffahrt zur Streichenkirche ist eindeutig beschildert. Nach den ersten 120 Höhenmetern hört der Asphaltbelag auf und wir strampeln auf einer breiten Schotterstraße noch einmal etwa 120 Höhenmeter bergan. Schließlich endet unsere Bergetappe am Berggasthof Streichen – dort beginnt die Wanderung zum Taubensee (s. nächste Seite). Die letzten hundert Meter zur 5 / Streichenkirche, die auf über 800 m Seehöhe liegt, muss man zu Fuß gehen.

Weiter nach Ettenhausen und Schleching

Von der Streichenkirche rollst du auf bekanntem Weg talwärts zur Tiroler Achen. Am Ostufer, direkt bei der Brücke, gibt es eine größere Kiesbank. Bei Niedrigwasser kannst du dort deine Füße abkühlen und rasten. Am westlichen Brückenende biegen wir rechts auf den Weg, den wir gekommen sind, und dann sofort links ab, sodass wir unter der Bundesstraße hindurch gelangen. Auf dem asphaltierten Achentalradweg geht es südwärts auf zwei Feldscheunen zu. Dort angekommen, halten wir uns rechts und später nochmals rechts. So erreichen wir am Ortsrand von Ettenhausen eine Kreuzung von fünf Wegen. Dort folgen wir der Radwegmarkierung, später dem Schild „Schleching 1,7 km". Achte auf die 6 / Kapelle Ettenhausen mit traditioneller Holzdeckung, bevor du auf dem gut gekennzeichneten Achentalradweg bis in den kleinen Urlaubsort 7 / Schleching mit mehreren Einkehrmöglichkeiten braust.

Zum Aussichtspunkt auf die Mettenhamer Filze

In Schleching düsen wir nur kurz an der Bundesstraße entlang, bevor die Radwegbeschilderung nach Mühlau weist. Hinterm Mühlbach rechts und kurz darauf wieder links Richtung Mettenham. Dort halten wir uns an einer T-Kreuzung links in die Brandlstraße (der Radweg führt nach rechts zur B 307). Hinter dem letzten Haus am Waldrand geht es nach links bergauf zum 8 / Filzenblick (etwa

300 m einfache Strecke und rund 50 Höhenmeter). Die letzten Meter zum Aussichtspunkt musst du zu Fuß gehen. Nach dem Abstecher geht es beim letzten Haus geradeaus, vorbei am Campingplatz Zellersee erneut zur B 307.

Wir bleiben auf dem Achentalradweg

Für die nächsten 1,4 km nutzen wir den Straßenradweg, anschließend führt uns der Achentalradweg nach Raiten. Gleich am Ortseingang erhebt sich die 9 / Wallfahrtskirche Raiten. Die Marienkirche „Unserer Lieben Frau zu den sieben Linden" ist im Kern ein romanischer Bau aus dem 12. Jahrhundert, der Chor stammt aus der Spätgotik um 1440. An Christi Himmelfahrt ist die Kirche alljährlich Ziel einer Wallfahrt aller Trachtenvereine des Achentals. Ab Raiten finden wir Radwegschilder Richtung 1 / Grassau und können uns nicht verfahren. Wir kommen noch an zwei sehenswerten Kapellen vorbei: Der St.-Wolfgang-Kapelle bei Süssen und der 10 / Hofkapelle nördlich von 11 / Piesenhausen, wo wir bei einem Griechen einkehren können. Zurück nach 1 / Grassau sind es noch gut 2 km.

DIE HOFKAPELLE

steht an einem Platz namens „Gras-Au", von dem sich vermutlich der Ortsname Grassau ableitet. Zum Bau der Grassauer Kirche an dieser Stelle kam es nicht. So errichtete man „wenigstens" eine 10 / Kapelle.

⌃ oben / Die kunsthistorisch wertvolle Streichenkirche steht 800 m Seehöhe hoch über dem Achental

HÖHENRAUSCH

Bergwanderung zum
Auge des *Chiemgaus*

Wanderung
9 Kilometer
490 Höhenmeter ▲
490 Höhenmeter ▼
3:30 Stunden
Rundtour

Wer hoch hinaus will, muss sich anstrengen. Das gilt fürs wahre Leben wie für die Berge. Vom Achental zur Streichenkirche bist du schon 240 Höhenmeter hinaufgestrampelt. Nun brauchst du wirklich gute Kondition für den Weg zum Taubensee. Auf der Bergwanderung bringst du über 500 Höhenmeter hinter dich und legst fast neun Kilometer zu Fuß zurück. Nimmst du die Herausforderung an?

Zur Belohnung erwarten dich ein traumhafter Bergsee und eine echte Tiroler Einkehr mit Panoramablick. Los geht's am 12 / Berggasthof Streichen, wo wir unsere Bikes abschließen. Wir gehen auf dem Fahrweg 200 Meter zurück und steigen rechts über den als „Abkürzung" markierten Pfad zu einer höher gelegenen Fahrstraße auf. Dort nehmen wir den Weg Richtung Taubensee, gehen durch ein Gatter und folgen dem für Fahrräder gesperrten Wiesenpfad bis zur 13 / Peterer Alm (bewirtschaftet während der Almsaison, einfache Brotzeiten und – nach eigenen Angaben – „weltbester Kuchen"). Von hier führt uns ein breiterer Fußweg zu einer Almstraße.

Die Almstraße bis zur Chiemhauser Alm

In einer langen S-Kurve gehen wir auf dieser aufwärts – zuerst über eine Weidefläche mit altem Baumbestand und schönem Ausblick, später durch ein Waldstück. Dahinter erreichen wir flacheres Terrain entlang eines Grabens. Vorbei an einer Berghütte wandern wir zum 14 / Abzweig zur Chiemhauser Alm (bewirtschaftet während der Almsaison, einfache Brotzeiten, Kuchen und Getränke). Weiter Richtung Taubensee teilt sich kurz darauf bei einer 15 / Schranke der Weg: Geradeaus geht es für uns weiter Richtung Taubensee.

Auf steinigem Wurzelweg hoch hinauf

Gleich am Beginn des Steigs gibt es Infotafeln zum Naturwaldreservat, in dem wir uns nun bewegen. Wenige Meter weiter können

wir rechts den auf Wanderkarten verzeichneten Geigelsteinblick genießen. Danach ist Schwitzen angesagt. Anfangs ist der Weg mäßig
breit und steil, später wird er schmaler und steiler. An einer Stelle
gibt es sogar ein Handseil. Insbesondere nach Regenfällen kann
der Steig rutschig sein – hier bitte vorsichtig! In 1.200 m Seehöhe
erreichen wir einen Sattel und steigen auf dem steinigen und mit
Wurzeln überwachsenen Weg kurz und knackig hinab.

Am Ziel: Taubensee und Taubenseehütte

Der Querweg im Tal führt jeweils in wenigen
Minuten zum 16 / Taubensee (links) und zur
17 / Taubenseehütte (rechts, Frühjahr bis Mitte
Nov., Di–So, warme Küche, www.taubensee.
at). Im Tal verläuft die Grenze Bayern-Tirol. Das
„Auge des Chiemgaus" liegt jeweils zur Hälfte
auf deutschem und österreichischem Staatsgebiet. Obwohl der Taubensee unter Naturschutz
steht, wird darin gebadet. Eine Infotafel klärt jedoch
auf, dass die empfindlichen Schwingrasen der Uferzonen
nicht betreten werden sollten. Nach einer ausgiebigen Pause am See geht es auf bekanntem Weg zurück zur Streichenkirche.
Mountainbike-Variante: Wer sich ein Stück des Fußwegs sparen will,
kann mit einem Mountainbike bis zur 15 / Schranke strampeln. Danach ist der Weg auf gar keinen Fall fahrradtauglich! Anfangs musst
du von der Streichenkirche talwärts bis zum Parkplatz P1 und dort
rechts Richtung Taubensee (Mountainbike-Routen 41/42).

TOURENINFO / Bergwanderung für Leute mit guter Kondition. Passende Wan-
derschuhe, ausreichend Getränke und eventuell ein kleiner Snack sind angesagt.

▲ oben / Geschafft! Blick auf den Taubensee

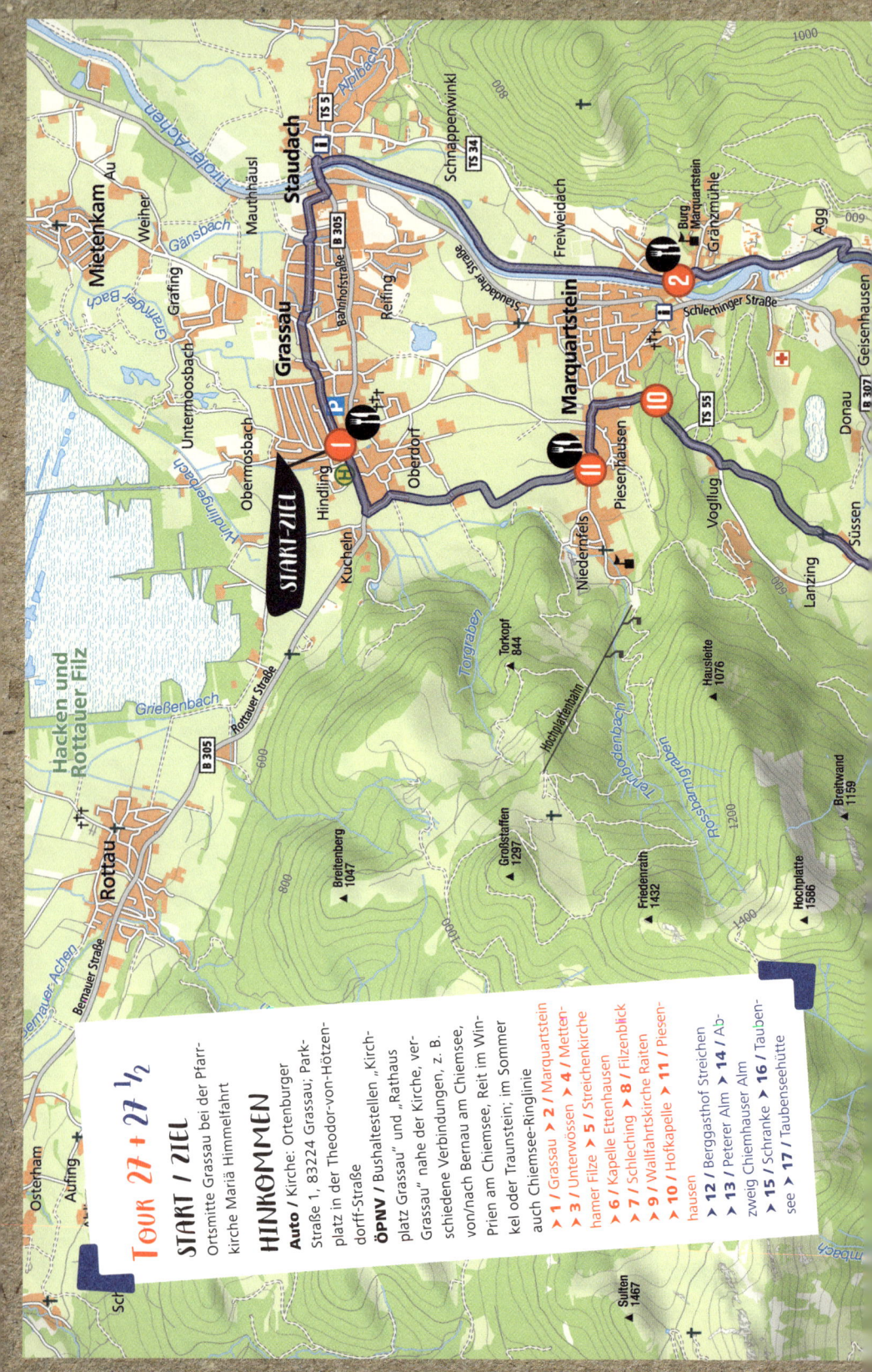

TOUR 27 + 27 ½

START / ZIEL
Ortsmitte Grassau bei der Pfarrkirche Mariä Himmelfahrt

HINKOMMEN
Auto / Kirche: Ortenburger
Straße 1, 83224 Grassau; Parkplatz in der Theodor-von-Hötzen-
dorff-Straße

ÖPNV / Bushaltestellen „Kirchplatz Grassau" und „Rathaus
Grassau" nahe der Kirche, verschiedene Verbindungen, z. B.
von/nach Bernau am Chiemsee,
von/nach Prien am Chiemsee,
Prien am Chiemsee, Reit im Winkel oder Traunstein; im Sommer
auch Chiemsee-Ringlinie

▶ **1** / Grassau ▶ **2** / Marquartstein
▶ **3** / Unterwössen ▶ **4** / Mettenhamer Filze ▶ **5** / Streichenkirche
▶ **6** / Kapelle Ettenhausen
▶ **7** / Schleching ▶ **8** / Filzenblick
▶ **9** / Wallfahrtskirche Raiten
▶ **10** / Hofkapelle ▶ **11** / Piesenhausen
▶ **12** / Berggasthof Streichen
▶ **13** / Peterer Alm ▶ **14** / Abzweig Chiemhauser Alm
▶ **15** / Schranke ▶ **16** / Taubensee ▶ **17** / Taubenseehütte

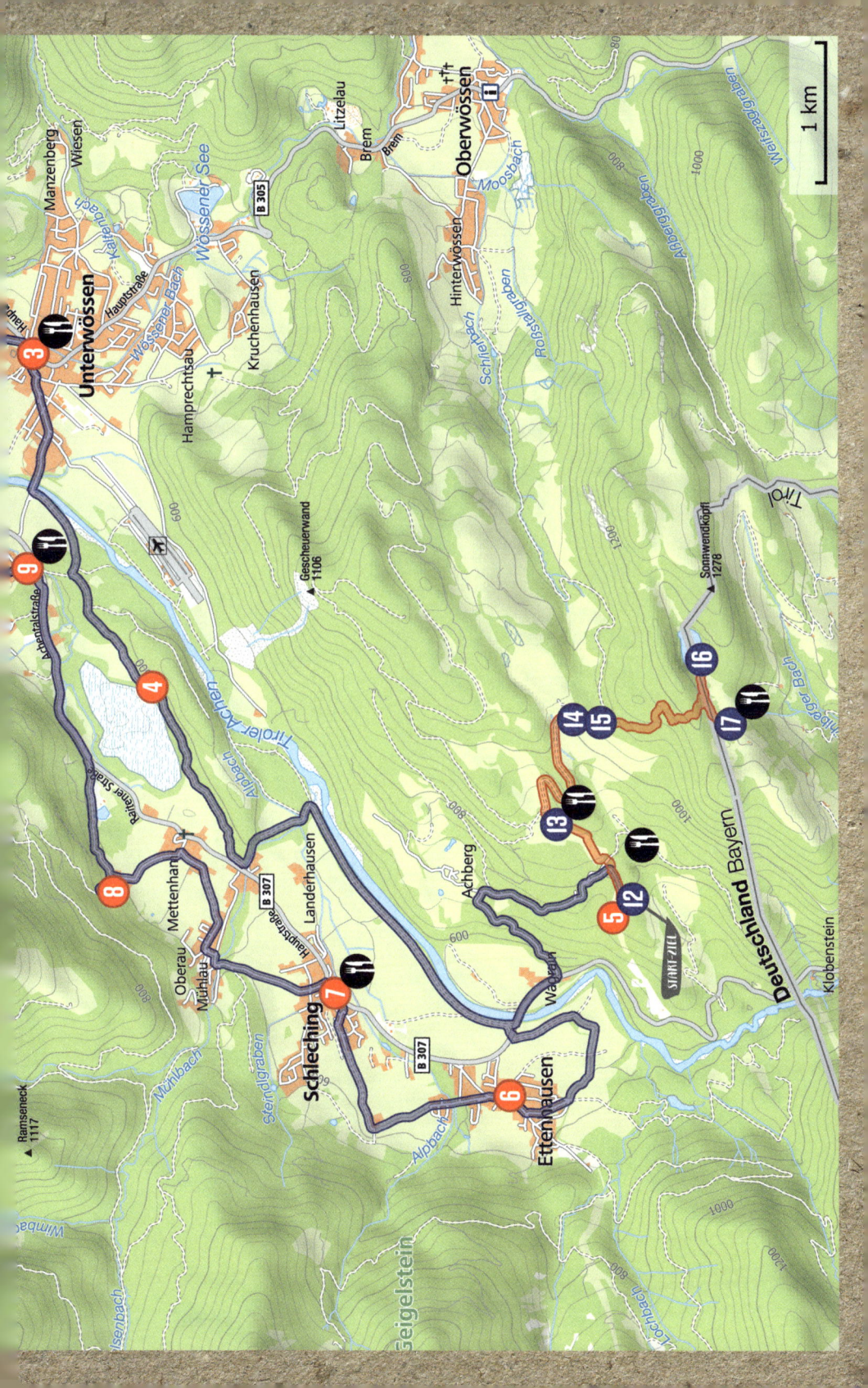

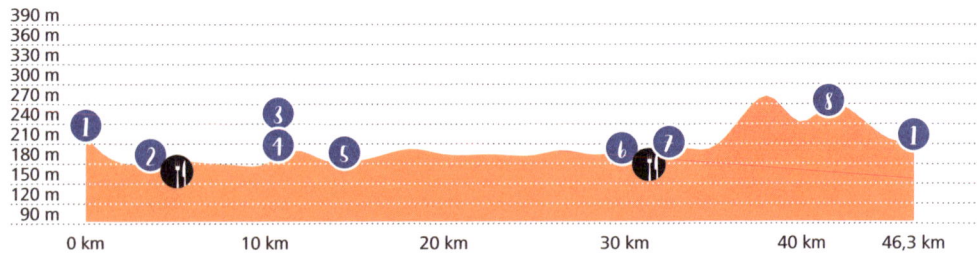

RICHTIG SCHLEMMEN

Ich fahre für diese Tour immer sehr früh los, damit ich für die Bootsrundfahrt mit Weinverkostung pünktlich bin. Alternativ – eine Flasche in der 4 / Felsengartenkellerei mitnehmen und ein Glas am Neckar genießen.

➤ **1 /** Start ist das Forsthaus in Bietigheim-Bissingen

➤ **2 /** Einen morgendlichen Kaffee an der Einkehr zum Posten 35 schlürfen

➤ **3 /** Die verwunschenen Hessigheimer Felsengärten entdecken

➤ **4 /** Sich in der Felsengartenkellerei beim Kauf von Wein beraten lassen

➤ **5 /** An der Bootsanlegestelle des Neckar-Käpt'n in Mundelsheim für einen Bootstrip einsteigen

➤ **6 /** Im Restaurant Kapadokya in die Türkei reisen

➤ **7 /** Zur Ruhe kommen im Naturreservat Neckarparadies

➤ **8 /** Den Blick vom Aussichtshügel Blockstromreste des Uraspergs genießen

390 m
360 m
330 m
300 m
270 m
240 m
210 m
180 m
150 m
120 m
90 m

0 km   10 km   20 km   30 km   40 km   46,3 km

STUTTGARTS GÄRTEN

Von der Enz *zum* Neckar

Die Tour verbindet den Enztalradweg mit dem Neckartal-Radweg. Mit Bootstour und Miniwanderung zu den Hessigheimer Felsengärten ist der Tag vom Morgen bis zum Abend gefüllt.

Natur pur

Das Motto dieser Tour lautet Natur pur – und passend dazu startest du im Wald am 1 / Forsthaus Bietigheim. Nicht ganz getreu des Mottos musst du danach erst in den Ort rein, um dann aber kurz darauf an der Enz entlangzudüsen. Dazu folgst du den grünen Pfeilen in Richtung Besigheim und schon fährst du an Wiesen und Bäumen vorbei. Am Horizont wölben sich Weinberge, zu deiner Linken fließt die Enz. Du erreichst die Neckar-Enz-Stellung, die während des Deutschen Reichs zur Verteidigung errichtet wurde und die um die 450 Bunker umfasst. An der Kläranlage passierst du Bunker 303 und 304. Doch davon bekommst du nicht viel mit, denn während Beton und Stahl unter der Erde liegen,

46 Kilometer
150 Höhenmeter ▲
150 Höhenmeter ▼
3 Stunden
Rundtour

CHARAKTER
Sportlich ●●●○○
Abkühlung ●●●○○
Schlemmen ●●●●○
Panorama ●●●●●

TOURENINFO / Meist abseits des Verkehrs auf breiten asphaltierten Radwegen. Teilweise sehr steil. Gut ausgeschildert. Feueranzünder mitnehmen, wer grillen möchte.

◄ **links / An den Hessigheimer Felsengärten tummeln sich die Kletterer**

wuchern oben Sträucher und Gestrüpp. Was du dafür mitbekommst, ist der 2 / Posten 35 (Bernhälde 1, 74354 Bessigheim). Der Kiosk lädt Radfahrer auf eine Pause ein. Idyllisch kann man hier unter dem Pavillon verschnaufen und einen Kaffee zur Stärkung oder eine Schorle zur Erfrischung trinken. Anschließend geht es weiter an der Enz entlang.

Bummeln in der Altstadt

Nach viereinhalb Kilometern taucht am Horizont der Schochenturm von Besigheim auf. Nach und nach tauchst du in die Altstadt ein. Ab jetzt folgst du den Schildern Richtung Hessigheim, die ebenfalls durch grüne Pfeile gekennzeichnet sind. Du kommst vorbei an schnuckligen Cafés und kleinen Geschäften, die dazu verlocken, dein Fahrrad abzustellen und durch den Ort zu schlendern. Wenn du Zeit hast, folge dem Drang. Falls es abends spät werden sollte, kannst du dann die S-Bahn von Ludwigsheim nehmen, um zu deinem Auto oder direkt nach Stuttgart zurückzufahren. Hast du die Altstadt von Besigheim durchquert, musst du über die B 27, danach gehts wieder ab in die Natur, dieses Mal am Neckar entlang. Neben dir tauchen goldene Felder auf, auf denen Bauern im Spätsommer den Weizen bereits geerntet haben. Dann saftige grüne Weinreben, deren Zweige von dicken Trauben nach unten gezerrt werden. Am Horizont siehst du bereits die ersten Felsen, die wie Klippen wirken. Sie sind dein Ziel. Ja, es wird steil werden, aber es lohnt sich. Nach der Brücke bist du bereits am Ortseingang von Hessigheim. Überquere die Straße und folge den Schildern zu den 3 / Hessigheimer Felsengärten (Am Felsengarten 27, 74394 Hessigheim).

BUMMELN IN BESIGHEIM

Die Häuser schmiegen sich dicht aneinander, sodass es euch in Besigheim ganz kuschelig wird. Es gibt viele nette Cafés und Läden.

Miniwanderung zu den Felsentürmen

Oben angekommen, erwartet dich ein wunderschöner Ausblick über den Neckar. Du siehst die Brücke, auf der du gerade noch geradelt bist, die Weinberge, auf denen die Reben in Reih und Glied stehen, die goldenen Felder. Und wenn du noch ein weiteres Highlight erleben möchtest, dann kannst du die Treppen zu den Felsengärten hinauf- und danach zu den Felsen hinabsteigen. Das dauert

rund zehn Minuten. Was dich erwartet? Ein verwunschener Ort. Bäume wachsen hier quer, sodass die Sonne nur vereinzelt durch das Blätterdach dringt. Die Felsen sind zum Teil mit Moos und Efeu überwuchert, andere wiederum liegen frei, denn die Felsen werden auch von Kletterern genutzt. Sie kämpfen an der Wand um jeden Zentimeter, rufen sich Kommandos zu, feuern sich an. Da lässt sich richtig mitfiebern.

Wein aus der Region

Nach dem steilen Anstieg und der kleinen Wanderung geht es nun bergab. Unten angekommen werden Familien mit kleinen Kindern nicht daran vorbeikommen, noch einmal einen Stopp einzulegen. Denn eine Burg mit Rutschen, Hängebrücken und Kletternetzen wartet darauf, erobert zu werden. Gleich nebenan geht es zur 4 / Felsengartenkellerei (Am Felsengarten 1, 74394 Hessigheim). Hier kannst du dir noch einen Tropfen aus der Region mitnehmen

450

Bunker umfasst die Neckar-Enz-Stellung, die während des Deutschen Reichs als Verteidigung errichtet wurde. Heute ist davon nur noch wenig sichtbar. Der 2 / Posten 35 ist inzwischen ein Kiosk, an dem Radfahrer sich in der Natur erholen können, und die Bunker ruhen, von den Augen verborgen, unter der Erde.

⌃ **oben / Blick über den Neckar von den Hessigheimer Felsengärten**

PERFEKTE AUSSICHT

Von den 3 / Hessigheimer Felsengärten blickst du über den Neckar und die Weinberge. Zehn Minuten zu Fuß und vor dir türmen sich die Felsentürme auf.

KM 15

Bei einer Fahrt mit dem 5 / Neckar-Käpt'n wird der Gaumen verwöhnt. Schwäbische Kost mit schwäbischem Wein. Nach dem Essen schaukelt dich das Boot dann zur Verdauung sachte hin und her. Es gibt eine Rundtour pro Tag, immer mittags.

und wenn du ihn abends genießt, dann denke an deine Tour und was du alles erlebt hast. Zuerst aber musst du am Ziel ankommen, also überquerst du wieder die Straße, um zurück auf den Fahrradweg zu kommen, der dich nach Hessigheim hineinführt. Ab jetzt hältst du Ausschau nach den Schildern Marbach am Neckar, die dich immer entlang des Flusses führen. So gelangst du nach Mundelsheim und erreichst die 5 / Bootsanlegestelle des Neckar-Käpt'n (Karl-Epple-Straße 5, 74395 Mundelsheim). Hier kannst du nun am Wochenende um die Mittagszeit für eine Rundfahrt auf dem Neckar zusteigen und so richtig schwäbisch schlemmen. Es gibt Maultaschensuppe, Maultaschen auf die Hand, Maultaschen mit Kartoffelsalat. Alles hausgemacht. Und dazu ein schönes Glas Wein. Die Rundfahrt kannst du vorab auf der Website buchen.

Deftig und türkisch

Bist du wieder zurück, dann geht es weiter auf dem Neckartal-Radweg. Im Sommer radelst du nun vorbei an Zuckerrüben- und Sonnenblumenfeldern. Bänke laden zum Rasten ein. So kommst du nach Pleidelsheim und schließlich nach Benningen am Neckar. Hier kannst du im türkischen Restaurant 6 / Kapadokya (Ludwigsburger Straße 2 A, 71726 Benningen am Neckar) mit Blick auf den Neckar einkehren. Jetzt hast du den Großteil geschafft und kannst dir noch mal ein deftiges Essen gönnen. Ob gegrillte Hähnchenspieße, eine Fischplatte oder geschmortes Hackfleisch – es gibt alles, was das Herz begehrt. Anschließend folgst du den Schildern nach Ludwigsburg. Sie führen dich durch das 7 / Naturreservat Neckarparadies bei Benningen am Neckar, bis der Weg sich gabelt. Jetzt musst du nach rechts in Richtung Schloss Monrepos. Nimm dafür auf jeden Fall Schwung, denn es wird gleich so richtig steil. Das war aber das schlimmste Stück. Für den Rundweg folgst du nun weiter der Beschilderung zum Schloss. Doch falls du dir sehr viel Zeit gelassen hast, kannst du auch zur S-Bahn in Ludwigsburg radeln. Es sind nur drei Stationen nach Bietigheim-Bissingen.

Abendliches Feuer

Wenn du aber noch Energie hast, dann wartet ein wunderschöner Rastplatz mit toller Aussicht auf dich. Dafür folgst du beim Schloss Monrepos dem Weg nach Bietigheim-Bissingen. Unter den Alleen musst du einmal kurz über Schotter, triffst aber kurz darauf wieder auf den gut asphaltierten Fahrradweg, der über dem Planetenweg an der B27 entlangführt. Von den Autos bekommst du allerdings weniger mit, als du vielleicht anfangs gedacht hast. Schließlich gelangst du zu einem Aussichtshügel – den 8 / Blockstromresten des Uraspergs (B27, 71732 Tamm) – und zu einer Grillstelle mit Sonnensegel. Der perfekte Ort, um den Abend ausklingen zu lassen, mit den Kindern Grillspieße zu schnitzen oder sich einfach nur mit Freunden am Feuer zu unterhalten. Falls du spontan Lust auf Grillen hast, kannst du dir in einem Supermarkt in Tamm zum Beispiel ein Stück Grillkäse holen. Abends musst du dann nur noch nach Bietigheim-Bissingen hinein. Bist du mit der S-Bahn hier, dann führen dich die Schilder direkt zum Bahnhof. Alle Autofahrer müssen am Bahnhof noch ein Stückchen weiter in Richtung Ingersheim. Doch schon bald bist du wieder am 1 / Försterhaus und an deinem Auto angelangt. Bei einem abendlichen Trunk kannst du zuhause mit deiner Flasche Wein aus der Felsengartenkellerei den Tag noch einmal Revue passieren lassen.

⌃ oben / Bei den Feldern wärmt die Sonne den Rücken

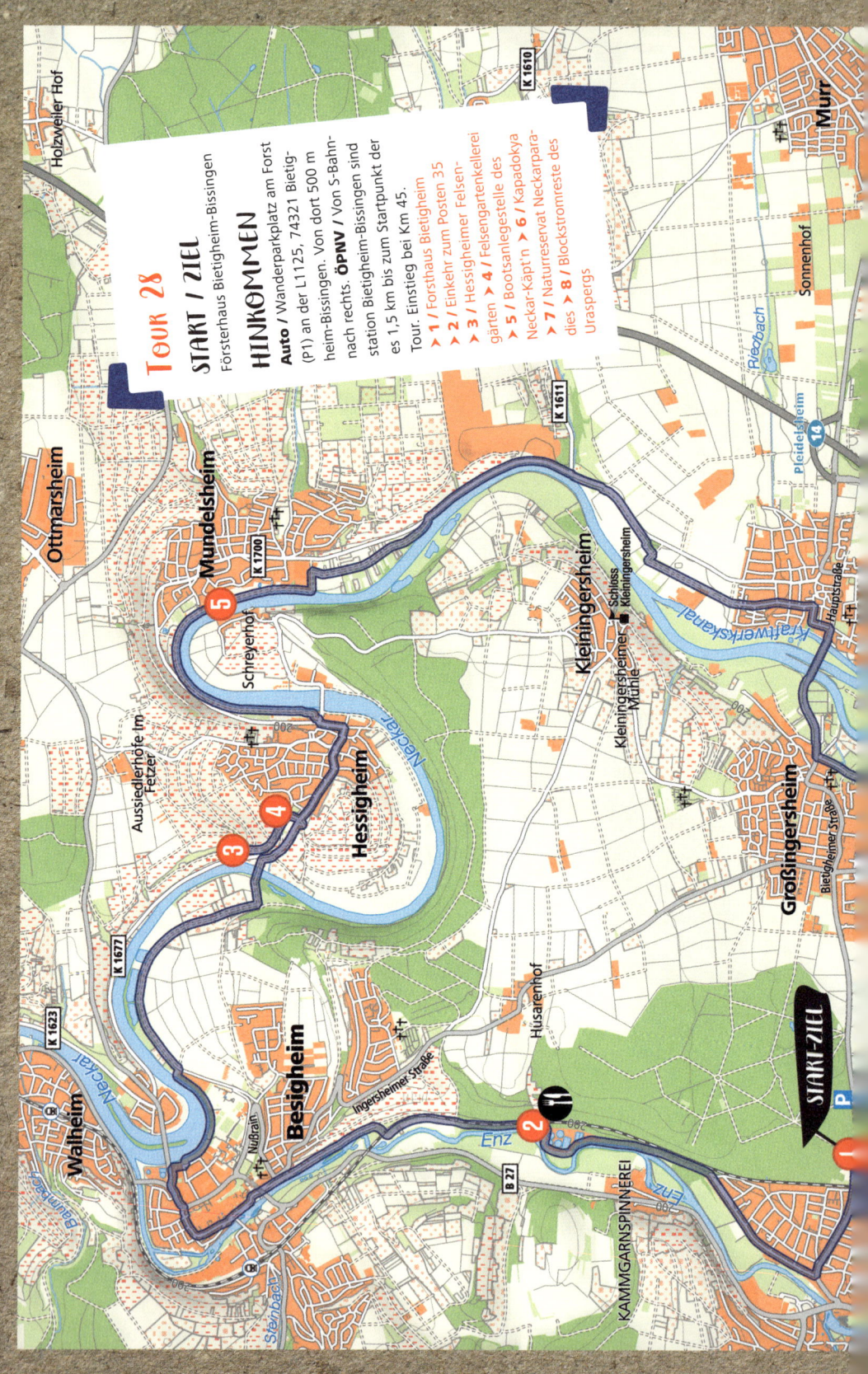

Tour 28

START / ZIEL

Försterhaus Bietigheim-Bissingen

HINKOMMEN

Auto / Wanderparkplatz am Forst (P1) an der L1125, 74321 Bietigheim-Bissingen. Von dort 500 m nach rechts. **ÖPNV** / Von S-Bahnstation Bietigheim-Bissingen sind es 1,5 km bis zum Startpunkt der Tour. Einstieg bei Km 45.

▸ **1** / Forsthaus Bietigheim
▸ **2** / Einkehr zum Posten 35
▸ **3** / Hessigheimer Felsengärten ▸ **4** / Felsengartenkellerei
▸ **5** / Bootsanlegestelle des
Neckar-Käpt'n ▸ **6** / Kapadokya
▸ **7** / Naturreservat Neckarparadies ▸ **8** / Blockstromreste des
Uraspergs

START-ZIEL

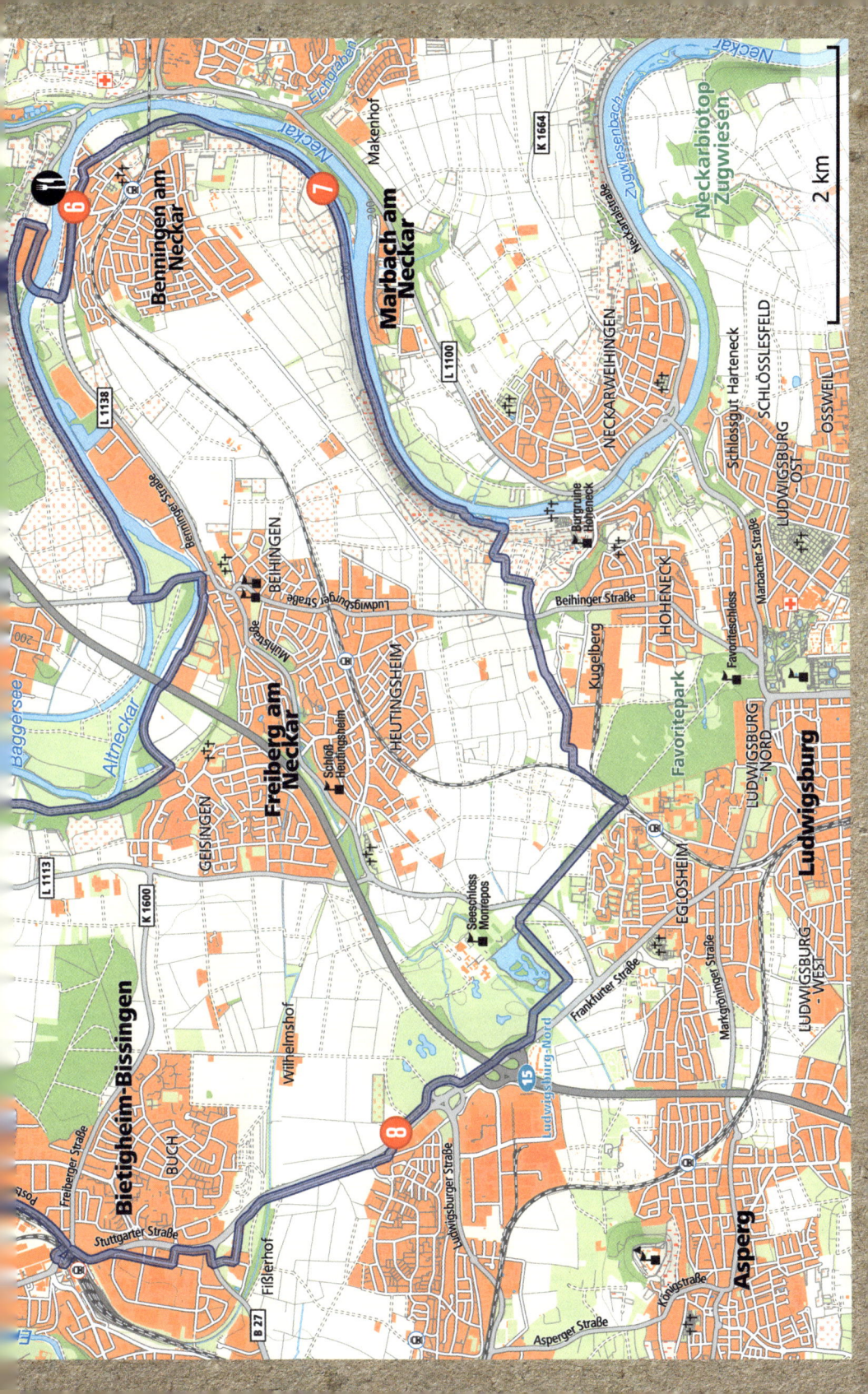

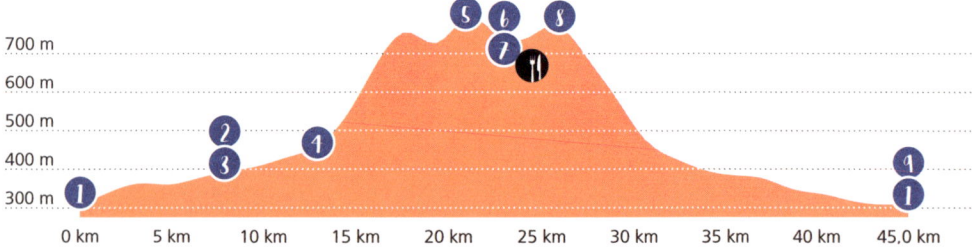

STREIFZUG DURCHS MOOR

Ich nehme mir am 6 / Schopflocher Moor immer ein bisschen Zeit für eine kleine Wanderung über die Holzstege. Die einzigartige Flora und Fauna dort fasziniert mich immer wieder.

➤ **1 /** Du startest am Bahnhof Kirchheim unter Teck

➤ **2 /** Im Geschichtshaus Owen den Dichtern der Vergangenheit begegnen

➤ **3 /** An der Grabtafel von Wilhelm Zimmermann dem Historiker gedenken

➤ **4 /** Papier als Kunstwerk im Museum für Papier und Buchkunst

➤ **5 /** Der blauen Mauer ganz nah sein im Naturschutzzentrum Schopflocher Alb

➤ **6 /** Spazierengehen im Schopflocher Moor

➤ **7 /** Wohl die urigste Gaststätte in der Umgebung: der Landgasthof Albengel

➤ **8 /** Im Mörikehaus erfährst du mehr über den Lyriker Eduard Mörike

➤ **9 /** Eintauchen in die Poesie im Literarischen Museum im Max-Eyth-Haus

GROSSE WORTE

Auf den Spuren der **Dichter** *bei*
Kirchheim unter Teck

Du liebst Gedichte, Romane und Klassiker? Dann ist diese Tour perfekt für dich. Auf dem Rad folgen wir dem Leben großer Lyriker. Wo haben sie gearbeitet, gelebt, geschrieben? Als Bonus gibt's noch die einzigartige Landschaft der Schwäbischen Alb.

Aufsatteln und losfahren

Der Tag voller Poesie beginnt am 1 / Bahnhof Kirchheim unter Teck. Wir radeln auf der gegenüberliegenden Seite der Bahnhofshalle los. Es geht nach links, vorbei an einem Spielplatz, bis du fünfhundert Meter später auf die Hahnweidstraße triffst, der du nach rechts folgst. Sie führt dich hinaus aus der Stadt und vorbei an Feldern. Mais, Raps, Weizen – wie ein Flickenteppich überziehen diese die Landschaft. Du gelangst an einen Waldrand, hier führen dich die grünen Pfeile nach links in Richtung Dettingen. Ruhig ist es hier, kaum Verkehr. Du überquerst den Fluss Lauter und biegst danach rechts ab. Dann geht es vorbei an einem Spielplatz mit

45 Kilometer
620 Höhenmeter ▲
620 Höhenmeter ▼
3:30 Stunden
Rundtour

CHARAKTER
Sportlich ●●●●○
Abkühlung ●○○○○
Schlemmen ●●●○○
Panorama ●●●●○

TOURENINFO / Fast ausschließlich auf asphaltierten Wegen. Meist in der Natur oder durch ruhige Orte. Teilweise steil, E-Bike von Vorteil.

◀ **links / Sonnenuntergang über den Feldern**

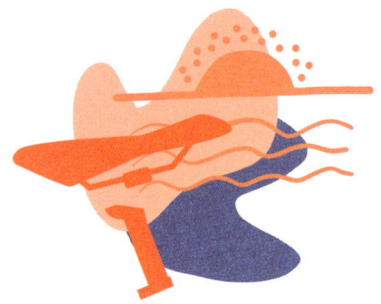

Schaukeln, Rutschen und einem Sandkasten, wieder über die Lauter und dann immer den Schildern nach in Richtung Owen.

Zwei Freunde in Owen

In diesem Ort befindet sich unser erster Stopp. Also aufgepasst. Denn nachdem die ersten Häuserblocks auftauchen, musst du bei der Gabelung links in die Schießhüttenstraße. Du passierst die Bahnhofstraße und biegst am Ende links ab. Auf deiner rechten Seite taucht nun das 2 / Geschichtshaus Owen (Kirchheimer Straße 51, 73277 Owen) auf, das unter anderem über die größte literarische Berühmtheit der Stadt informiert: Eduard Mörike. Der Lyriker lebte drei Jahre lang, zwischen 1829 und 1831, in Owen. In dieser Zeit entstand unter anderem die Novelle „Maler Nolten". Düster ist der Roman, geprägt von Todessehnsucht. Nicht alle seine Werke sind so. Mit seinem Freund, dem Theologen und Historiker Wilhelm Zimmermann, der 1873 nach Owen zog und dort als Seelsorger arbeitete, verfasste er das „Jahrbuch schwäbische Dichter und Novellisten". Bekannt ist Zimmermann vor allem für sein Werk „Allgemeine Geschichte des großen Bauernkrieges". Fährst du ein Stück zurück und dann die erste links, wo sich zu deiner Linken das Friedhofstor öffnet, findest du auf der 3 / Grabtafel von Wilhelm Zimmermann (Friedhof Owen, 73277 Owen), die sich an der Außenmauer der Marienkirche befindet, das Resümee dieses Buches eingraviert: „Ob auch Welle um Welle sich bricht und zerstäubt, der Strom geht vorwärts."

Papierene Kunst

Nach diesen ersten beiden Stopps geht es auf der Wehrbachstraße weiter. An ihrem Ende geht es für dich rechts und dann die übernächste links in die Neue Straße. Jetzt bist du wieder auf dem ausgeschilderten Weg und kannst den Pfeilen nach Brucken und anschließend nach Lenningen folgen. Viereinhalb Kilometer fährst du, bis nach der Grundschule in Oberlenningen der Burgtobelweg nach rechts abzweigt. Ihm folgst du und biegst – nachdem du die

1878

starb der Theologe, Historiker und Dichter Wilhelm Zimmermann in Owen. Auf seiner 3 / Grabtafel, die an der Kirchenaußenmauer in Owen hängt, steht: „Ob auch Welle um Welle sich bricht und zerstäubt, der Strom geht vorwärts."

Hauptstraße überquert hast – bei der Gabelung rechts in die Straße „Schloßrain" ab, die dich zum 4 / Museum für Papier und Buchkunst (Schloßrain 15, 73252 Lenningen) führt. Hier bekommst du einen ganz neuen Blickwinkel auf das Buch – denn in den dort ausgestellten Werken ist oft das Buch an sich das Kunstwerk.

BÜCHER, DIE MAN NICHT LESEN KANN

Windschief, wie ein Haus aus Papier – so sieht das 4 / Museum für Papier und Buchkunst aus. Immer am Wochenende öffnet es seine Pforten.

Inspirierende Natur

Wieder im Sattel nimmst du den gleichen Weg zurück bis zu der Abzweigung, bei der du auf den Burgtobelweg abgefahren bist. Dann geht es für dich nach rechts weiter. Folge den grünen Pfeilen im Zickzack nach Schopfloch, bis du die Ochsenwanger Straße erreichst und folge dieser nach links zum 5 / Naturschutzzentrum Schopflocher Alb (Vogelloch 1, 73252 Lenningen). Als blaue Mauer hat Eduard Mörike den Albtrauf einmal beschrieben, denn aus der Ferne schimmern die Felskanten bläulich. In der Dauerausstellung „Albtrauf – die blaue Mauer" erfährst du mehr

---

➤ oben / Das Papier- und Buchkunstmuseum

EINZIGARTIG

Auf der schwäbischen Alb gibt es kaum Wasser. Umso einmaliger ist das **6 / Schopflocher Moor**, das sich durch eine wasserstauende Tonschicht gebildet hat.

über die Landschaft. Nach dem Naturschutzzentrum ist dein nächstes Ziel Ochsenwang.

Mahlzeit mit Verdauungsspaziergang

Der Ort liegt bereits auf deinem Rückweg. Du folgst der Ochsenwanger Straße weiter, nimmst dann aber die erste geteerte Straße nach links und danach die erste geteerte Straße nach rechts. Zu deiner Linken breitet sich nun das 6 / Schopflocher Moor (73252 Lenningen) aus und ein Stück weiter befindet sich der 7 / Landgasthof Albengel (Torfgruppe 6, 73266 Lenningen) – definitiv die urigste Gaststätte im Umkreis. Zu empfehlen sind auf jeden Fall die Spätzle – und danach ein Verdauungsspaziergang über das Schopflocher Moor. Du wanderst auf Holzbrücken über die Torfgrube. Die Natur wechselt hier von Wald zu Freifläche, wobei Moor und Moorwald jeweils ihre einzigartige Pflanzenvielfalt besitzen.

Über Liebe und Schmerz

Wieder im Sattel triffst du erneut auf die Ochsenwanger Straße. Folge ihr ein Stück und biege dann gleich die nächste Straße rechts ab. Du wirst sie wieder ein Stück umfahren, indem du bei der Ziegelhütte rund fünfhundert Meter später links abbiegst. Ein weiteres Mal triffst du auf die Straße und dieses Mal bleibst du auf ihr, bis du am Gasthaus Rössle rechts in die Eduard-Mörike-Straße abbiegst. Auf deiner linken Seite befindet sich nun das 8 / Mörikehaus. Hierher zog der Dichter Mörike nach seiner Zeit in Owen für ein Jahr. Heute ist das Haus ein Museum. Auch Liebesbriefe sind ausgestellt, die Mörike an seine Verlobte Luise Rau schrieb. Sie zählen zu den schönsten Brautbriefen der deutschen Literatur. Nach deinem Besuch im Mörikehaus geht es rechts und dann kurz darauf links in die Randecker-Maar-Straße. Am Ende des Weges fährst du dann links. Jetzt wird es steil. Nachdem du die Steigung bewältigt hast, düst du vorbei an Wäldern und durch den Ort Hepsisau, bis kurz nach dem Ort der ausgeschilderte Fahrradweg nach links abzweigt. Ab jetzt immer den grünen Pfeilen hinterher

LIEBESBRIEFE EINES DICHTERS

nach Weilheim an der Teck. Auch in Weilheim hinterließ Mörike seine Spuren. Für mehrere Monate lebte er im Diakonatshaus. In dieser Zeit trat für Mörike eine lebensverändernde Katastrophe ein. Er und seine Verlobte trennten sich. Sieben Sonette widmete er dieser gescheiterten Beziehung.

Noch mehr Literatur

Statt im Ort anzuhalten, fährst du allerdings weiter, bis du fünf Kilometer später Jesingen und kurz darauf Kirchheim erreichst. Dort überquerst du die große Alleenstraße und biegst danach rechts in die Max-Eyth-Straße ab, in der sich das 9 / Literarische Museum im Max-Eyth-Haus (Max-Eth-Straße 15, 73230 Kirchheim unter Teck) befindet. Hier wurde der Literat Max Eyth geboren, ein heimlicher Bewunderer von Mörike. In dem Museum werden neben den Werken von Max Eyth aber Schriftstücke von Hermann Kurz, Hans Bethge und Hermann Hesse ausgestellt. Alle drei waren für eine bestimmte Zeit in Kirchheim und Hesses Erzählung „Lulu" spielt sogar hier. Weiter geht es dann für dich, indem du der Max-Eyth-Straße folgst und abermals die Alleenstraße überquerst. Dann links in die Kolbstraße. Einen Kilometer später taucht vor dir die Halle des 1 / Bahnhofs Kirchheim unter Teck auf.

KM 23

Im 7 / Landgasthof Albengel speist du zwischen Zwergen und Engeln. Definitiv die urigste Gaststätte weit und breit mit leckerem Most und der Möglichkeit, sein E-Bike für die zweite Etappe der Tour aufzuladen. Am Wochenende kann es schon mal voll werden.

⌃ **oben / Der Albengel ist die wohl urigste und kitschigste Gaststätte in der Umgebung**

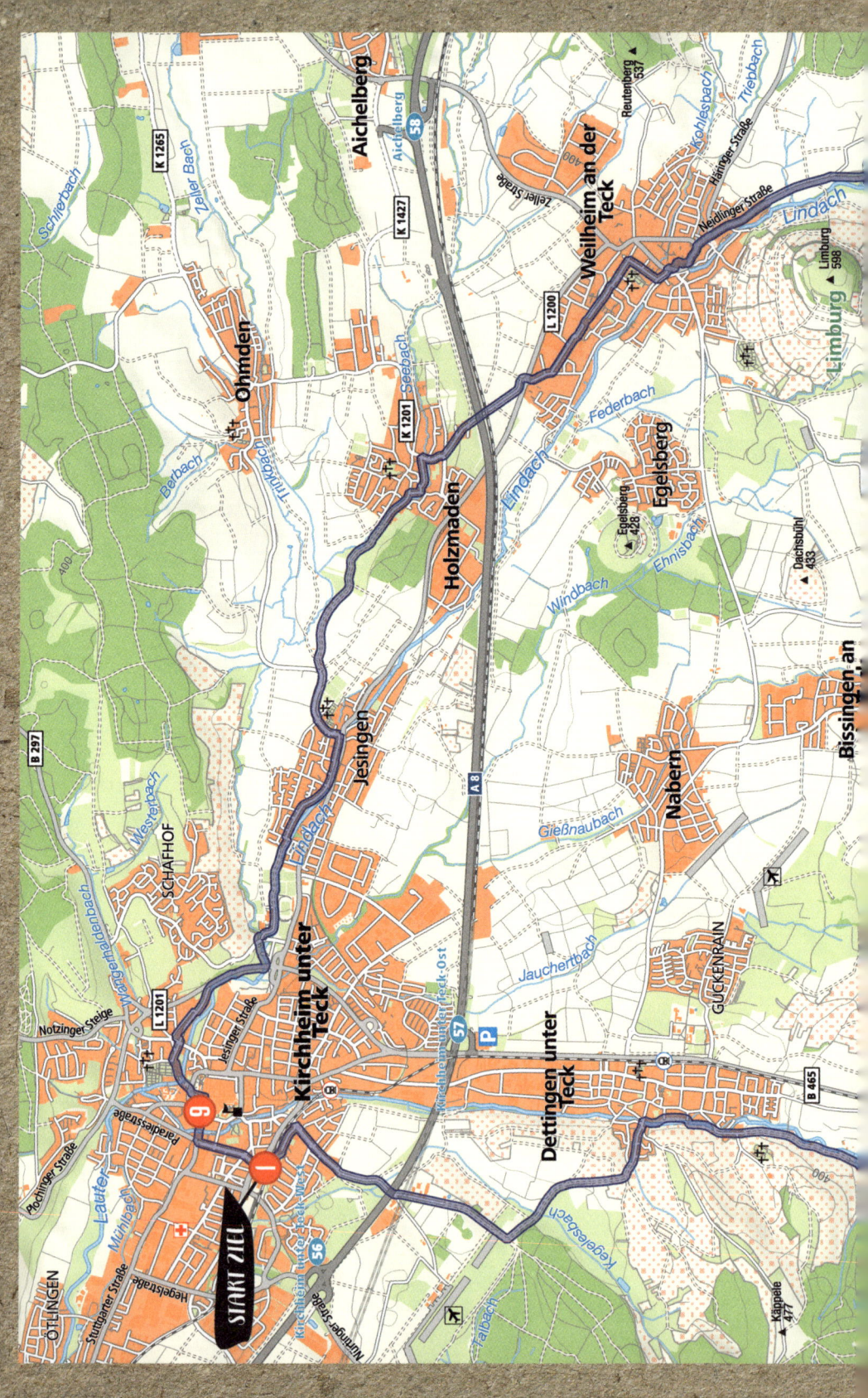

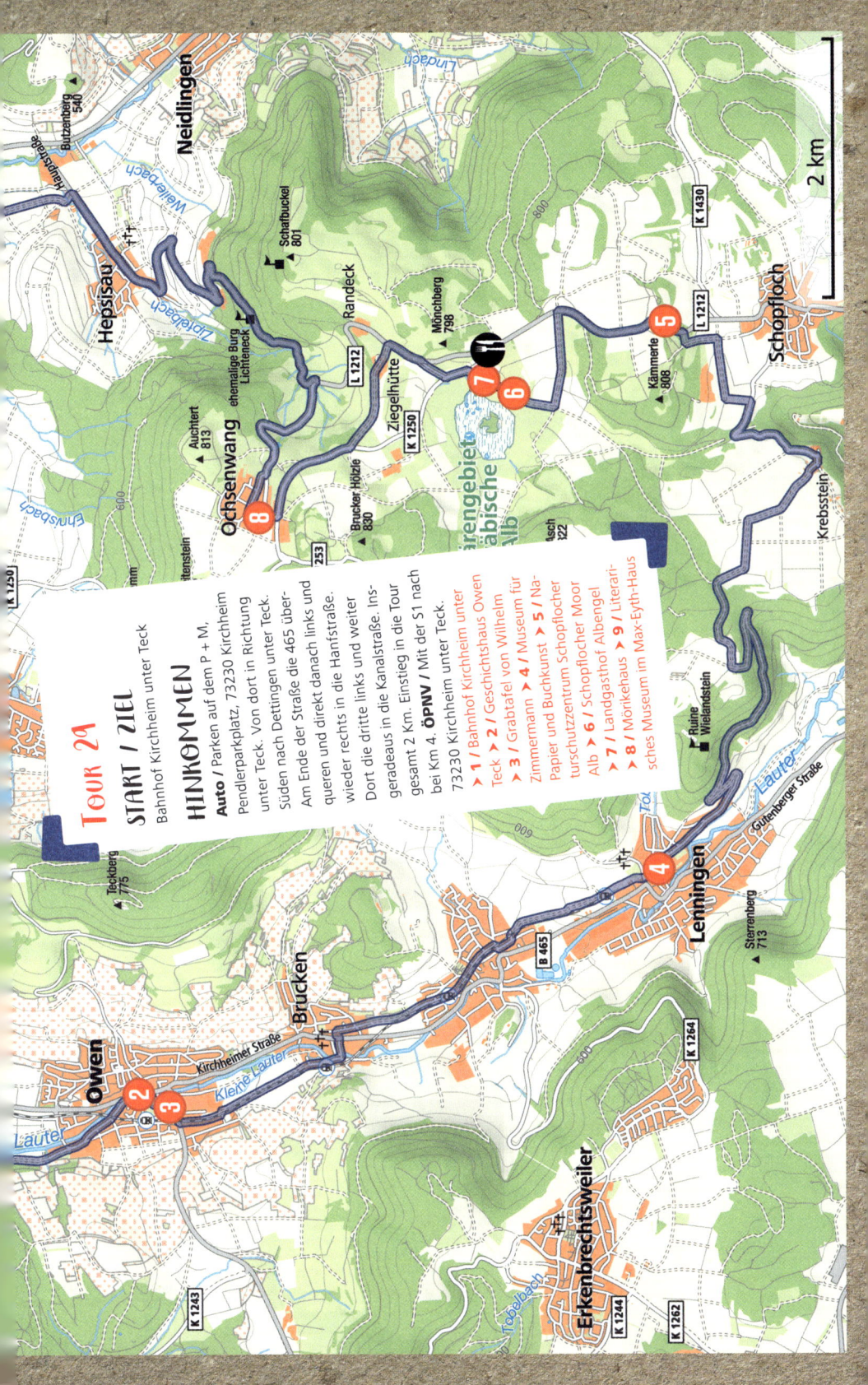

TOUR 24

START / ZIEL
Bahnhof Kirchheim unter Teck

HINKOMMEN

Auto / Parken auf dem P + M, Pendlerparkplatz, 73230 Kirchheim unter Teck. Von dort in Richtung Süden nach Dettingen unter Teck. Am Ende der Straße die 465 überqueren und direkt danach links und weiter rechts in die Hanfstraße. Insgeradeaus in die Kanalstraße. Dort die dritte links und weiter geradeaus in die Kanalstraße. Einstieg in die Tour gesamt 2 km. **ÖPNV** / Mit der S1 nach bei km 4. **ÖPNV** / Mit der S1 nach 73230 Kirchheim unter Teck.

▸ **1** / Bahnhof Kirchheim unter Teck ▸ **2** / Geschichtshaus Owen ▸ **3** / Grabtafel von Wilhelm Zimmermann ▸ **4** / Museum für Papier und Buchkunst ▸ **5** / Naturschutzzentrum Schopflocher Moor ▸ **6** / Schopflocher Moor Alb ▸ **7** / Landgasthof Albengel ▸ **8** / Mörikehaus ▸ **9** / Literarisches Museum im Max-Eyth-Haus

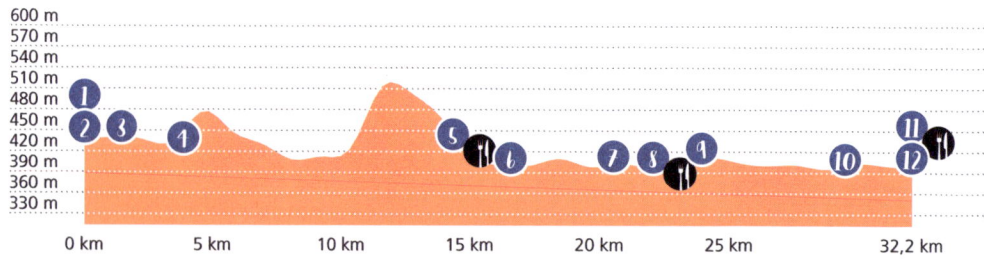

WUNDERSCHÖN, ABER VOLL.

Auch wenn in Meersburg und Überlingen meist die Hölle los ist, gehören die beiden Städte für mich zu den absoluten Highlights am Bodensee.

➤ **1 /** Am Parkplatz Schloss Salem steigen wir in den Sattel

➤ **2 /** Mittelalter meets Rokoko: Kloster und Schloss Salem

➤ **3 /** Klar zum Entern im Naturerlebnispark Schlosssee Salem

➤ **4 /** Postkarten-Idylle am Martinsweiher

➤ **5 /** Wo die Drohste dichtete: Besuch in Meersburg

➤ **6 /** Hinein in den See am Meersburger Strand

➤ **7 /** Schöner Wohnen auf Stelzen in den Pfahlbauten Unteruhldingen

➤ **8 /** Leckereien in der Besenwirtschaft Hofgut Möking

➤ **9 /** Wie eine Wolke aus rosa Zuckerwatte: die Barockkirche Birnau

➤ **10 /** Am Landungsplatz Überlingen grummelt der Bodenseereiter

➤ **11 /** Wasserspielplatz am Uferpark der Landesgartenschau

➤ **12 /** Und tschüss: Bahnhof Überlingen Therme

TOUR DE FARCE

Auf dem **Fahrrad-Highway** *von*
Salem *über* **Meersburg** *nach*
Überlingen

**Wir stürzen uns ganz bewusst in die Rush-
hour auf dem Bodenseeradweg. Meersburg
und Überlingen sind so malerisch wie über-
laufen. Auf unserer Tour machen wir aus
dem Trubel eine Tugend, denn gerade da
lässt sich viel Amüsantes beobachten.**

Aufgalopp am Schloss

Moment! Eine Tour, die ihr so nie machen wür-
det, und dann geht's zu regelrechten Perlen am
nördlichen Bodenseeufer? Exakt. Denn sowohl
Meersburg als auch Überlingen, die Pfahlbauten
bei Unteruhldingen und die barocke Birnau gehören zu den absoluten Hot-
spots am See. Die Klassiker
möchten natürlich alle sehen,
wenn man schon mal hier ist.
Dementsprechend viel los ist
dann auch auf dem Radweg.
Wir packen ganz viel Humor
in die Satteltaschen und stür-
zen uns ins Getümmel. Startpunkt unserer Tour ist
der 1 / Parkplatz Schloss Salem, direkt am ersten
Highlight des Tages, 2 / Kloster und Schloss Salem

32 Kilometer
190 Höhenmeter ▲
220 Höhenmeter ▼
2 Stunden
Streckentour

CHARAKTER
Sportlich ●●●○○
Abkühlung ●●●○○
Schlemmen ●●○○○
Panorama ●●●●●

TOURENINFO / Moderate Tour mit kleineren Anstiegen
zu Beginn. Dann nur noch bergab und am Seeufer entlang.
Meist Asphalt, bisweilen Schotterwege. Ab Meersburg je
nach Jahreszeit durchaus viel los.

‹ **links / Allein ist man als Radler in Meersburg selten**

BRANDSCHUTZ-PIONIERE

Nach dem Großfeuer 1697 besorgten sich die Mönche prophylaktisch zwei Feuerspritzen. Zu sehen im Feuerwehrmuseum am **2 / Kloster und Schloss Salem.**

(88682 Salem, salem.de). Hier trifft schmucklose und strenge Mittelalter-Architektur imponierend auf die überbordende Pracht von Barock und Rokoko. Grandios. Da gibt's keine zwei Meinungen. Die Anlage ist so beeindruckend, dass sie jedes Jahr etwa 130.000 Besucher sehen möchten. Gut, dass nicht alle auf einmal kommen. Meistens. Herrlich ist die Orangerie, da findet sich immer ein ruhiges Plätzchen.

Die Waldesruh vor dem Sturm

Vom Kloster und Schloss Salem fahren wir in Richtung Ortsmitte und nehmen im Kreisverkehr die erste Ausfahrt. Links taucht bald der Schlosssee auf. Im Freibad 3 / Naturerlebnispark Schlosssee Salem (Schlossseeallee, 88682 Salem, salem-baden.de) ankert ein waschechtes Piratenschiff. Wer mit Kindern unterwegs ist, kann den Rest der Tour jetzt vermutlich abhaken. Das Beste: Eintritt frei. Also: Badehose raus und klar zum Entern! Einmal losgeeist, rollen wir den Radweg weiter und biegen bald rechts in die Feuchtmayer Straße. Von dort lotst uns die Tüfinger Straße zum wildromantischen 4 / Martinsweiher. Jetzt folgt etwas Zickzack: Auf dem Schotterweg links am Weiher vorbei, am Wanderparkplatz wenige Meter weiter rechts und dann die zweite Möglichkeit auf einem etwas holprigen Waldweg links eine Steigung hoch. Haltet euch zweimal rechts und dann zweimal links. Bei der nächsten Weggabelung wieder links und kurz darauf über die Straße. Am Ufer des Killenweihers entlang und bei der nächsten Gabelung rechts. Immer laufen lassen. Über die Straße und etwas versetzt rechts auf dem Schotterweg weiter. Auf diesem Weg haltet ihr euch jetzt immer rechts, bis ihr den Weiler Hallendorf erreicht. Noch ein Stück, bis eine Straße kreuzt.

Über den Berg zur Burg

Wir biegen links ab, überqueren einen schmalen Fluss und folgen der Straße nach Schniggendorf. Dann den Berg hinauf nach Baitenhausen. Ab dort rollen wir fast nur noch bergab und direkt nach

40

Fuder, also stolze 60.000 Liter Wein, schluckt das größte Fass im Keller von 2 / Kloster und Schloss Salem. Ein ebenso trinkfreudiger wie unvorsichtiger Mönch plumpste der Sage nach hinein, als er Wein stibitzen wollte, und ertrank. Ruhelos spukt er hier noch heute. Waren das gerade Sandalenschritte?

Meersburg hinein. Bevor wir den steilen Weg zur Seepromenade hinabschieben, machen wir einen Abstecher zur 5 / Meersburg (Schlossplatz 10, 88709 Meersburg, burg-meersburg.de). Die (vermutlich) älteste bewohnte Burg Deutschlands ist ein Muss. Besonderes Highlight ist die „Belebte Burg": An bestimmten Wochenenden von April bis Oktober wird zwischen den Mauern geschmiedet, gekocht, getanzt und bisweilen gefochten wie anno dazumal. Wir stärken uns im Burg-Café, bevor uns die steile Steigstraße dann hinab zum Ufer bringt, wo der mit Fahrrädern vollgeparkte Bismarckplatz erahnen lässt, dass wir nicht die einzigen Radler sind.

Tollkühne Radler in engen Hosen
Für einen Streifzug über die Seepromenade stellen wir unsere Räder hier ab. Wir schlendern zur Hafenmole mit Peter Lenks Magischer Säule und dann zurück über die Unterstadtstraße. Das Radler-Aufkommen ist hier immer hoch. Wir nehmen die Rushhour mit Humor und gucken, wer sich da alles in den Sattel geschwungen hat.

➤ **rechts oben / Herrlicher Blick von der Birnau auf den Überlinger See**

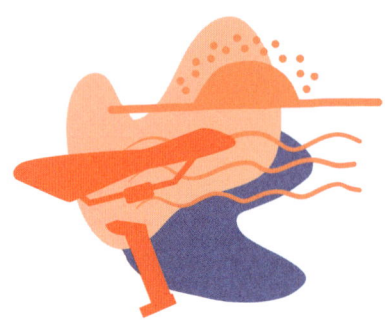

Nicht spöttisch oder gar boshaft. Nein, hier sind alle Radler gleich. Egal, ob technisch hochgerüsteter Pensionär im aerodynamischen Outfit, gut gelaunte E-Biker-Gruppe (mit mindestens einem Spaß-vogel), anhänger-ziehender Familientross oder semiprofessionelle Rennradler auf schnittigen Karbon-Geschossen. Haben alle nur zwei Räder. Vorbei am Fährhafen geht es weiter. Der Bodenseeradweg verläuft hier direkt an der Straße. Den Blick auf den See verhindern meist dichte Hecken. Allerdings gibt es hin und wieder Pfade hin-ab zum 6 / Meersburger Strand (Unteruhldinger Straße 10, 88709 Meersburg). Einmal untertauchen und dann weiter.

Klassiker auf Stelzen

Der unspektakuläre Radweg bringt uns direkt zu einem weiteren Topspot. Am Ufer stehen hier die 7 / Pfahlbauten Unteruhldingen (Strandpromenade 6, 88690 Uhldingen-Mühlhofen, pfahlbauten. de), seit 2011 Teil des UNESCO-Weltkulturerbes. Derzeit balancieren hier 23 rekonstruierte Häuser aus der Stein- und Bronzezeit im Was-ser. Nur einen Faustkeil-Wurf entfernt liegt ein Naturstrand nebst Pfahlbauten-Abenteuerspielplatz und Eisdiele. Wieder festen Boden unter den Füßen, rollen wir weiter und erreichen flugs das 8 / Hof-gut Möking (Siedlungshof 1, 88690 Uhldingen-Mühlhofen, boden-see-bauernhof.de), eine Besenwirtschaft mit Hofladen und Biergar-ten. Von hier biegen wir links auf die Deutsche Fachwerkstraße ab. Die ist so breit, dass selbst zwei Pärchen, die sich händchenhaltend nebeneinander radelnd entgegenkommen, aneinander vorbei pas-sen. Kein Witz. Alles schon gesehen. Nicht vergessen: Humor!

Barocker Prunk, die Zweite

Und gleich die nächste Perle. Fast erinnert sie an Zuckerwatte, wie sie da einer rosa Wolke gleich oberhalb des Bodensees im blauen Himmel schwebt: Die 9 / Barockkirche Birnau (Birnau-Maurach 5, 88690 Uhldingen-Mühlhofen, birnau.de). Zuckersüß. Eine Liebes-perle also. Natürlich! 150 Paare geben sich hier unter den ver-schmitzten Augen des Honigschleckers in barocker Opulenz jedes

1922

errichten Vorgeschichts-freunde die ersten beiden Pfahlbauhäuser. Unter professoraler Aufsicht zu-dem ziemlich originalgetreu. Damit sind die 7 / Pfahl-bauten Unteruhldingen das älteste archäologische Frei-lichtmuseum Deutschlands. Sozusagen eine stein- und bronzezeitliche Musterhaus-Siedlung.

Jahr das Ja-Wort. Also beim Eintreten vorsichtshalber mal den Fahr-radhelm abnehmen. Die Birnau im Rücken, nehmen wir den holpe-rigen Weg (Vorsicht!) rechts hinab zurück zum Seeufer. Durch das beschauliche Nußdorf geht es nun zügig nach Überlingen, das Ziel unserer Tour. Überlingen ist malerisch, gibt sich aber auch ein biss-chen mondän. Am 10 / Landungsplatz Überlingen (88662 Überlingen) nahe der Seepromenade blickt der Bodensee-reiter ziemlich griesgrämig von Peter Lenks Brunnen. Ver-mutlich hat er keinen Tisch bekommen und schmollt des-wegen auf dem Gaul. Wir prosten ihm im wohligen Trubel auf der Promenade zu.

NOT AMUSED
Peter Lenks Bodenseereiter auf dem 10 / Landungsplatz Überlingen ist eine augen-zwinkernde Hommage an Martin Walser. Das passt dem aber überhaupt nicht

Ausklang am Ufer

Wir beschließen unsere Radtour am 11 / Uferpark (Bahnhofstraße 57, 88662 Überlingen) des Landesgartenschaugeländes, wo noch mal ein spektakulärer Spielplatz für die Kinder und ein Restaurant für die Erwachsenen wartet. Nach dem Sundowner fahren wir zu-rück zum 12 / Bahnhof Überlingen Therme (88662 Überlingen), von wo der Zug keine 20 Minuten bis Salem benötigt. Vom dortigen Bahnhof folgen wir den Wegweisern zurück.

⌃ oben / Immer mit der Ruhe!

Tour 30

START
Parkplatz Schloss Salem

ZIEL
Bahnhof Überlingen Therme (Mit dem Zug zurück nach Salem)

HINKOMMEN

Auto / Parkplatz Schloss Salem, 88682 Salem

ÖPNV / Regionalzug bis Bhf 88682 Salem. Von dort etwa 3 km den Wegweisern zum Kloster und Schloss Salem folgen.

➤ **1 /** Parkplatz Schloss Salem
➤ **2 /** Kloster und Schloss Salem
➤ **3 /** Naturerlebnispark Schlosssee Salem ➤ **4 /** Martinsweiher
➤ **5 /** Meersburg ➤ **6 /** Meersburger Strand ➤ **7 /** Pfahlbauten Unteruhldingen ➤ **8 /** Hofgut Möking ➤ **9 /** Barockkirche Birnau ➤ **10 /** Landungsplatz Überlingen ➤ **11 /** Uferpark ➤ **12 /** Bahnhof Überlingen Therme

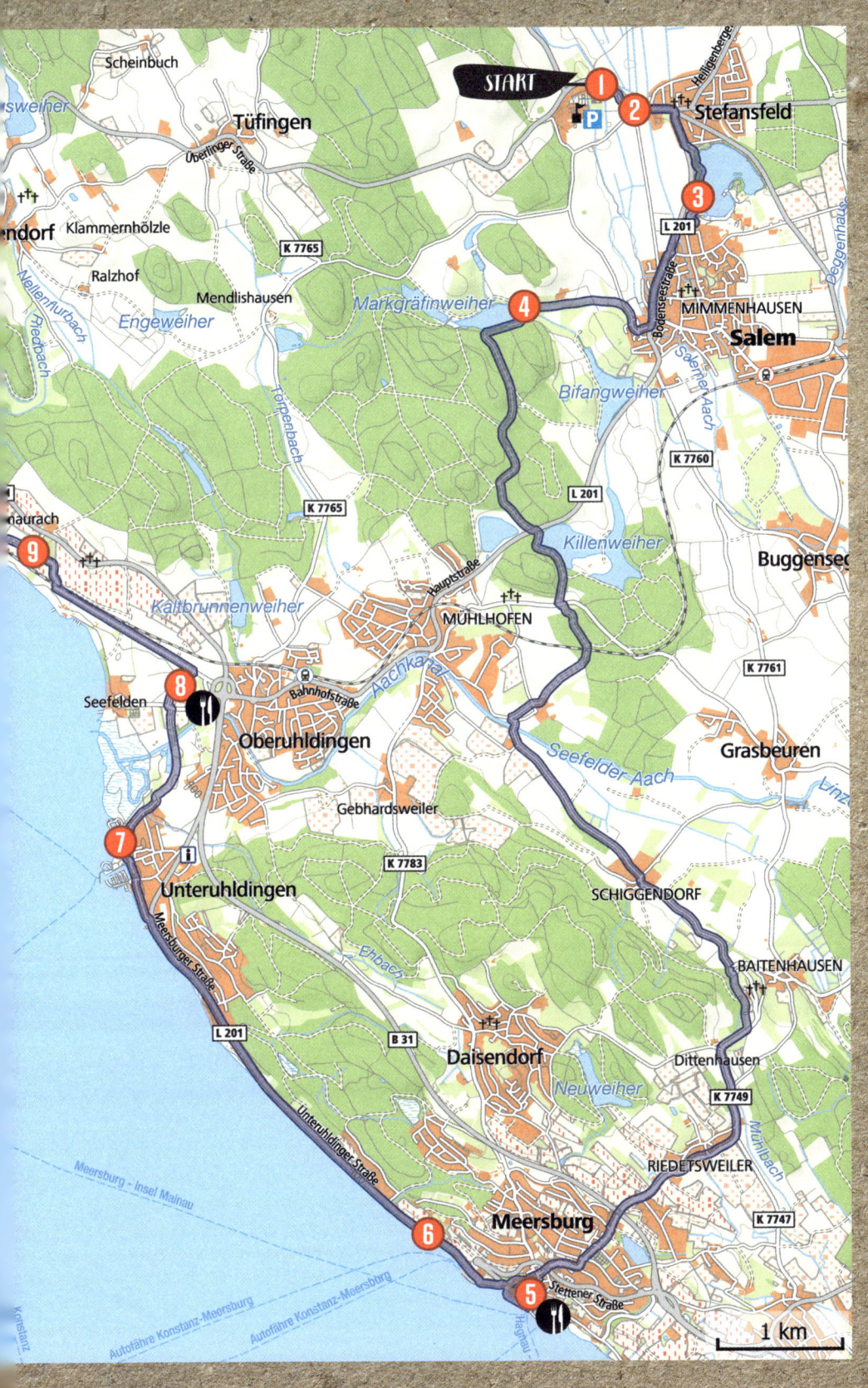

PACKLISTE

GRUNDAUSSTATTUNG

- ☐ Fahrradhelm
- ☐ Radkleidung
- ☐ Radhandschuhe
- ☐ Radbrille
- ☐ Trinkflasche
- ☐ Fahrradschloss
- ☐ Handy
- ☐ Karte/Navigationsgerät
- ☐ Fahrradlicht, Ersatzakku/-batterie
- ☐ Erste-Hilfe-Set

TAGESTOUR

- ☐ Regenkleidung
- ☐ Wechselkleidung
- ☐ Reparaturset: Ersatzschlauch, Werkzeug
- ☐ Luftpumpe
- ☐ Packtaschen klein
- ☐ Verpflegung: Snacks, genügend Wasser
- ☐ evtl. wasserdichte Handyhülle

BIKEAWAYTOUR

- [ ] Zahnbürste
- [ ] Waschbeutel
- [ ] Packtaschen groß
- [ ] evtl. Zelt
- [ ] evtl. Schlafsack
- [ ] evtl. Kompass
- [ ] Handyladegerät

REISE-APOTHEKE

Pflaster & Blasenpflaster, Mückenschutz, Sonnenschutz, Zeckenkarte

RADCHECK

findest du auf der nächsten Seite

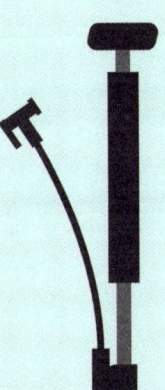

RADCHECK

AM BESTEN nimmst du dein Fahrrad vor jeder Tour unter die Lupe, zumindest aber beim Frühjahrsputz. Darüber hinaus ist ein regelmäßiger Service bei Profis zu empfehlen.

EINFACH ERKLÄRT MIT PROFI-TIPPS

 Picobello: Reinigung des Fahrrads

Ein sauberes Fahrrad lebt länger und dir fallen beim Putzen Defekte auf. Daher ran an den Schwamm und die milde Seife oder den Fahrradreiniger und losgelegt! Wenn das Fahrrad getrocknet ist, mit einem sauberen Lappen Wasserränder wegpolieren. Handarbeit ist angesagt – ein Hochdruckreiniger ist tabu, da er auch Fett und Öl entfernt und Wasser in empfindliche Teile eindringen kann.

Tipp: Für verwinkelte Teile ist eine alte Zahnbürste praktisch.

 Pralle Geschichte: die Reifen

Um grob den Reifendruck zu überprüfen, mach die Daumenprobe: Lässt sich der Reifen mehr als 1 cm eindrücken, musst du pumpen. Angaben zu Mindest- und Maximaldruck findest du auf der Reifenflanke. Für wenig Rollwiderstand auf befestigten Straßen orientiere dich an der oberen Grenze, wenn du auf unbefestigten Wegen unterwegs bist, an der unteren. Je schmaler der Reifen und je höher das Gesamtgewicht, desto mehr Luftdruck ist nötig. Am einfachsten lassen sich die Reifen mit einer Standpumpe mit Druckmesser aufpumpen.

Tipp: Fahrradgeschäfte bieten machmal vor Ort gratis Pumpen zum Selbermessen und -aufpumpen an.

Nimm auch das Reifenprofil unter die Lupe: Entferne eventuelle Steinchen oder Scherben und halte nach Rissen oder Schnitten Ausschau. Wenn das Profil zu brüchig oder stark abgefahren ist, brauchst du einen neuen Mantel.

Läuft wie geschmiert: Kette reinigen und ölen

Fürs Reinigen zuerst mit einem trockenen Tuch Kette von altem Fett und Schmutz befreien, indem du am Pedal drehst und so die Kette durch das Tuch ziehst. Den feinen Zwischenräumen kannst du wieder mit der Zahnbürste zu Leibe rücken. Danach Kettenöl, am besten biologisch abbaubares, auftragen, indem du es hinten auf die Kette träufelst, während du sie mit dem Pedal durchdrehst. Kurz einwirken lassen, dann mit einem Lappen das überschüssige Öl von der Kette abziehen.

Tipp: Hast du eine Kettenschaltung, schalte einmal alle Gänge durch, damit sich das Öl auf allen Zahnrädern verteilt.

Eine gut geölte Kette und der richtige Reifendruck machen außerdem ein E-Bike leichtgängiger, was die Akku-Reichweite erhöht.

Schraube locker?

Prüfe regelmäßig die Schraubverbindungen der Steuerung (Lenker, Vorbau und Steuersatz), Laufräder, Pedale, Sattelklemmen und Anbauteile wie Schutzbleche und Gepäckträger.

Tipp: Legst du selbst Hand an, ist ein Drehmomentschlüssel am besten, damit du die Schrauben entsprechend den Drehmomentangaben für dein Fahrrad nachziehen kannst.

Nichts kann dich stoppen, außer: die Bremsen

Prüfe, ob vordere und hintere Bremse einen gleichmäßig starken Druckpunkt haben. Öffne und schließe die Bremsen auch im Stand. Wenn bei hydraulischen Bremsen mehrmaliges Pumpen für einen soliden Druckpunkt erforderlich ist oder sich der Hebel bis zum Lenker durchziehen lässt, muss das System entlüftet werden. Wenn bei mechanischen Felgenbremsen die Bremsarme nicht gleichmäßig arbeiten, einstellen (lassen). Sind die Verschleißindikatoren auf den Bremsbelägen, kleine Rillen im Gummi, verschwunden, müssen die Beläge getauscht werden. Den Verschleiß von Scheibenbremsen kannst du bei relativ neuen Belägen mit einer Taschenlampe von oben durch den Schlitz im Sattel prüfen. Bei älteren und dünneren Belägen müssen die Räder zur Sichtprüfung ausgebaut werden.

Tipp: Gegen Verschmutzung und Korrosion der Bremszüge bei mechanischen Bremsen hilft ein Spritzer Teflonspray in die Enden der Außenhüllen. So gleiten die Kabel besser in ihrer Hülle.

Damit dir ein Licht aufgeht: die Beleuchtung

Weil's am Abend auch schon mal später werden kann und du auch am Rückweg sichtbar sein möchtest: Sind Lichter und Reflektoren vorhanden und funktionieren sie?

Für alle mit extra Antriebskraft: Akku & Motor

Bei längerer Nichtnutzung, zum Beispiel in der Winterpause, achte darauf, dass sich der Akku nie tiefentlädt. Korrosionsspuren bei den Steckverbindungen kannst du mit einem speziellen Kontaktspray entfernen. Fallen dir Schäden am Motorgehäuse auf, am besten schnell in eine Fachwerkstatt.

Los geht's!

IMPRESSUM

© KOMPASS-Karten GmbH
Karl-Kapferer-Straße 5
A-6020 Innsbruck
www.kompass.de

1. Auflage 2023 (23.01)
Verlagsnummer 3828
ISBN 978-3-99121-933-0

Texte: Ralf Enke (Touren 1, 9, 23, 24, 25, 26), Raphaela Moczynski (Touren 2, 8), Nicole Raukamp (Tour 3), Kay Tschersich (Touren 4, 5, 20, 21), Juliane Schumacher (Touren 6, 7), Heinz Wüppen (Tour 10), Nikolai Wystrychowski (Tour 12), Thomas Machoczek (Touren 13, 14), Bernd Schadowski/Radreiseglück (Touren 11, 15), Elisabeth Odendahl (Tour 16), Maria Hager (Touren 17, 18), Maria Strobl (Touren 19, 22), Sven Hähle (Tour 27), Sarah Bioly (Touren 28, 29), Kai Glinka (Tour 30)

Titelfoto: © Edgar Bullon – stock.adobe.com

Fotos: © jessicahyde – stock.adobe.com (Graspapier-Hintergrund div. Seiten), © Gabriele Rohde – stock.adobe.com (8), © Tanja A. Mehl (11), © had-foto@gmx.de (13), © Daniel Froehlich – stock.adobe.com (16), © Mike Meyer – Pixabay (19), © olleaugust – Pixabay (21), © Uwe Moser – stock.adobe.com (24), Nicole Raukamp (27, 29), © fotowunsch – stock.adobe.com (32), Kay Tschersich (35, 37, 40, 164, 165, 171, 173), © Henner Damke – stock.adobe.com (43), © stylefoto24 – stock.adobe.com (45), © Juliane Schumacher/Radelmaedchen (48, 51, 53, 56, 59, 61), © Comofoto – stock.adobe.com (64), © Ana Gram – stock.adobe.com (67), © kentauros – stock.adobe.com (69), © Blickfang – stock.adobe.com (72), © Elke Hötzel – stock.adobe.com (75), © R.-Andreas Klein – stock.adobe.com (77), © Heinz Wüppen (80, 83, 85), © Radreiseglück/Bernd Schadowski (2, 88, 91, 93, 120, 125), © Nikolai Wystrychowski (96, 99, 101), © Thomas Machoczek (104, 107, 109, 113, 115, 117), © Sina Ettmer – stock.adobe.com (123, 152, 160, 176), © JEFs-FotoGalerie – stock.adobe.com (128), © majonit – stock.adobe.com (131), © Markus Volk – stock.adobe.com (132), © David Schartner – stock.adobe.com (128), © Maria Hager (136), © Stadt- und Burgmuseum Eppstein (139), © EKH-Pictures – stock.adobe.com (141), Lisa Trarbach (144, 147), © Stefan Cop (149), © Janet Worg – stock.adobe.com (155), © axellmellin – Pixabay (157), © Ralf Geithet – stock.adobe.com (163), © fotograupner – stock.adobe.com (168), © Animaflora PicsStock (179), © Uwe Graf – stock.adobe.com (181), © U. J. Alexander – stock.adobe.com (184), © KK imaging – stock.adobe.com (187), © dmaphoto – stock.adobe.com (189), © GezaKurkaPhotos – stock.adobe.com (192), © TellyVision – stock.adobe.com (195), © lettas – stock.adobe.com (197), © Landratsamt Freising (200, 203), © Martha Frei (205), © Ralf Enke (208), © Stiftung Kupfermuseum (211), © Bräustüberl Schloss Seefeld (213), © Frank Bittner – stock.adobe.com (216), © Sven Hähle (219, 221, 223), © Sarah Bioly (226, 229, 231, 234, 237, 239), © Kai Glinka (242, 245, 247), © Monika Wisniewska – stock.adobe.com (253), © Jörn Berding (254), © just-foto.de (256)

Gestaltung / Illustration – Composing / Agenten und Freunde Iris Streck München

Illustrationen: AdobeStock: © Azar – stock.adobe.com, © askaja – stock.adobe.com, © mtmmarek – stock.adobe.com, © svetazi – stock.adobe.com, © val_iva – stock.adobe.com; creativmarket: © amber&ink, © NassyArt

Miniaturen auf illustrierten Karten: AdobeStock: © SimpLine – stock.adobe.com (Surfer, Möwen), © serz72 – stock.adobe.com (Leuchtturm) © fotografiedk – stock.adobe.com (Landschaftspark Duisburg-Nord), © mtmmarek – stock.adobe.com (Weinrebe), © SG-design – stock.adobe.com (Walhalla), © FUGE Freiburg – stock.adobe.com (Pfahlbau), © 9910190 – stock.adobe.com (Kletterer); Designed by Freepik: © macrovector (Schiff); B-Singular Beate Enzweiler Dachau (Goetheturm); Agenten und Freunde Martina Dobrindt München (Klosterkirche St. Trinitatis (Neuruppin), Externsteine, Longinusturm, Vennbahn, Ruinen des Nonnenklosters Nimbschen, Reiter, Streichenkirche)

Grafische Herstellung: KOMPASS-Karten
Karten: © KOMPASS-Karten GmbH unter Verwendung OpenStreetMap Contributors (www.openstreetmap.org)

Erzähl uns von deinen Abenteuern auf Instagram und Facebook mit: #folgedeinemKOMPASS

MIX
Papier | Fördert
gute Waldnutzung
FSC® C018236
FSC www.fsc.org

BIKE-BUCKETLIST DEUTSCHLAND

DIE LEUCHTTÜRME AUF KAP ARKONA ERKLIMMEN

Das Leuchtturm-Hopping auf Kap Arkona ist ein Muss! Oben tief die salzige Luft einatmen und den Blick über Meer und Inselhinterland schweifen lassen.

Tour 4 // **Seite 33**

VARUSSCHLACHT

Das 9 / Museum zur Varusschlacht, ein denkwürdiger Ort bei Bramsche, an dem vor 2000 Jahren germanische Truppen über römische herfielen und aus diesem Gemetzel als Sieger hervorgingen – mit nachhaltigen Folgen.

Tour 10 // **Seite 81**

TOUR 9

117 STUFEN BETONRÖHRE

Von der Aussichtsplattform auf dem 2 / Annaturm haben wir einen gewaltigen Rundumblick über das Calenberger Land bis nach Hannover, zum Steinhuder Meer und zum Brocken im Harz.

Tour 9 // **Seite 73**

GARTEN EDEN

Einzigartig sind die 3 / Felsengärten bei Stuttgart, wie sie majestätisch über den Neckar emporragen – und unter Sportkletterern weitbekannt.

Tour 15 // **Seite 136**

WEINBAU STATT TAGEBAU

Wo einst Schaufelradbagger die Landschaft schluckten, genießt du den Seeblick von der Straußwirtschaft mitten im Weinberg Goldener Steiger.

Tour 20 // **Seite 161**

UNTERWEGS IN DEN BAUMBERGEN

Im dem kleinen Sandsteingebirge genießen wir Ausblicke wie vom höchsten Punkt des Münsterlands, dem 2 / Longinusturm, und radeln durchs idyllische 8 / Stevertal.

Tour 12 // **Seite 97**